Der verfassungsrechtliche Schutz der Betriebs- und Geschäftsgeheimnisse

Europäische Hochschulschriften

European University Studies

Publications Universitaires Européennes

Reihe II **Rechtswissenschaft**

Series II Law

Série II Droit

Band/Volume **5886**

Wonil Cha

Der verfassungsrechtliche Schutz der Betriebs- und Geschäftsgeheimnisse

PL ACADEMIC RESEARCH

Bibliografische Information der Deutschen Nationalbibliothek
Die Deutsche Nationalbibliothek verzeichnet diese Publikation in der Deutschen Nationalbibliografie; detaillierte bibliografische Daten sind im Internet über http://dnb.d-nb.de abrufbar.

Zugl.: Köln, Univ., Diss., 2014

D 38
ISSN 0531-7312
ISBN 978-3-631-65540-5 (Print)
E-ISBN 978-3-653-04987-9 (E-PDF)
E-ISBN 978-3-631-70118-8 (EPUB)
E-ISBN 978-3-631-70119-5 (MOBI)
DOI 10.3726/978-3-653-04987-9

PL Academic Research ist ein Imprint der Peter Lang GmbH.
Peter Lang – Frankfurt am Main · Bern · Bruxelles · New York · Oxford · Warszawa · Wien

Diese Publikation wurde begutachtet.

www.peterlang.com

Vorwort

Die vorliegende Arbeit wurde im Sommersemester 2014 von der Rechtswissenschaftlichen Fakultät der Universität zu Köln als Inauguraldissertation angenommen. Sie befindet sich im Wesentlichen auf dem Stand vom Mai 2014. Schrifttum und Rechtsprechung sind vereinzelt auch darüber hinaus berücksichtigt.

Mein besonderer Dank gilt meinem Doktorvater, Herrn Prof. Dr. Otto Depenheuer, der die Arbeit angeregt und betreut hat. Für die zügige Erstellung des Zweitgutachtens möchte ich herzlich Herrn Professor Dr. Christian v. Coelln danken. Auch möchte ich den Mitarbeitern des Instituts für Staatsphilosophie und Rechtspolitik der Universität Köln danken. Ich danke an dieser Stelle insbesondere Frau Dr. Judith Froese und Herrn Maik Bäumerich für ihre großzügige Hilfe.

Dem Deutschen Akademischen Austauschdienst (DAAD) danke ich für die großzügige finanzielle Förderung im Rahmen eines Promotionsstipendiums.

Herrn Prof. Cheon Kwang-Seok der Yonsei Universität möchte ich für die langjährige Unterstützung besonderen Dank aussprechen.

Nicht zuletzt danke ich meinen Eltern, die mich während des Studiums und der Promotion vielfältig unterstützt und ermutigt haben. Ihnen ist diese Arbeit gewidmet.

Seoul, im Dezember 2015 Wonil Cha

Inhaltsverzeichnis

§ 1 Problemaufriss

A. Geheimnisschutz als notwendiges Äquivalent unternehmerischen Erfolgs

Immaterielle Vermögenswerte gehören ohne Zweifel zu den wichtigsten Bestandteilen von Unternehmen. Ihr Besitz und ihr erfolgreicher Vertrieb markieren die Innovation eines Unternehmens. Der Geheimnisschutz nimmt dabei eine besondere Position ein: Als einziges Instrument ist er imstande die verschiedenen immateriellen Vermögenswerte wie technische Entwicklungen, Kundendaten, Geschäftspraktiken außerhalb des Immaterialgüterrechtsschutzes zu vereinen. Während sich der gewerbliche Rechtsschutz auf Teilbereiche begrenzt, können Betriebs- und Geschäftsgeheimnisse praktisch jedes immaterielle Gut betreffen, ungeachtet des Schutzgrades. Voraussetzungen wie Technizität, Neuheit oder Erfindungshöhe, wie sie etwa beim Patent- oder Geschmacksmusterrecht verlangt werden, sind für den Geheimnisschutz ohne Bedeutung. Zum gewerblichen Rechtsschutz wirkt der Geheimnisschutz ergänzend oder auch ersetzend. Letztendlich ist die Gewährleistung sowohl von Schutzrechten als auch von Geheimnisschutz für innovative Unternehmen unentbehrlich.[1]

Neben dem geistigen Eigentum stellt der Geheimnisschutz eine ebenso traditionsreiche wie wichtige Rolle dar und ist als Wert in vielen Situationen anerkannt.[2] Hinter jedem Produkt steckt ein umfangreicher Arbeitsaufwand, der sich über Jahre hinweg durch enormen Innovationsschub, durch Experimente und Erfahrungen in Form von Know-how angesammelt hat. Diese „Vorlagen" sind nicht von geringerer Bedeutung als das Ergebnis selbst. Die Geburt eines jeden Patents beginnt mit einem Betriebs- und Geschäftsgeheimnis.[3] Betriebs- und Geschäftsgeheimnisse bilden insoweit ein „notwendiges Äquivalent".[4]

Unternehmen sichern sich mit Hilfe von ihnen einen Wettbewerbsvorsprung, indem sie wichtige Erfindungen oder Know-hows vor ihren Konkurrenten geheim halten. Ihr Schutz ist wichtige Voraussetzung eines funktionsfähigen

---

1 *Westermann*, Handbuch Know-how-Schutz, 2007, S. 28.

2 *Druey*, Information als Gegenstand des Rechts, 1995, S. 74.

3 So *Halligan*, Marshall Rev. Intell. Prop. L, Vol. 7, Issue 4, 656 (662): „The birth of every patent starts out as a trade secret"; vgl. auch *Troller*, GRUR Ausl. 1958, 385 (386): „[...] jede geheime Erfindung [ist] zugleich ein technisches Geheimnis".

4 *Denninger*, GRUR 1984, 627 (632).

Wettbewerbs,[5] da sie faktisch einen größeren Wert als ein gewerbliches Schutzrecht verkörpern.[6] Der Schutz der Betriebs- und Geschäftsgeheimnisse ist damit in erster Linie wettbewerblich angesetzt. Darüber hinaus werden sie auch als realisierbare Werte anerkannt und entsprechend behandelt. Zurückzuführen ist diese Entwicklung nicht zuletzt auf die Kommerzialisierungstendenz von Informationen und den darauf anschließenden Bewertungs- und Verwertungsmethoden der Wirtschaftsbranche. Aufgrund ihrer besonderen Wertigkeit sind Betriebs- und Geschäftsgeheimnisse Schutzgegenstand von verschiedenen Gesetzen auf Bundes- und Landesebene.

B. Ausgestaltung des Geheimnisschutzes – Impulse durch die Informationsgesellschaft

I. Herausforderungen

Gegenläufig besteht zugleich eine weitgehende Schutzbeschränkung aufgrund Gefahrenabwehr, Informationsfreiheit, Wettbewerbsschutz und anderen Allgemeinwohlinteressen mit umweltrechtlichen, verbraucherschützenden und informationellen Hintergründen. Diese wirken sich prägend auf den Umfang des Geheimnisschutzes aus. Dem Bedürfnis eines weitreichenden Schutzes von Betriebs- und Geschäftsgeheimnissen in Form eines „geistigen Eigentums“ steht also ein weiter Bedarf an einer „Teilnahme“ oder „Offenlegung“ entgegen, der sowohl von Privaten als auch vom Staat ausgeht. Folgende Aspekte müssen hier hervorgehoben werden.

1. Erhöhte Informationsanforderung

Die Generierung von Wissen ist seit jeher einer der wichtigsten Voraussetzungen der Aufgabenbewältigung des modernen Staats und seiner Verwaltung.[7] Die „Wissensgesellschaft“ bzw. „Informationsgesellschaft“, als Korrelat zur Arbeits- oder Industriegesellschaft,[8] führt im Bereich des öffentlichen Rechts zu einem

---

5 *V. Danwitz*, DVBl. 2005, 597 (598).

6 BGH, GRUR 1963, 207 (210).

7 *Augsberg*, Informationsverwaltungsrecht, 2013, S. 41; *Vesting*, Information und Kommunikation, in: Hoffmann-Riem/Schmidt-Aßmann/Voßkuhle (Hrsg.), GVwR II, § 20 Rn. 1; *Gurlit*, DVBl. 2003, 1119 (1119).

8 *Fassbender*, in: Isensee/Kirchhof (Hrsg.), HStR IV, § 76 Rn. 4.

erheblichen Komplexitätszuwachs.[9] Durch Privatisierung und Deregulierung wurden bisherige staatlich geprägte Aufgaben in den privaten Sektor überführt, was jedoch nicht zu einem „Rückzug des Staates" leitete, sondern eher mit neuen Gestaltungsverantwortungen gesetzlicher Rahmenbedingungen innerhalb der monopolistisch geprägten Märkte, insbesondere im Bereich der Post und Telekommunikation, Energieversorgung, verbunden sind.[10]

Diese neue Aufgabenbewältigung ist mit einer verstärkten Informationsabhängigkeit auf das private Wissen verbunden. Insoweit ergibt sich bei Wissensbeständen die Notwendigkeit einer kooperativen Zusammenarbeit vom Staat und privaten Akteuren.[11] Dies ist ein permanenter Prozess, da das benötigte Wissen „situativ neu erzeugt werden" muss.[12] Demnach finden sich insbesondere in den stark regulierten Bereichen Zugriffe auf Unternehmensdaten, einschließlich auch Betriebs- und Geschäftsgeheimnissen.

2. *Zugang privater Informationsinteressen*

Gleichzeitig besteht auch eine Vielfalt von Zugangsmöglichkeiten zu den Informationen des Staates.[13] Durch die Etablierung privater Einsichts- und Zugangsrechte wird ein voraussetzungsloses Informationsinteresse nun auch seitens der Bürger geltend gemacht. Gewährleistet wird diese „Informationszugangsfreiheit" durch Informationsgesetze wie das IFG, UIG und VIG. Ihre Etablierung markiert somit die Abkehr vom „Grundsatz der beschränkten Aktenöffentlichkeit".[14] Dadurch wird grundsätzlich „jedem" die Einsicht in staatliche bzw. staatlicherseits erhobene Informationen ermöglicht.[15] Die von dem voraussetzungslosen Informationszugangsrecht betroffenen Informationen stammen selten aus dem

---

9 *Vesting*, Zwischen Gewährleistungsstaat und Minimalstaat, in: Hoffmann-Riem/Schmidt-Aßmann (Hrsg.), Verwaltungsrecht in der Informationsgesellschaft, 2000, 101 (101).

10 *Vesting*, Zwischen Gewährleistungsstaat und Minimalstaat, in: Hoffmann-Riem/Schmidt-Aßmann (Hrsg.), Verwaltungsrecht in der Informationsgesellschaft, 2000, 101 (112); *Fassbender*, in: Isensee/Kirchhof (Hrsg.), HStR IV, § 76 Rn. 27.

11 *Ladeur*, Privatisierung öffentlicher Aufgaben und die Notwendigkeit der Entwicklung eines neuen Informationsverwaltungsrechts, in: Hoffmann-Riem/Schmidt-Aßmann (Hrsg.), Verwaltungsrecht in der Informationsgesellschaft, 2000, 225 (229 ff.).

12 *Fehling*, Instrumente und Verfahren, in: ders./Ruffert (Hrsg.), Regulierungsrecht, § 20 Rn. 117.

13 *Fassbender*, in: Isensee/Kirchhof (Hrsg.), HStR IV, § 76 Rn. 74.

14 *Schoch*, NJW 2009, 2987 (2987).

15 *Brammsen*, DÖV 2007, 10 (10).

originär staatlichen Bereich. Zumeist werden sie von Privaten erhoben,[16] was eine zusätzliche Belastung für die Unternehmen darstellt.

II. Ausgleichsbedarf innerhalb eines mehrpoligen Interessenkonflikts

Die Dimension des Interessenkonflikts des Geheimnisschutzes basiert daher auf einem – dem informationsgesellschaftlich ausgerichteten Verwaltungsrecht typischen – „Bürger-Wirtschaft-Staat“ Dreieck“.[17] Die Komplexität dieser Konstellation besteht darin, dass jeder Akteur einen maximalen Informationserwerb und zugleich eine minimale Informationsweitergabe anstrebt. Das Ergebnis ist eine gegenseitige zunehmende Informationsabhängigkeit von Staat, Wirtschaft und Gesellschaft.[18]

Anhand dieser Konfliktlage sind Betriebs- und Geschäftsgeheimnisse vermehrt Gegenstand wissenschaftlicher Untersuchungen in verschiedenen Bereichen des einfachen Rechts.[19] Den einfachrechtlichen Fragestellungen liegen grundrechtliche Konfliktlagen zugrunde, die auf verfassungsrechtlicher Ebene einer Lösung zuzuführen sind.[20] Erst anhand der verfassungsrechtlichen Grundlagen lässt sich ermessen, „ob die bestehenden Schutzvorkehrungen des Betriebs- und Geschäftsgeheimnisses in materiellrechtlicher und verfahrensrechtlicher

---

16 *Becker,* Der Grundrechtliche Schutz von Geschäftsgeheimnissen, in: FS Stern, 1233 (1239 f.).

17 *Voßkuhle,* Der Wandel von Verwaltungsrecht und Verwaltungsprozeßrecht in der Informationsgesellschaft, in: Hoffmann-Riem/Schmidt-Aßmann(Hrsg.), Verwaltungsrecht in der Informationsgesellschaft, 2000, 349 (362).

18 *Voßkuhle,* Der Wandel von Verwaltungsrecht und Verwaltungsprozeßrecht in der Informationsgesellschaft, in: Hoffmann-Riem/Schmidt-Aßmann(Hrsg.), Verwaltungsrecht in der Informationsgesellschaft, 2000, 349 (362); *Schoch,* DÖV 2006, 1(1).

19 Statt vieler siehe nur im Bereich des Prozessrechts: *Schütze*, KSzW 2011, S. 72 ff.; *Ploch-Kumpf,* Der Schutz von Unternehmensgeheimnissen im Zivilprozess unter besonderer Berücksichtigung ihrer Bedeutung in der Gesamtrechtsordnung, 1995; *Stürner*, JZ 1985, S. 453 ff. Im Umweltrecht: *Schröder*, Geheimhaltungsschutz im Recht der Umweltchemikalien, 1980; *ders.*, UPR, 1985, S. 396 ff.; *Bullinger*, NJW 1978, S. 2173 ff.; *Breuer,* NVwZ 1986, 171 ff. Im Bereich des Arzneimittelrechts: *Scholz*, Konkurrenzprobleme bei behördlichen Produktkontrollen, 1983; *Wolfrum*, GRUR 1986, S. 512 ff.; *Denninger*, GRUR 1984, S. 627 ff. In Bezug auf die Informationsfreiheitsgesetze *Kloepfer/Greve*, NVwZ 2011, S. 577 ff.

20 *Breuer,* NVwZ 1986, 171 (171).

Hinsicht ausreichen und wie sich rechtlich einwandfreie Abwägungen zwischen Geheimhaltungsinteressen und Offenbarungsinteressen erzielen lassen".[21]

C. Eigentum als Orientierungspunkt für die verfassungsrechtliche Verortung

Im Mittelpunkt dieser verfassungsrechtlichen Abhandlung steht der Umgang von Informationen, die als „Rohstoffe für Staat, Wirtschaft, Gesellschaft und jeden Einzelnen" bezeichnet werden können.[22]

Mit der erhöhten Akzeptanz der Betriebs- und Geschäftsgeheimnisse als konkreter, wirtschaftlicher Wert, ist auch ihre Relevanz zur Eigentumsgarantie sichtbar. So werden die Betriebs- und Geschäftsgeheimnisse in Rechtsprechung und Literatur regelmäßig in den Eigentumsschutz nach Art. 14 Abs. 1 S. 1 GG verortet. In Hinsicht auf ihre wettbewerbliche Funktion wird von einem umfassenden grundrechtlichen Schutz durch Art. 12 und Art. 14 GG ausgegangen.[23]

Weiterhin wird auf das allgemeine Persönlichkeitsrecht nach Art. 2 Abs. 1 i. V. m. Art. 1 Abs. 1 GG verwiesen,[24] wobei dieses Grundrecht in Vergleich zu den beiden Wirtschaftsgrundrechten weniger Anwendung findet. Insgesamt bilden diese drei Normen die wesentlichen Ausgangspunkte des Interessensausgleichs. Die grundrechtliche Verortung der Betriebs- und Geschäftsgeheimnisse beschränkt sich nicht nur auf eine bloße „Konstruktionsfrage". Sie trägt vielmehr zu einer Kennzeichnung der unterschiedlichen staatlichen Eingriffsmöglichkeiten bei.[25]

Die vorliegende Arbeit setzt sich primär mit dem eigentumsrechtlichen Schutz der Betriebs- und Geschäftsgeheimnisse auseinander, da insbesondere

---

21 *Schröder*, UPR 1985, 394 (395f.).

22 *Masing*, VVDStRL 63 (2004), 377 (393); *Schoch*, IFG, Einl. Rn. 3; *ders.*, NVwZ 2006, 872 (872).

23 *Denninger*, GRUR 1984, 627 (631); *Scholz/Pitschas*, Informationelle Selbstbestimmung und staatliche Informationsverantwortung, S. 98; *Spindler/Weber*, MMR 2006, 711 (712); *Schütze*, 72 (73); *Papier*, in: Maunz/Dürig (Hrsg.), Art. 14 Rn. 96; *Papier*, NJW 1985, 12 (12); *Axer*, Eigentumsschutz für wirtschaftliche Betätigung, in: FS Isensee, 121 (130); *v. Danwitz*, DVBl. 2005, 597 (600); *Depenheuer*, Der verfassungsrechtliche Schutz des Betriebsgeheimnisses, FS Schenke, 2011, S. 97 ff.; *Oster*, DÖV 2004, 916 (920); *Ossenbühl*, AöR 115 (1990), 1 (29). *Schröder*, UPR 1985, 394 (396) spricht von einem „gewissen Konsens" des umweltrechtlichen Schrifttums, der von dem Geheimnisschutz aus Art. 14 GG ausgeht, wenngleich er dieses Ergebnis nicht „gesichert" sieht.

24 *Beyerbach*, Die geheime Unternehmensinformation, 2012, 230 ff.

25 *Schröder*, UPR 1985, 394 (397).

dieser Punkt umstritten ist und es an einer konkreten Begründung zu mangeln scheint.[26]

Um die Betriebs- und Geschäftsgeheimnisse verfassungsrechtlich zu verorten, bedarf es zunächst einer Einordnung der Betriebs- und Geschäftsgeheimnisse in die Kategorie der immateriellen Güter, die Orientierungspunkt für den grundrechtlichen Schutz sein kann. In Bezug auf das Verhältnis des Geheimnisschutzes und Art. 14 GG bildet das „geistige Eigentum" einen wichtigen Orientierungspunkt.[27] Das geistige Eigentum vermittelt Ausschließlichkeitsrechte an immateriellen Gütern und ist nach einheitlicher Auffassung als Eigentum nach Art. 14 Abs. 1 S. 1 GG geschützt.[28] So wird dem Inhaber dieser Rechte ein bestimmtes immaterielles Gut „zugeordnet". Dies hat wiederum eine Ausschlussfunktion gegenüber anderen zur Konsequenz. Das geistige Eigentum zeigt insoweit, wie sich die „Eigentumsidee" in ihrer grundlegenden Wirkung der ausschließlichen Zuordnung auf ein grundsätzliches freies Gut niedergeschlagen hat.[29] Wissen als „Macht" ist in vieler Hinsicht zu realem „Eigentum" geworden, das sich auf der gleichen Skala neben dem Sacheigentum behauptet.

Durch die Kommerzialisierung von Wissen und Informationen hat das geistige Eigentum in den letzten Jahren eine starke Ausdehnung und Ausdifferenzierung erlebt. Zu beobachten ist dies bei den „neuen" Immaterialgüterrechten wie etwa beim Halbleiter- und Topografiegesetz, dessen Gegenstände ursprünglich durch das Gesetz gegen unlauteren Wettbewerb (UWG) geschützt wurden und sich nach und nach zu einem Ausschließlichkeitsrecht entwickelt haben. Dieser Übergang zum Ausschließlichkeitsrecht, der als „Verdinglichung" bezeichnet wird, prägt das gegenwärtige Ausmaß des geistigen Eigentums.

Gleichermaßen sind auch die Betriebs- und Geschäftsgeheimnisse aufgrund ihrer wirtschaftlichen Bedeutung für die Unternehmen von diesen Überlegungen betroffen. Zugleich erscheinen die Betriebs- und Geschäftsgeheimnisse im System des geistigen Eigentums jedoch als Gegenbegriff der immateriellen

---

26 *Kloepfer/Greve*, NVwZ 2011, 577 (579).

27 Der Begriff des geistigen Eigentums war lange Zeit umstritten und scheint auch heute noch verschiedenen privatrechtsdogmatischen und rechtspolitischen Einwänden ausgesetzt. Während keine gesetzliche Definierung besteht, gilt es mittlerweile als terminologisch korrekt, darunter das Urheberrecht einerseits und andererseits den gewerblichen Rechtsschutz – der wiederum das Patent-, Gebrauchsmuster-, Geschmacksmuster-, Markenrecht umfasst – einzubeziehen. *Ohly*, JZ 2003, 545 (546).

28 Vgl. BVerfGE 31, 229, 239; 36, 281, 290; 51, 193, 217; 77, 263, 270; 79, 1, 25.

29 *Peifer*, Geistiges Eigentum: Schutzrecht oder Ausbeutungstitel?, in: Depenheuer/ders. (Hrsg.), Geistiges Eigentum: Schutzrecht oder Ausbeutungstitel, 2007, S. 1.

Güter, insbesondere den gewerblichen Schutzrechten. Da die einfachrechtliche Schutzgestaltung des Geheimnisschutzes primär als Abwehrrecht gegen bestimmte Eingriffsnormen durch §§ 17–19 UWG geregelt ist, unterscheidet sie sich grundlegend von dem geistigen Eigentum. In diesem Kontext nehmen die Betriebs- und Geschäftsgeheimnisse eine Zwischenstellung zwischen Wettbewerbsrecht und Immaterialgüterrecht ein. Es stellt sich die Frage, wie beim Geheimnisschutz die Antwort auf die Zuordnungsfrage ausfällt und ob er sich somit im Konzept des Eigentums erfolgreich bewähren kann.

Die grundrechtliche Konzeption der Betriebs- und Geschäftsgeheimnisse muss daher systemgerecht im Einklang mit dem geistigen Eigentum erfolgen.

D. Gang der Untersuchung

Wissenschaftliche Auseinandersetzungen über Betriebs- und Geschäftsgeheimnisse und stellten lange Zeit ein eher zweitrangiges Thema hinter dem geistigen Eigentum dar. Allerdings wird in jüngerer Zeit insbesondere den grundrechtlichen Überlegungen mehr Beachtung geschenkt.[30] Ziel der Arbeit ist es, den grundrechtlichen Schutz der Betriebs- und Geschäftsgeheimnisse zu analysieren, um dadurch genauere Gewährleistungsinhalte zu gewinnen. Diese dienen wiederum als Vorgaben für die Legislative und die Judikative bei der Anwendung und Auslegung der Normen.

Zunächst erfolgt daher eine terminologische Klarstellung des Begriffs „Betriebs- und Geschäftsgeheimnisse" (§ 2). Sodann wird zu erörtern sein, ob diese durch die Eigentumsgarantie des Grundgesetzes (Art. 14 Abs. 1 S. 1) geschützt sind (§ 3).

Inwieweit der Geheimnisschutz sich gegenüber öffentlichen Interessen und den Interessen Dritter zu verteidigen mag, wird als weiterer Teil analysiert. Dies erfolgt durch die Darstellung der eigentumsgrundrechtlichen Schranken (§ 4). Schutzregelungen und Einschränkungen der Betriebs- und Geschäftsgeheimnisse sind letztlich eine Form der Ausweitung und Einschränkungen der Grundrechte der Unternehmen in horizontaler sowie in vertikaler Ebene. Durch die Gesamtbetrachtung als Einzel- und Teilbereich des Unternehmens soll der Geheimnisschutz in seinen Konturen klarer dargestellt werden bzw. es sollen verfassungsrechtliche Maßstäbe für Abwägungen entwickelt werden.

---

30 Vgl. nur *Frank*, Der Schutz von Unternehmensgeheimnissen im Öffentlichen Recht, 2008; *Beyerbach*, Die geheime Unternehmensinformation, 2012; *Helbach*, Der gestufte Schutz von Betriebs- und Geschäftsgeheimnissen vor Parlament, Presse und jedermann, 2012.

Dementsprechend wird der Grundrechtsschutz der Betriebs- und Geschäftsgeheimnisse einerseits selbstständig, andererseits als Teil des Gewerbebetriebs dargestellt.

Schließlich soll untersucht werden, welchen Bezug die Betriebs- und Geschäftsgeheimnisse zu der Berufsfreiheit (Art. 12 Abs. 1 GG) haben (§ 5). Schließlich wird in einem letzten Abschnitt erörtert, ob und inwiefern das allgemeine Persönlichkeitsrecht (Art. 2 Abs. 1 i. V. m. Art. 1 Abs. 1 GG) Schutz für diese entfalten kann (§ 6).

Der Schutz der Betriebs- und Geschäftsgeheimnisse ist in vielen einfachrechtlichen Bereichen mit Gegeninteressen konfrontiert, die sich in verfassungsrechtlicher Ebene, zu klaren Gegensätzen steigern.[31] Letztendlich ergibt sich aus der Verfassung die Aufgabe an den Gesetzgeber, einen verhältnismäßigen Ausgleich zwischen den konfligierenden grundrechtlichen Interessen herzustellen.[32] In Hinsicht auf wesentliche Werte wie der Informationsfreiheit bedarf es bei dem Schutz für Betriebs- und Geschäftsgeheimnisse einer sorgfältigen Abwägung zwischen Schutzinteresse des Rechtsinhabers und Zugangsinteresse der Allgemeinheit. Angesichts der komplexen Konfliktlage fragt es sich, inwieweit sich aus den verfassungsrechtlichen Grundlagen eine „normative Aussage" auf die gesellschaftlichen Herausforderungen entnehmen lässt.[33]

---

31 *Breuer*, NVwZ 1986, 171 (171).

32 *Holoubek/Kassai*, Verfassungsrechtliche und europarechtliche Grundlagen, in: Holoubek/Kassai/Wiebe (Hrsg.), Rechtliche Grundlagen der Informationswirtschaft, 2004, 1 (3).

33 Vgl. *Voßkuhle*, Der Wandel von Verwaltungsrecht und Verwaltungsprozeßrecht in der Informationsgesellschaft, in: Hoffmann-Riem/Schmidt-Aßmann (Hrsg.), Verwaltungsrecht in der Informationsgesellschaft, 2000, 349 (363).

§ 2 Definition und Abgrenzung des grundrechtlichen Schutzgutes

Bevor auf den grundrechtlichen Schutz eingegangen wird, erfolgt zunächst eine Abgrenzung des Schutzgegenstands. Im Folgenden werden die Merkmale der Betriebs- und Geschäftsgeheimnisse aufgezeigt, die sie von den anderen Informationsgütern unterscheiden.

Die Betriebs- und Geschäftsgeheimnisse könnte man neben den gewerblichen Schutzrechten im Immaterialgüterrechtssystem als weitere tragende Säule bezeichnen. Dies ist auf die Tatsache zurückzuführen, dass die Schutzmethoden der immateriellen Güter im Grunde auf zwei grundverschiedene Methoden angelegt sind, die sich gegenseitig ausschließen: die Offenlegung oder die Geheimhaltung. Ersteres betrifft das geistige Eigentum, Letzteres bezieht sich auf die Betriebs- und Geschäftsgeheimnisse.[34]

Die Tatsache, dass die Betriebs- und Geschäftsgeheimnisse in einem geheimen Zustand sind, macht sie von außen schwer erkennbar. Die folgende Darstellung belegt, dass es sich bei ihnen dennoch um einen klar definierbaren Gegenstand handelt.

A. Vielfalt der Begriffsbildungen

In den Rechtsvorschriften hat sich mittlerweile die Doppelbezeichnung „Betriebs- und/oder Geschäftsgeheimnis“ durchgesetzt. Die Reihenfolge variiert. Demnach findet sich in § 17 UWG das „Geschäfts- und Betriebsgeheimnis“ während § 30 VwVfG den Schutz der „Betriebs- und Geschäftsgeheimnisse“[35] regelt. Nach Rechtsprechung und Lehre betreffen Geschäftsgeheimnisse den

---

34 *Kochmann,* Schutz des „Know-how“ gegen ausspähende Produktanalysen, 2009, S. 31 f.

35 So u. a. § 35 Abs. 4 SGB Abs. 1, § 67 Abs. 1 SGB X, § 50 b GWB, § 22 ChemG. In § 136 TKG, § 71 EnWG, § IFG, § 9 UIG, § 90, §§ 203, 204 StGB, § 17a GenTG, § 93 AktG, § 85 GmbHG, § 34 GenG, § 79 BetrVG findet sich der Begriff „Betriebs- oder Geschäftsgeheimnisse“ während in § 10 Abs. 2 BImSchG „Geschäfts- oder Betriebsgeheimnisse“ verwendet wird. In § 172 Nr. 2 GVG werden Geschäfts-, Betriebs-, Erfindungs- und Steuergeheimnisse aufgereiht. Weiterhin relevant ist das Zeugnisverweigerungsrecht in Verbindung mit dem Gewerbe (§§ 383 I Nr. 6, 384 Nr. 3 ZPO) und die Wahrung des „Herstellungs- und Betriebsgeheimnis“ bei Patentverletzungsstreitigkeiten (§ 139 III PatG). Begrifflich differenziert, aber letztlich auf den gleichen Schutzgegenstand

kaufmännischen Aspekt, während sich Betriebsgeheimnisse auf den technischen Bereich beziehen.[36] So fallen beispielsweise Kunden-, Lieferantendaten und Kalkulationsunterlagen, Umsätze und Geschäftsbücher unter die Geschäftsgeheimnisse, Konstruktionspläne oder Fertigungsmethoden hingegen unter die Betriebsgeheimnisse.[37] Es ist jedoch davon auszugehen, dass eine trennscharfe Unterscheidung beider Begriffe „weder möglich noch erforderlich" ist.[38] Der Gesetzgeber unternimmt zwischen beiden Begriffen ebenfalls keine Differenzierung. Durch die Nennung beider Begriffe wird lediglich zum Ausdruck gebracht, dass „sämtliche zum kaufmännischen oder technischen Bereich eines Unternehmens gehörende Geheimnisse geschützt sind".[39] In der Literatur finden sich zusätzlich verbreitet die Begriffe „Unternehmensgeheimnis"[40] und „Wirtschaftsgeheimnis".[41] Ebenfalls relevant ist die „gewerbliche Geheimsphäre".[42]

---

hinausgehend sind die „undisclosed informations" des TRIPS Abkommen. Näher unter § 3 C. I. 2. b).

36 *Nastelski*, GRUR 1957, 1 (1); *Kraßer*, GRUR 1970, 587 (589); *Ann*, GRUR 2007, 39 (41); *McGuire/Joachim/Künzel/Weber*, GRUR Int. 2010, 829 (829); *Kloepfer/Greve*, NVwZ 2011, 577 (579); *Ohly*, in: ders./Sosnitza (Hrsg.), UWG, Vorb. §§ 17–19 Rn. 1.

37 *Schütze*, KSzW 2011, 72 (73); *Huhmann*, Die verfassungsrechtliche Dimension des Bankgeheimnisses, 2002, S. 315; *Nastelski*, 1957, 1 (1); *Kraßer*, GRUR 1970, 587 (589); *Depenheuer*, Der verfassungsrechtliche Schutz des Betriebsgeheimnisses, in: FS Schenke, 97 (99); *Kloepfer/Greve*, NVwZ 2011, 577 (579); BVerfGE 115, 205, 230.

38 *Ohly*, in: ders./Sosnitza (Hrsg.), UWG, § 17 Rn. 5; *ders.*, GRUR 2014, 1 (4); *Kraßer*, GRUR 1977, 177 (179); *Breuer*, NVwZ 1986, 171 (172).

39 *Otto*, Aktienstrafrecht, § 404 Rn. 22.

40 *Ohly*, in: ders./Sosnitza (Hrsg.), UWG, Vorb. §§ 17–19 Rn. 1, § 17 Rn. 1, 5; *Nastelski*, GRUR 1957, S. 1 ff.; *Ploch-Kumpf*, Der Schutz von Unternehmensgeheimnissen im Zivilprozess unter besonderer Berücksichtigung ihrer Bedeutung in der Gesamtrechtsordnung, 1995; *Rützel*, GRUR 1995, S. 557 ff.; *Frank*, Der Schutz von Unternehmensgeheimnissen im Öffentlichen Recht, 2008; *Beyerbach*, Die geheime Unternehmensinformation, 2012. So lautet die Befürwortung für diesen Begriff, dass dadurch heterogene Informationen, die von ihrer Art und Bedeutung gleichen in einem Begriff zusammen gefasst werden, vgl. *Nastelski*, GRUR 1957, S. 1 ff. Auch kommt dadurch die „Zugehörigkeit zum Unternehmen" zum Ausdruck. Vgl. *Frank*, Der Schutz von Unternehmensgeheimnissen im Öffentlichen Recht, 2008, S. 38.

41 Vgl. *Brammsen*, DÖV 2007, 10 ff; *ders.*, in: MünchKomm UWG, § 17 Rn. 24; *Harte-Bavendamm*, in: ders./Henning-Bodewig, UWG, § 17 Rn. 1. Dieser Begriff stößt zum Teil auf Ablehnung, da er den Eindruck erweckt, jegliche Geheimnisse mit wirtschaftsbezogenen Inhalt mit einzubeziehen. Dies kann bewirken, dass bspw. auch staatliche Geheimnisse unter diesen Begriff fallen. Siehe dazu *Frank*, Der Schutz von Unternehmensgeheimnissen im Öffentlichen Recht, 2008, S. 52 f.

42 *Stürner*, JZ 1985, S. 453 ff.; *Druey*, Information und Recht, 1995, S. 253 f.

B. Definition

Der Schutz der Betriebs- und Geschäftsgeheimnisse ist in zahlreichen einfachrechtlichen Gesetzen vermerkt worden, wobei meistens auf eine Definition verzichtet wird. Lediglich in § 67 Abs. 1 SGB X findet sich eine Legaldefinition. Demnach sind Betriebs- und Geschäftsgeheimnisse „alle betriebs- oder geschäftsbezogenen Daten, auch von juristischen Personen, die Geheimnischarakter haben" (Abs. 1 S. 2).[43] Ein weitgehendes Einverständnis besteht über die Begriffsbildung, die dem UWG entlehnt ist.[44] Demnach handelt es sich um „jede Tatsache, die im Zusammenhang mit einem Geschäftsbetrieb (Unternehmen) steht, nur einem eng begrenzten Personenkreis bekannt ist – d. h. nicht offenkundig ist – und nach dem bekundeten oder erkennbaren Willen des Betriebsinhabers aufgrund eines berechtigten Interesses geheim gehalten werden soll".[45]

Anhand dieser Definition lassen sich bereits die vier wichtigsten Merkmale eines Betriebs- oder Geschäftsgeheimnis entnehmen: der Unternehmensbezug, die Nichtoffenkundigkeit, der Geheimhaltungswille und das Geheimhaltungsinteresse.

C. Merkmale im Einzelnen

Allgemein zeichnet sich ein Geheimnis durch drei Elemente aus: Geheimsein, Geheimhaltungswille und Geheimhaltungsinteresse. Ein Betriebs- und Geschäftsgeheimnis muss dazu zusätzlich einen Bezug zum Unternehmen oder Betrieb aufweisen.[46]

---

43 Allerdings fällt auch diese Regelung „interpretationsbedürftig" aus. *Schoch,* IFG, § 6 Rn. 44. Auf Landesebene definiert § 7 Abs. 1 des Hamburgisches Transparenzgesetz (HmbTG) die Betriebs- und Geschäftsgeheimnisse ausführlicher. Demnach sind Betriebs- oder Geschäftsgeheimnisse „alle auf ein Unternehmen bezogene Tatsachen, Umstände und Vorgänge, die nicht offenkundig, sondern nur einem begrenzten Personenkreis zugänglich sind und an deren nicht Verbreitung der Rechtsträger ein berechtigtes Interesse hat. Ein berechtigtes Interesse liegt vor, wenn das Bekanntwerden einer Tatsache geeignet ist, die Wettbewerbsposition eines Konkurrenten zu fördern oder die Stellung des eigenen Betriebs im Wettbewerb zu schmälern oder wenn es geeignet ist, dem Geheimnisträger wirtschaftlichen Schaden zuzufügen."

44 So auch VG Düsseldorf, Urt. v. 9. 7. 2004 – 26 K 4163/03 zu § 8 IFG NRW; vgl. auch VG Schleswig, Urt. v. 31. 8. 2004 – 6 A 245/02 zu § 11 IFG SH.

45 BGH, GRUR 1961, 40 (43); BGH, GRUR 2003, 356 (358); BVerfGE 115, 205 (230); *Nastelski,* GRUR 1957, 1 (2); *Kraßer,* GRUR 1970, 587 (589); *Schröder,* UPR 1985, 394 (396); *Breuer,* NVwZ 1986, 171 (172); *Kloepfer/Greve,* NVwZ 2011, 577 (580); *Ohly,* GRUR 2014, 1 (4).

46 *Druey,* Information und Recht, 1995, S. 255 f.

I. Unternehmensbezug

Die erste Voraussetzung für die Einordnung als Betriebs- und Geschäftsgeheimnis ist, dass das Geheimnis eine konkrete Beziehung zu einem Unternehmen oder Geschäftsbetrieb aufweist.[47] Maßgebend ist demnach, ob es einem Betrieb zuzuordnen ist.[48] Der Unternehmensbezug in diesem Sinne ist etwa auch dann gegeben, wenn ein an sich bekanntes Verfahren durch ein Unternehmen verwendet wird, sofern geheim ist, dass sich dieses Unternehmen dieses Verfahrens bedient und dadurch möglicherweise besondere Erfolge erzielt.[49] Dieses Kriterium dient ferner zur Unterscheidung zwischen geschäftlichen und privaten Geheimnissen.[50]

II. Nichtoffenkundigkeit

Da der wirtschaftliche Wert eines Betriebs- oder Geschäftsgeheimnisses in seiner Exklusivität liegt, muss es sich um nichtoffenkundige Informationen handeln, um diesen Geheimnisqualität zusprechen zu können.

Dabei ist die Möglichkeit zu einer Offenlegung maßgebend.[51] Wenn sich ein Geheimnis von Interessanten oder von einem Durchschnittsfachmann unter Zuhilfenahme lauterer Mittel ohne große Schwierigkeiten und Anstrengung, bzw. ohne großen Zeit- und Kostenaufwand enthüllen lässt, liegt eine Offenkundigkeit vor.[52] Eine tatsächliche Kenntnisnahme ist dabei irrelevant.[53] Die Offenkundigkeit kann bspw. durch die Veröffentlichung der Information im Internet, Rundfunk und Fernsehen, in allgemein zugänglichen Datenbanken, Zeitungen und Fachzeitschriften bzw. Präsentationen auf Messen erfolgen. Auch eine Patentanmeldung führt zur Offenkundigkeit.[54]

---

47 *Köhler*, in: ders./Bornkamm (Hrsg.), UWG, § 17 Rn. 5; *Harte-Bavendamm*, in: ders./Henning-Bodewig (Hrsg.), UWG, § 17 Rn. 2.

48 *Köhler*, in: ders./Bornkamm (Hrsg.), UWG, § 17 Rn.5; *Harte-Bavendamm*, in: ders./Henning-Bodewig (Hrsg.), UWG, § 17 Rn. 2; *Ohly*, in: ders./Sosnitza (Hrsg.), UWG, § 17 Rn. 6.

49 *Ohly*, in: ders./Sosnitza (Hrsg.), UWG, § 17 Rn. 6.

50 *Ohly*, in: ders./Sosnitza (Hrsg.), UWG, § 17 Rn. 6; *Köhler*, in: ders./Bornkamm (Hrsg.), UWG, § 17 Rn. 5.

51 *Kraßer*, GRUR 1970, 587 (590).

52 BGH, GRUR 1980, 750 (751); BGH, GRUR 2008, 727 (728 f.); *Harte-Bavendamm/Henning-Bodewig*, UWG § 17 Rn. 3; *Ohly*, in: ders./Sosnitza (Hrsg.), UWG, § 17 Rn. 9.

53 *Rengier*, in: Fezer (Hrsg.), § 17 Rn. 13; *Nastelski*, GRUR, 1 (2).

54 *Ohly*, in: ders./Sosnitza (Hrsg.), UWG, § 17 Rn. 9; *Brammsen*, in: MünchKomm UWG, § 17 Rn. 18.

Umgekehrt ist ein Geheimnis nicht offenkundig, wenn es einem eng begrenzten Personenkreis bekannt ist, der übersehbar bzw. kontrollierbar und geschlossen ist.[55] Eine Kenntniserlangung durch Betriebsangehörige führt daher nicht zwingend zu der Offenkundigkeit der Information, wenn die Betriebsangehörigen durch Vertrag oder Gesetz zur Verschwiegenheit verpflichtet worden sind.[56] Auch sind nicht „bestimmte Tatsachen als solche", sondern ihre „Beziehung zum Betrieb" geschützt.[57]

Anders als beim geistigen Eigentum gibt es bei den Betriebs- und Geschäftsgeheimnissen keine Anforderungen daran, was ein Betriebs- oder Geschäftsgeheimnis ausmacht. Es muss sich also nicht etwa wie beim Patent um eine neuartige Erfindung handeln. So schließt nicht jede „im Patentrecht neuheitsschädliche Tatsache" den Geheimnisschutz nach § 17 UWG aus.[58] Demnach kann eine Offenkundigkeit nicht ohne Weiteres angenommen werden, wenn der allgemein anerkannte Stand der Technik regelmäßig durch Veröffentlichung bekannt ist,[59] da schließlich deren Einsetzung im Unternehmen nicht offenkundig ist.[60]

Werden im Rahmen von Auskunftspflichten Betriebs- und Geschäftsgeheimnisse an Behörden übermittelt, stellt dies wegen § 29 Abs. 2 VwVfG keine Offenlegung dar.[61]

III. Geheimhaltungswille

Der Geheimhaltungswille des Geheimnisinhabers grenzt das Geheimnis von dem bloßen Unbekanntsein einer Tatsache ab.[62] Bei der Feststellung eines Geheimhaltungswillens sind keine überzogenen Anforderungen zu stellen. Es genügt,

---

55 BGH, GRUR 1955, 424 (425); BGH, GRUR 1964, 31 (32); *Harte-Bavendamm*, in: ders./*Henning-Bodewig*, UWG § 17 Rn. 3; *Ohly*, in: ders./Sosnitza (Hrsg.), UWG, § 17 Rn. 8; *Kraßer*, GRUR 1977 177 (179).

56 *Köhler*, in: ders./Bornkamm (Hrsg.), UWG § 17 Rn. 7a; *Ohly*, in: ders./Sosnitza (Hrsg.), UWG, § 17 Rn. 8.

57 RGZ 139, 329, 332; *McGuire/Joachim/Künzel/Weber*, GRUR Int. 2010, 829 (829).

58 BGH, GRUR 2008, 727 (728); *Kraßer*, GRUR 1977, 177 (179).

59 BGH, GRUR 2003, 356 (358).

60 BGH, GRUR 1955, 424 (425); *Nastelski*, GRUR 1957, 1 (2); *Kraßer*, GRUR 1977, 177 (179).

61 *Harte-Bavendamm*, in: ders./*Henning-Bodewig*, UWG § 17 Rn. 4. Näher zu dieser Problematik unter § 4 C. II. 3. b) aa).

62 BGH, GRUR 1964, 31 (31).

wenn sich dieser Wille aus der Natur der geheim zuhaltenden Tatsachen ergibt.[63] So ist ein nach außen hin erkennbarer Geheimhaltungswille anzunehmen, wenn es sich um Geschäftsvorgänge handelt, deren Nichtoffenbarung üblich ist, oder bei denen es sich von selbst versteht, daß für den Geschäftsinhaber die Geheimhaltung gewerbliche Bedeutung hat.[64] Dies kann sich bei einer „aufwendigen Konstruktionsweise" einer Stiefeleisenpresse[65] oder einem so komplizierten Gerät wie dem Prozessrechner,[66] bei dem Programm eines Spielautomaten,[67] ferner bei technischen Zeichnungen[68] und Ausschreibungsunterlagen[69] ergeben. Maßgeblich ist, ob der Geheimnisinhaber mit dem Bekanntwerden des Geheimnisses einverstanden ist und in seine Weitergabe in irgendeiner Weise zugestimmt hat.[70] Wenn davon auszugehen ist, dass der Betriebsinhaber den Willen zur Geheimhaltung gehabt hätte, sofern er die Tatsache gekannt hätte, wird von einem Geheimhaltungswillen ausgegangen.[71] Der Geheimhaltungswille besteht, solange kein entgegenstehender Offenbarungswille erkennbar ist.[72] So kann er sich auch aus den Umständen ergeben.[73]

Das Merkmal des Geheimhaltungswillens wird indes infrage gestellt,[74] da in der Praxis trotz Fehlens des geäußerten Willens der Geheimnischarakter allgemein bejaht wurde.[75] So wird tendenziell bei allen gewerblich nutzbaren nicht offenkundigen Informationen ein Geheimhaltungswille angenommen. Ergebnis ist, dass dieses subjektive Merkmal durch das objektive Merkmal des Geheimhaltungsinteresses ersetzt wird[76] und demnach als überflüssig erscheint.

---

63 BGH, NJW 1995, 2301 (2301); BGH, GRUR 2006, 1044 (1046).

64 BayObLG, GRUR 1991, 694 (698).

65 RGZ 149, 329, 333; BGH, GRUR 1964, 31 (32).

66 BGH, GRUR 1977, 539 (540).

67 BayObLG GRUR 1991, 694 (698); *Maume,* WRP 2008, 1275 (1277).

68 BGH, NJW 1963, 2120 ff.

69 BGH, NJW 1995, 2301 ff.

70 *Brammsen*, in: MünchKomm UWG, § 17 Rn. 25.

71 BGH, GRUR 1977, 539 (540).

72 *Ann*, GRUR 2007, 39 (42).

73 *Rengier*, in: Fezer (Hrsg.), UWG, § 17 Rn. 18; *Kloepfer/Greve,* NVwZ 2011, 577 (582).

74 *Brammsen,* in: MünchKomm UWG, § 17 Rn. 9; *Ohly,* in: ders./Sosnitza (Hrsg.), UWG, § 17 Rn. 11.

75 *Maume,* WRP 2008, 1275 (1276).

76 *Maume,* WRP 2008, 1275 (1277 f.).

IV. Geheimhaltungsinteresse

Als weiteres Merkmal eines Betriebs- und Geschäftsgeheimnisses ist ein „berechtigtes wirtschaftliches Interesse“ erforderlich.[77] Dies ist ein objektives Kriterium, das den subjektiven Geheimhaltungswillen des Geheimnisinhabers rechtfertigt. Es stellt ein offenes, d. h. wertungsabhängiges Kriterium dar.[78] Dieses Merkmal wirkt einer willkürlichen Geheimhaltung des Unternehmers entgegen.[79] Nach der Rechtsprechung des Bundesverwaltungsgerichts benötigt ein Betriebs- oder Geschäftsgeheimnis neben dem Mangel an Offenkundigkeit der zugrunde liegenden Information ein berechtigtes Interesse des Unternehmers an der Nichtverbreitung. Ein solches Interesse besteht, wenn die Offenlegung der Information geeignet ist, exklusives technisches oder kaufmännisches Wissen den Marktkonkurrenten zugänglich zu machen und so die Wettbewerbsposition des Unternehmens nachteilig zu beeinflussen.[80]

Trotz der objektiven Komponente ist das berechtigte wirtschaftliche Interesse nicht unbedingt mit einem bestimmten Vermögenswert verbunden.[81] Es reicht aus, wenn sich die „Kenntnis Dritter für das Unternehmen“ nachteilig auswirken kann.[82] So ist der „Erhalt der bisherigen Wettbewerbsfähigkeit“ ein wesentliches Kriterium.[83]

In Bezug auf den Geheimhaltungswillen erlaubt ein berechtigtes Interesse gleichzeitig die Annahme des Geheimhaltungswillens, wenn nicht eindeutige Anhaltspunkte oder Erklärungen gegen dessen Vorliegen sprechen.[84]

Das Geheimhaltungsinteresse wird in der Praxis meist ohne größere Begründung bejaht, häufig bereits an der „Natur der Sache“.[85] Ob ein Geheimhaltungsinteresse auch bei rechts- oder sittenwidrigen Geheimnissen besteht, ist umstritten. In der Literatur wird dies überwiegend als irrelevant gesehen.[86]

---

77 BGH GRUR 1955, 424 (426); *Köhler*, in: ders./Bornkamm (Hrsg.), UWG, § 17 Rn. 9; *Kraßer*, GRUR 1970, 587 (590); *Nastelski*, GRUR 1957, 1 (2).

78 *Breuer*, NVwZ 1986, 171 (172).

79 BGH, GRUR 1955, 424 (426).

80 BVerwG, Beschl. v. 19. 1. 2009 - 20 F 23/07 (OVG Schleswig); BVerwG, Urt. v. 28. 5. 2009 - 7 C 18/08 (VG Hamburg).

81 BGH, GRUR 2006, 1044 (1046).

82 *Köhler*, in: ders./Bornkamm (Hrsg.), UWG, § 17 Rn. 11.

83 *Brammsen*, in: MünchKomm UWG, § 17 Rn. 22.

84 *Kraßer*, GRUR 1977, 177 (178).

85 BGH, GRUR 2006, 1044 (1046); *Maume*, WRP 2008, 1275 (1276).

86 *Harte-Bavendamm*, in: ders./Henning-Bodewig, UWG, § 17 Rn. 6; *Ohly*, in: ders./Sosnitza (Hrsg.), UWG, § 17 Rn. 9; *Brammsen*, in: MünchKomm UWG, § 17 Rn. 24;

Das Geheimhaltungsinteresse entfällt jedoch, wenn die Offenlegung bei objektiver Betrachtung keine konkreten nachteiligen Folgen für das Unternehmen hätte.[87] Demnach sollte ein Geheimhaltungsinteresse nur bei solchen Tatsachen angenommen werden, „deren Offenbarung geeignet ist, die Position der oder zumindest eines Konkurrenten im Wettbewerb zu verbessern und/oder die eigene Stellung im Wettbewerb zu verschlechtern".[88]

V. Zwischenergebnis

Zusammenfassend ist festzustellen, dass es sich bei Betriebs- und Geschäftsgeheimnissen um Informationen handelt, für die keine hohen Anforderungen bestehen. Im Vergleich zu den gewerblichen Schutzrechten gibt es keine speziellen Anforderungen wie es etwa für das Patent die Technizität, Neuheit oder Erfindungshöhe.[89] Der Umfang von Betriebs- und Geschäftsgeheimnissen ist also sehr weit auszulegen;[90] sie sollten nicht eng betrachtet auf wirtschaftliche Informationen begrenzt werden.[91]

Das Ergebnis ist ein stark heterogen geprägter Oberbegriff, der mehr oder weniger schützenswerte Informationen umfasst.[92] Der Begriff der Betriebs- und Geschäftsgeheimnisse ist zudem bereichsübergreifend. So siedeln die Geheimnisse gleichermaßen in Bereichen des Human-, Struktur- und Beziehungskapitals[93] des Unternehmens.

Sieber, NJW 2008, 881 (881 f.); *Köhler*, in: ders./Bornkamm (Hrsg.), UWG, § 17 Rn. 9; a.A. *Rützel*, GRUR 1995, 557 (560); *Hoeren*, Der Schutz von Betriebs- und Geschäftsgeheimnissen und das IFG, in: Dix/Franßen u. a. (Hrsg.), Informationsfreiheit und Informationsrecht, Jahrbuch 2008, 105 (117) sieht kein schutzwürdiges Geheimhaltungsinteresse bei rechts- oder bestandskräftig festgestellten Rechtswidrigkeiten.

87 KG WuW/E OLG 3539; *Maume*, WRP 2008, 1275 (1276).

88 *Brammsen*, in: MünchKomm UWG, § 17 Rn. 24.

89 *McGuire/Joachim/Künzel/Weber*, GRUR Int. 2010, 829 (839).

90 *Schütze*, KSzW 2011, 73 (73); *Depenheuer*, Der verfassungsrechtliche Schutz des Betriebsgeheimnisses, in: FS Schenke, 97 (99).

91 *Frank*, Der Schutz von Unternehmensgeheimnissen im Öffentlichen Recht, 2008, S. 38.

92 *Frank*, Der Schutz von Unternehmensgeheimnissen im Öffentlichen Recht, 2008, S. 171.

93 Innerhalb der Managementliteratur wird das intellektuelle Kapital der Unternehmen – teilweise variierend – in das Human-, Struktur- und Beziehungskapital aufgeteilt. Vgl. *Edvinsson*, Aktivposten Wissenskapital: Unsichtbare Werte bilanzierbar machen, S. 29; *Kasperzak/Nestler*, Bewertung vom immateriellen Vermögen, 2010, S. 26.

D. Dimensionen der Betriebs- und Geschäftsgeheimnisse

Die oben ausgeführten Merkmale führen zur weiteren Frage, welche Eigenschaften den Begriff des Betriebs- und Geschäftsgeheimnisses prägen. Das Wort „geheim" bezieht sich auf eine Information. Es ist der Zustand des „Nicht-Bekanntseins" von gewissen, bestimmbaren Geistesinhalten, der als „Geheimnis" oder „Geheimnissphäre" umschrieben werden kann.[94] Beide Begriffe bedürfen einer näheren Darstellung. In der Literatur findet sich mitunter die Aussage, ein Betriebs- oder Geschäftsgeheimnis schütze nicht den dem Geheimnis zugrunde liegenden Inhalt, sondern den geheimen Zustand.[95] Versteht man das Geheimnis als Zustand, ist es synonym zum Geheim*sein*. Es ist daher ein rechtlich nicht fassbarer Zustand, der nach der Offenbarung nicht wieder hergestellt werden kann.[96] Zugleich kann das Geheimnis aber auch als Inhalt verstanden werden. Es sind die einem Geheimnis inneliegenden bestimmten Tatsachen, die nicht weitergegeben werden sollen, um eine Verwertung oder Nutzung durch Dritte auszuschließen.[97] So richtet sich gerade im Wettbewerbsverhältnis der Schutz gegen die Verwertung des Wissens und nicht primär gegen seine Verbreitung.[98] Da das Geheimnis einerseits ein Wettbewerbsvorteil und andererseits Ergebnis eigener Arbeit darstellt,[99] ergibt sich seine Eigenschaft im zweifachen Sinne.[100] In Bezug auf diese Zweideutigkeit könnte man fragen, ob das Geheimnis schon als solches schutzwürdig ist, oder sich dadurch qualifiziert, weil der darin liegende Inhalt durch langjährige Arbeitserfahrung gewonnen worden ist. Bei den Betriebs- und Geschäftsgeheimnissen kann dies nicht eindeutig beantwortet werden.[101]

Indes wird die „Geheimsphäre" als die Gesamtheit von Geheimnissen im inhaltlichen Sinn bezeichnet. Demnach stellt die Geheimsphäre somit kein Rechtsgut dar, sondern ist lediglich „Resultat als Inbegriff der geheimen Sachverhalte, die eine Person geheim halten will und darf".[102]

---

94 *Druey*, Information und Recht, 1995, S. 251.

95 *Ellger*, Bereicherung durch Eingriff, 2002, S. 844.

96 *Druey*, Das Fabrikationsgeheimnis – faktisches Gut oder Rechtsgut?, ZSR 92 (1973), 451 (462).

97 *Druey*, Information und Recht, 1995, S. 256.

98 Vgl. *Druey*, ZSR 92, 451 (461).

99 Vgl. *Druey*, ZSR 92, 451 (463).

100 So *Druey*, Information und Recht, 1995, S. 251.

101 *Druey*, Information und Recht, 1995, S. 252, 257.

102 *Druey*, Information und Recht, 1995, S. 253.

E. Betriebs- und Geschäftsgeheimnisse als nichtgegenständliche Wirtschaftsgüter

Um der Gegenständlichkeit der Betriebs- und Geschäftsgeheimnissen weiterhin Konturen zu verleihen, wird im Folgenden auf ihre Stellung als „Immaterialgut“ eingegangen.

I. Merkmale der Güter

Güter sind Erscheinungen von Wirtschaftssystemen und bestehen einerseits unabhängig oder andererseits erst durch die jeweilige Rechtsordnung.[103] Zu den Merkmalen eines Gutes zählen seine Nützlichkeit und seine vorrechtliche Existenz außerhalb der Person. Die Nützlichkeit gehört zu den wesentlichen Eigenschaften eines Gutes. Das Kriterium der Nützlichkeit stellt jedoch kein taugliches Abgrenzungskriterium dar.[104] Ein „verstärkter Ausdruck der Nützlichkeit“ ergibt sich aus dem wirtschaftlichen Wert. Er ist ein zusätzliches Indiz, dass „ein Bedürfnis an dem Gegenstand besteht“.[105]

Ein Gut setzt zugleich eine gewisse Erkennbarkeit voraus. Insofern müssen sie bereits vorrechtlich als eigenständige Objekte wahrnehmbar sein. So sind Güter „die objektiv[en], d. h. jedem Menschen möglicherweise wahrnehmbaren Erscheinungen der empirisch faßbaren Welt, deren Genuß angestrebt wird.“[106]

In den Umfang der Güter können auch „unkörperliche Erscheinungen“ fallen. Diese sind insbesondere Erscheinungen des modernen Wirtschaftslebens.[107] Allerdings müssen diese zuerst faktisch abgegrenzt werden, was mit einer verstärkten Bedeutung des Rechts einhergeht.[108]

II. Betriebs- und Geschäftsgeheimnisse als Informationsgüter

In der heutigen Gesellschaft haben Informationen, Wissen und Daten die Rolle der traditionellen Faktoren von Arbeit, Kapital und Boden eingenommen.[109] Der beständig zunehmende ökonomische Bedeutungszuwachs der Ressource

103 *Zech*, Information als Schutzgegenstand, 2012, S. 46.
104 *Zech*, Information als Schutzgegenstand, 2012, S. 47.
105 *Zech*, Information als Schutzgegenstand, 2012, S. 47.
106 *Troller*, Immaterialgüterrecht, Bd. I, S. 49.
107 *Haedicke*, Rechtskauf und Rechtsmängelhaftung, 2003, S. 4.
108 *Zech*, Information als Schutzgegenstand, 2012, S. 47; vgl. *Leisner*, in: Isensee/Kirchhof (Hrsg.), HStR VIII, § 173 Rn. 17 m.w.N.; *Depenheuer*, in: v. Mangoldt/Klein/Starck (Hrsg.), GG, Art. 14 Rn. 60 m.w.N.
109 *Schoch*, VVDStRL 57 (1998), 158 (168); *Masing*, VVDStRL 63 (2004), 377 (401).

„Information“ lässt sich nicht bestreiten.[110] Zwar gehören Informationen nach der ökonomischen Theorie ursprünglich zum Gemeingut. Sobald zu ihrer Beschaffung Arbeit und Vermögen aufzuwenden sind, werden sie jedoch zum knappen Gut.[111] Wenn sie dazu auf dem öffentlichen Markt „gehandelt“ werden können, gleichsam also ein gewisses Publikumsinteresse besteht, kann von einem „Vermögenswert“ der Information gesprochen werden.[112]

Es entspricht der allgemeinen Auffassung, dass Informationen zu einem bedeutsamen Wirtschaftsgut geworden sind.[113] Informationen sind also Wirtschaftsgüter, um die ein Markt entstanden ist.[114]

Der beständig zunehmende ökonomische Bedeutungszuwachs der Ressource „Information“ lässt sich nicht bestreiten.[115] Entsprechend werden auch die Betriebs- und Geschäftsgeheimnisse als Immaterialgut bezeichnet.[116]

F. Zusammenfassung und Ausblick

Bei den Betriebs- und Geschäftsgeheimnissen handelt es sich um ein Wirtschaftsgut, das verschiedene Dimensionen besitzt. Einerseits ist die dem Geheimnis innewohnende Information selbst Gegenstand. Andererseits ist der Geheimnisschutz auch die Zugangskontrolle zu einer bestimmten Information. Zudem kann der Geheimnisschutz als Geheimsphäre als „Resultat als Inbegriff der geheimen Sachverhalte“ dargestellt werden. Durch die Mehrdimensionalität der Betriebs- und Geschäftsgeheimnisse kann ihre verfassungsrechtliche Grundlage daher auf den ersten Blick nicht einheitlich beantwortet werden.

---

110 *Sieber*, NJW 1989, 2569 (2569).

111 *Druey*, Information als Gegenstand des Rechts, 1995, S. 98 f.

112 *Stettner*, Informationen – ihr Stellenwert in der Verfassung, in: Fiedler/Ullrich (Hrsg.), Information als Wirtschaftsgut, 1997, 33 (46).

113 *Wiebe*, Information als Schutzgegenstand im System des geistigen Eigentums, in: Fiedler/Ulrich (Hrsg.), Information als Wirtschaftsgut, 1997, 93 (103), vgl. *Sieber*, NJW 1989, S. 2569 ff.

114 *Schoch*, IFG, Einl. Rn. 9; Die EG-Richtlinie über die Weiterverwendung von Informationen des öffentlichen Sektors wirkt sogar darauf hin, dass staatliche Stellen ihren Informationsbestand (teilweise) dem Markt als Wirtschaftsgut zur Verfügung stellen. *Kugelmann*, DÖV 2005, 851 (855).

115 *Sieber*, NJW 1989, 2569 (2569).

116 Vgl. Ann, GRUR 2007, 39 (43).

§ 3 Betriebs- und Geschäftsgeheimnisse als Eigentum im Sinne des Art. 14 GG

Der folgende Abschnitt widmet sich der Frage, ob Betriebs- und Geschäftsgeheimnisse durch Art. 14 Abs. 1 GG geschützt werden. Dazu wird zunächst der Schutzbereich der Eigentumsgarantie aufgezeigt. Sodann wird zu prüfen sein, ob die Betriebs- und Geschäftsgeheimnisse diesem zugeordnet werden können.

A. Verfassungsrechtlicher Eigentumsbegriff

Nach der Auffassung des Bundesverfassungsgerichts steht das Eigentum als elementares Grundrecht in einem inneren Zusammenhang mit der Garantie der persönlichen Freiheit.[117] Es hat seine primäre Bedeutung als Menschenrecht.[118] Diese Auffassung des Bundesverfassungsgerichts steht im gleichen Kontext der Philosophie der Aufklärung wie auch der rechtsstaatlichen Verfassung,[119] wonach eine enge Verknüpfung zwischen Freiheit und Eigentum besteht.[120]

I. Dimension der Eigentumsgewährleistung

Als Grundlage der Freiheit[121] hat es die Eigentumsgarantie zur Aufgabe, im Gesamtgefüge der Grundrechte dem „Träger des Grundrechts einen Freiheitsraum im vermögensrechtlichen Bereich sicherzustellen und ihm damit eine eigenverantwortliche Gestaltung des Lebens zu ermöglichen".[122]

Dies kommt durch verschiedene „miteinander verzahnte" Gewährleistungen zum Ausdruck.[123] Nach dem Bundesverfassungsgericht gewährleistet Art. 14 Abs. 1 S. 1 GG das Privateigentum „sowohl als Rechtsinstitut" und zugleich

---

117 BVerfGE 24, 367, 389; 50, 290, 339; 68, 193, 222; 83, 201, 208; 89, 1, 6.

118 BVerfGE 50, 290, 334.

119 *Papier*, in: Maunz/Dürig (Hrsg.), GG, Art. 14 Rn. 1; *Wendt*, in: Sachs, GG, Art. 14 Rn. 1.

120 *Papier*, in: Maunz/Dürig (Hrsg.), GG, Art. 14 Rn. 1.

121 *Depenheuer*, in: v. Mangoldt/Klein/Starck (Hrsg.), GG, Art. 14 Rn. 1; *ders.*, Zwischen Verfassung und Gesetz, in: FS Leisner, 277 (278); *Leisner*, in: Isensee/Kirchhof (Hrsg.), HStR VIII, § 173 Rn. 2.

122 BVerfGE 50, 290, 339; 53, 257, 290; 97, 350, 371; 102, 1, 15.

123 *Külpmann*, Enteignende Eingriffe, 2000, S. 104.

als Bestandsgarantie in „seiner konkreten Gestalt in der Hand des einzelnen Eigentümers".[124]

1. *Bestandsgarantie*

Zu der Bestandsgarantie gehört grundsätzlich die Freiheit des Eigentümers, sein Eigentum veräußern zu dürfen. Diese Befugnis ist ein elementarer Bestandteil der Handlungsfreiheit im Bereich der Eigentumsordnung. Es ist „im Wesentlichen durch die Privatnützigkeit und die grundsätzliche Verfügungsbefugnis über das Eigentumsobjekt gekennzeichnet".[125] Es handelt sich hierbei um die „subjektiv-rechtliche" Seite der Eigentumsgarantie. Nach dem Bundesverfassungsgericht gewährt das Grundrecht vor allem „die Befugnis, jede ungerechtfertigte Einwirkung auf den Bestand der geschützten Güter abzuwehren".[126] Zwar garantiert Art. 14 GG den Bestand des Eigentums in der Hand des Eigentümers; zugleich besteht durch Art. 14 Abs. 3 GG die Möglichkeit der Enteignung.[127] Bei zulässiger Enteignung wandelt sich die Bestandsgarantie des Art. 14 Abs. 1 S. 1 in eine Wertgarantie.[128]

2. *Institutsgarantie*

Die subjektiv-rechtliche Dimension der Eigentumsgarantie wird durch die objektiv-rechtliche Verpflichtung verstärkt.[129] So führt das Bundesverfassungsgericht aus, dass „das Grundrecht des Einzelnen das Rechtsinstitut ‚Eigentum' voraus[setzt]; es wäre nicht wirksam gewährleistet, wenn der Gesetzgeber an die Stelle des Privateigentums etwas setzen könnte, was den Namen ‚Eigentum' nicht mehr verdient".[130]

So lässt der objektiv-rechtliche Gewährleistungsinhalt der Institutsgarantie nicht zu, „daß solche Sachbereiche der Privatrechtsordnung entzogen werden, die zum elementaren Bestand grundrechtlich geschützter Betätigungen im vermögensrechtlichen Bereich gehören, und daß damit der durch das Grundrecht geschützte Freiheitsbereich aufgehoben oder wesentlich geschmälert wird".[131]

---

124 BVerfGE 24, 367, 389; 42, 263, 294.
125 BVerfGE 31, 229, 240.
126 BVerfGE 24, 367, 400.
127 *Külpmann*, Enteignende Eingriffe, 2000, S. 104 f.
128 BVerfGE 58, 300, 323.
129 *Depenheuer*, in: v. Mangoldt/Klein/Starck (Hrsg.), GG, Art. 14 Rn. 16.
130 BVerfGE 24, 367, 389.
131 BVerfGE 58, 300, 339.

Durch die Institutsgarantie wird der Gesetzgeber verpflichtet, durch Normprägungen die Eigentumsgewährleistung zu sichern. Demnach wird ein Mindestbestand von privatnützig zugeordneten Vermögenswerten gesichert. Zugleich stellt sie eine rigide Anforderung zur Einhaltung des Untermaßverbots dar.[132] Allerdings schließt die Institutsgarantie über den Schutz des elementaren Bestands nicht aus, dass „bestimmte Eigentumsgegenstände einer öffentlich-rechtlichen Sachherrschaft unterstellt werden".[133]

Der Gewährleistungsinhalt der Institutsgarantie ist in der gesicherten Lage einer „grundsätzlich politischen Anerkennung des Privateigentums" und „in Zeiten der wirtschaftlichen Prosperität" bisher kaum ausdifferenziert worden.[134]

3. *Zusammenfassung*

Zusammenfassend hat die Eigentumsgarantie eine freiheitssichernde sowie rechtsbewahrende Funktion.[135] So liegt die Funktion der verfassungsrechtlichen Gewährleistung gerade auch darin, dem Bürger „Rechtssicherheit hinsichtlich der durch die Rechtsordnung anerkannten Vermögensrechte zu gewähren" und zugleich „das Vertrauen in den Bestand seiner Rechte zu schützen".[136] Des Weiteren ergibt sich unmittelbar aus der Eigentumsgarantie ein verfassungskräftiger Anspruch auf einen effektiven Rechtsschutz.[137]

II. Die Normgeprägtheit des verfassungsrechtlichen Eigentumsbegriffs

1. *Normierung durch den Gesetzgeber*

Das Bundesverfassungsgericht geht davon aus, dass sich die Eigentumsgewährleistung auf „die den Grundrechtsträgern durch die einfachen Gesetze i. S. d. Art. 14 Abs. 1 S. 2 GG zugeordneten Rechtsverhältnissen" bezieht.[138] Es wird also von einem „weiten" Eigentumsbegriff ausgegangen, der praktisch jedes

---

132 *Ehlers*, VVDStRL 51 (1992), 211 (216).

133 BVerfGE 24, 367, 389; *Külpmann*, Enteignende Eingriffe, 2000, S. 106.

134 *Külpmann*, Enteignende Eingriffe, 2000, S. 106.

135 *Wendt*, in: Sachs (Hrsg.), GG, Art. 14 Rn. 4.

136 BVerfGE 51, 193, 218.

137 BVerfGE 35, 348, 361; 37, 132, 141.

138 BVerfGE 70, 191, 199; *Leisner*, in: Isensee/Kirchhof (Hrsg.), HStR VIII, § 173 Rn. 24; *Grochtmann*, Die Normgeprägtheit des Art. 14 GG, 2010, S. 23.

vermögenswerte Recht umfasst. Dies entspricht der in den vergangenen Jahrzehnten eingetretenen Ausdifferenzierung der Eigentumsformen.[139]

Im Bereich des Privatrechts sind es daher die Vermögensrechte; im öffentlich-rechtlichen Bereich, die Rechte, die auf einer Eigenleistung beruhen und der Existenzsicherung dienen. Die durch das Eigentum gewährleistete Freiheit für den Inhaber ist zugleich mit einer Unfreiheit für den Ausgeschlossenen verbunden.[140] Die Eigentumsgewährleistung bewirkt stets eine Einschränkung der Befugnisse anderer.[141] Sie kann daher nur in einem gesellschaftlichen Kontext „als rechtlich geordnetes Verhältnis von Personen zueinander" verstanden werden.[142] Daher ist es dem einfachen Gesetzgeber überlassen zu entscheiden, was Eigentum ist. Entsprechend ist dies in Art. 14 Abs. 1 S. 2 GG verankert.

Das verfassungsrechtliche Eigentum wird durch die normative Zuordnung von Gütern und Rechten zu Personen bestimmt.[143] Entsprechend lautet die wiederholte Ausführung des Bundesverfassungsgerichts: „Nur das durch die Gesetze ausgeformte Eigentum bildet den Gegenstand der Eigentumsgarantie und ist verfassungsrechtlich geschützt".[144] Daher besteht keine andere Möglichkeit, ein verfassungsrechtliches Eigentum nach Art. 14 GG zu konzipieren. Im Verfassungsstaat gibt es kein dem Gesetzgeber vorgegebenes natürliches Eigentum.[145] Zugleich fehlt es an einem „vorgegebenen und absoluten Begriff des Eigentums".[146] So lässt sich aus der Verfassung keine ausdrückliche Definition gewinnen, was „Eigentum" ist. Das Fehlen einer Legaldefinition bei Verfassungsbegriffen ist jedoch nicht selten. Wie auch bei der Feststellung was bspw. „Religion", „Meinung", „Versammlungen" bedeuten,[147] fällt auch beim Eigentum diese Aufgabe dem Verfassungsinterpreten zu.[148]

---

139 *V. Brünneck*, Eigentumsgarantie des Grundgesetzes, 1984, S. 392.

140 *Depenheuer*, Zwischen Verfassung und Gesetz, in: FS Leisner, 277 (281).

141 *Appel*, DVBl. 2005, 340 (341).

142 *Depenheuer*, in: v. Mangoldt/Klein/Starck (Hrsg.), GG, Art. 14 Rn. 30; *ders.*, Zwischen Verfassung und Recht, in: FS Leisner, 277 (282).

143 *Pieroth/Schlink/Kingreen/Poscher*, Grundrechte, § 23 Rn. 972; *Herzog*, Grundrechte aus der Hand des Gesetzgebers, in: FS Zeidler, Bd. II, 1415 (1419 f.).

144 BVerfGE 24, 367, 396; 37, 132, 141.

145 BVerfGE 2, 237, 253 f.; 15, 126, 144; *Depenheuer*, Zwischen Verfassung und Recht, in: FS Leisner, 277 (282).

146 BVerfGE 31, 229, 240.

147 *Leisner*, in: Isensee/Kirchhof (Hrsg.), HStR VIII, § 173 Rn. 12.

148 *Appel*, Entstehungsschwäche und Bestandsstärke, 2004, S. 36.

So ist ausschließlich der Gesetzgeber befugt, Inhalt und Schranken des Eigentums zu bestimmen.[149] Gegenstand und Umfang des durch Art. 14 Abs. 1 S. 1 GG gewährleisteten Bestandsschutzes ergibt sich aus der Gesamtheit der verfassungsmäßigen Gesetze, die den Inhalt des Eigentums bestimmen.[150] Zugleich werden Inhalt und Funktion des Eigentums anhand der gesellschaftlichen und wirtschaftlichen Verhältnisse angepasst.[151] Die Verfassung hat dem Gesetzgeber die Aufgabe übertragen, Inhalt und Schranken des Eigentums zu bestimmen,[152] und so eine „Eigentumsordnung zu schaffen, die sowohl den privaten Interessen des Einzelnen, als auch denen der Allgemeinheit gerecht wird".[153] Demnach ergibt sich die Aufgabenstellung des Gesetzgebers im doppelten Sinne: „Einerseits muss er im Privatrecht die für den Rechtsverkehr und die Rechtsbeziehung der Bürger untereinander maßgeblichen Vorschriften schaffen, andererseits hat er den Belangen der Allgemeinheit [...] Rechnung zu tragen".[154] Das verfassungsrechtliche Eigentum hat also neben seiner individuellen privatsichernden Bedeutung einen hohen sozialen Bezug, der sich durch „intensive Normprägung" auszeichnet.[155]

2. *Eigenständiger verfassungsrechtlicher Eigentumsbegriff*

Dementsprechend muss das Verhältnis mit der Verfassung und dem einfachrechtlichen Gesetzgeber geklärt werden, sollte dies nicht in einem „Zirkelschluss" enden.[156] Dieser wäre nur vermeidbar, wenn sich aus Art. 14 GG „verfassungsunmittelbare Eigentumsgewährleistungen" entnehmen ließen, die den einfachen Gesetzgeber binden.[157]

Nach dem Bundesverfassungsgericht muss „der Begriff des von der Verfassung gewährleisteten Eigentums", „aus der Verfassung selbst gewonnen werden".[158]

---

149 *Grochtmann*, Die Normgeprägtheit des Art. 14 GG, 2010, S. 25.

150 BVerfGE 58, 300, 336.

151 BVerfGE 31, 229, 240.

152 BVerfGE 31, 229, 240.

153 BVerfGE 58, 300, 335 f.

154 BVerfGE 58, 300, 336.

155 *Pieroth/Schlink/Kingreen/Poscher*, Grundrechte, § 23 Rn. 972.

156 Nach dem oftmals rezitierten Ausdruck von *Baur*, NJW 1982, 1734 (1735); vgl. nur *Kube*, Eigentum an Naturgütern, 2004, S. 37; *Appel*, Entstehungsschwäche und Bestandsstärke, 2004, S. 33; *Grochtmann*, Die Normgeprägtheit des Art. 14 GG, 2010, S. 45.

157 *Kube*, Eigentum an Naturgütern, 2004, S. 37.

158 BVerfGE 58, 300, 335.

Aus den Normen des einfachen Rechts kann „weder der Begriff des Eigentums im verfassungsrechtlichen Sinne abgeleitet werden, noch kann aus der privatrechtlichen Rechtsstellung der Umfang der Gewährleistung des konkreten Eigentums bestimmt werden".[159] So geht das Bundesverfassungsgericht in ständiger Rechtsprechung von einem vorgegebenen Verfassungsbegriff des Eigentums aus.[160] Es handelt sich um einen eigenen Begriff, der aus der Verfassung, ohne Rücksicht auf bürgerlich-rechtliche Begrifflichkeit bestimmt wird.[161] Aus dem Grundgesetz kann jedoch keine Definition über den Eigentumsbegriff im verfassungsrechtlichen Sinn entnommen werden.[162] Welche vermögenswerte Güter als Eigentum im Sinne des Art. 14 GG gelten, wird daher anhand des Zwecks und der Funktion der Eigentumsgarantie unter Berücksichtigung ihrer Bedeutung im Gesamtgefüge der Verfassung beantwortet.[163]

Demnach lassen sich „verfassungsunmittelbare Strukturmerkmale"[164] aufzeichnen, die das durch Art. 14 GG geschützte Eigentum konstituieren:[165] Die durch das Bundesverfassungsgericht herausgearbeiteten Strukturmerkmale sind die ausschließliche und umfassende Herrschafts- und Verfügungsbefugnis und die Privatnützigkeit, bei öffentlich-rechtlichen Positionen zusätzlich die Leistungsorientierung und Existenzsicherung.[166] Es kann insoweit von einer „zweistufigen Prüfungsfolge"[167] ausgegangen werden: Nach der Feststellung einer gesetzlich geschaffenen Rechtsposition nach Art. 14 Abs. 1 S. 2 GG prüft das Bundesverfassungsgericht ob diese Rechtsposition die „verfassungsunmittelbare Strukturmerkmale", die sich aus der Verfassung ergeben auch erfüllen. Die Verfassungsmäßigkeit der Regelungen wird also in erster Linie anhand Art. 14 Abs. 1 Satz 1 GG geprüft.[168]

---

159 BVerfGE 58, 300, 335.

160 BVerfGE 31, 229, 240 f.; 42, 263, 293; 652, 1, 27; 53, 336, 349; *Depenheuer*, in: v. Mangoldt/Klein/Starck (Hrsg.), GG, Art. 14 Rn. 51.

161 *Bryde*, in: Münch/Kunig (Hrsg.), GG, Art. 14 Rn. 11.

162 BVerfGE 36, 281, 290.

163 BVerfGE 36, 281, 290.

164 *Grzeszick*, ZUM 2007, 344 (349); *Appel*, Entstehungsschwäche und Bestandsstärke, 2004, S. 36.

165 BVerfGE 69, 272, 299 f.

166 *Depenheuer*, in: v. Mangoldt/Klein/Starck (Hrsg.), GG, Art. 14 Rn. 62; *Grzeszick*, ZUM 2007, 344 (349).

167 *Appel*, Entstehungsschwäche und Bestandsstärke, 2004, S. 25 m.w.N; *ders.*, DVBl. 2005, 340 (341).

168 BVerfGE 87, 114, 138.

Der verfassungsrechtliche Eigentumsbegriff ist kein abgeschlossener. In das durch Art. 14 Abs. 1 GG gewährleistete Eigentum fällt alles, was das einfache Recht zu diesem Zeitpunkt als Eigentum definiert.[169] Welche Befugnisse einem Eigentümer in einem bestimmten Zeitpunkt konkret zustehen, ergibt sich aus der Zusammenschau aller in diesem Zeitpunkt geltenden, die Eigentümerstellung regelnden gesetzlichen Vorschriften.[170]

III. Offenheit des Eigentumsbegriffs

Aufgrund dieses weiten Begriffs ist im Fall einer Beeinträchtigung des Bürgers im vermögensrechtlichen Bereich der Schutzbereich des Art. 14 in der Regel betroffen, „ohne dass die begriffliche Qualifizierung der jeweiligen Position als ‚Eigentum' besonders problematisch wäre".[171] Dieser weite Eigentumsbegriff ist nicht zwingend mit einer „typologischen Differenzierung der verschiedenen Eigentumsrechte und -objekte" verbunden.[172] Die differenzierte Prüfung ist nicht bereits auf Ebene des Schutzbereichs, sondern in Hinsicht auf das „unterschiedliche Wirkungswesen" des Sozialbezugs des Eigentums auf Inhalt- und Schrankenebene vorzunehmen.[173]

B. Informationsgüter als Gegenstand der Eigentumsgarantie

I. Ausgangspunkt: Das geistige Eigentum

Auch Informationsgüter sind Gegenstand der Eigentumsgarantie, soweit sie eine vermögenswerte Rechtsposition darstellen. Bei den Immaterialgüterrechten ist dies unbestritten. Beim Urheberrecht, das neben dem Eigentumsrecht zugleich starke Bezüge zu Art. 1 und Art. 2 GG aufweist, erfasst die Eigentumsgarantie nur den vermögenswerten Teil.[174] Bedingt durch gesellschaftliche und insbesondere technische Entwicklungen, handelt es sich auch hier nicht um einen abgeschlossenen Prozess: Der Schutzkatalog des geistigen Eigentums steht anderen Formen von immateriellen Gütern offen.[175]

---

169 BVerfGE 58, 300, 336.

170 BVerfGE 58, 300, 336.

171 *Bryde*, in: Münch/Kunig (Hrsg.), GG, Art. 14 Rn. 13.

172 So aber *Bryde*, in: Münch/Kunig (Hrsg.), GG, Art. 14 Rn. 13; *v. Brünneck*, Eigentumsgarantie des Grundgesetzes, 1984, S. 389 f.

173 *Depenheuer*, in: v. Mangoldt/Klein/Starck (Hrsg.), GG, Art. 14 Rn. 52.

174 BVerfGE 31, 229, 238; vgl. *Schwartmann/Hentsch*, ZUM 2012, 759 (760 f.).

175 Vgl. die „neuen" Ausschließlichkeitsrechte an Halbleitertopografien, neuen Pflanzensorten und Datenbanken. *Ellger*, Bereicherung durch Eingriff, 2002, S. 721 ff. m.w.N.

Das Bundesverfassungsgericht geht von einer funktionellen Vergleichbarkeit mit dem Sacheigentum aus („Strukturkompatibilität mit dem Sacheigentum").[176] Dies begründet das Gericht damit, dass das Urheberrecht und die gewerblichen Schutzrechte dem Inhaber vermögenswerte Befugnisse zur eigenverantwortlichen und privaten Verfügung einräumen.[177] So führte das Bundesverfassungsgericht zum Urheberrecht aus, dass in den „grundgesetzlich geschützten Kern" des Urheberrechts als Eigentum im Sinne der Verfassung, „die grundsätzliche Zuordnung des vermögenswerten Ergebnisses der schöpferischen Leistung an den Urheber im Wege privatrechtlicher Normierung und seine Freiheit, in eigener Verantwortung darüber verfügen zu können" gehören. [178] So gebietet die sichernde und abwehrende Bedeutung der Eigentumsgarantie, die vermögenswerten Befugnisse des Urhebers an seinem Werk als „Eigentum" im Sinne des Art. 14 GG anzusehen und seinem Schutzbereich zu unterstellen.[179] Das Gleiche gilt auch für den Erfinder einer patentfähigen Erfindung. Das Bundesverfassungsgericht führte aus, dass die Rechtsordnung das Recht zur wirtschaftlichen Auswertung einer neuen Idee, die Technik und Wissenschaft fördert, demjenigen zuerkannt hat, der sie hervorgebracht hat. Dementsprechend stehe ihm ein Anspruch auf eine gerechte Vergütung für die Verwertung seiner Leistung durch Dritte zu. Die dem Erfinder so zugeordnete Rechtsposition genieße daher den Eigentumsschutz des Grundgesetzes.[180] So würden anhand eines subjektiven Rechts, das dem Inhaber des geistigen Eigentums zusteht, dem Erfinder Befugnisse zur eigenverantwortlichen und privaten Verfügung eingeräumt. Zugleich

176 *Depenheuer*, in: v. Mangoldt/Klein/Starck (Hrsg.), GG Art. 14 Rn. 33; *Timmann*, Patentrecht, 2008, S. 14.

177 *Depenheuer*, in: v. Mangoldt/Klein/Starck (Hrsg.), GG Art. 14 Rn. 147.

178 BVerfGE 31, 229, 240 f.

179 BVerfGE 31, 229, 239.

180 BVerfGE 36, 281, 290; vgl. BVerfGK, Beschl. v. 10. 5. 2000 – 1 BvR 1864/95 – Rn. 13: „In der Rechtsprechung des Bundesverfassungsgerichts ist geklärt, dass das vom Urheber geschaffene Werk und die darin verkörperte Leistung Eigentum im Sinne des Art. 14 Abs. 1 Satz 1 GG sind, dass aus seiner verfassungsrechtlichen Gewährleistung dem Urheber die Befugnis erwächst, dieses ‚geistige' Eigentum wirtschaftlich zu nutzen, und dass dem Gesetzgeber im Rahmen des Regelungsauftrags nach Art. 14 Abs. 1 Satz 2 GG die Aufgabe obliegt, sachgerechte Maßstäbe festzulegen, die eine der Natur und sozialen Bedeutung des Rechts entsprechende Nutzung und angemessene Verwertung sicherstellen (vgl. BVerfGE 31, 229 <238 ff.>; 49, 382 <392>). Diese Grundsätze gelten entsprechend für das Patentrecht (vgl. BVerfGE 36, 281 <290 f.>: für das technische Urheberrecht des Erfinders, das noch nicht zum Patentrecht erstarkt ist)".

entstehe eine Ausschlussfunktion gegenüber anderen, auf diese Befugnisse einzuwirken.[181]

II. Spezifische Fragen

Bei Informationen handelt es sich jedoch um grundsätzlich öffentliche Güter. Bei ihnen gilt der Grundsatz des freien Informationsflusses („free flow of information") und zugleich der Grundsatz der Nichtrivalität im Konsum. Das geistige Eigentum ist jedoch auf die „Zuordnung" dieser „freien" Informationen konzipiert. Gegenüber anderen hat diese Zuordnungsfunktion eine stärkere Auswirkung als das Sacheigentum. Daher ist diese Ausschlussfunktion, die durch das geistige Eigentum eintritt, eine künstliche Wendung, d. h. eine Ausnahme.[182] So führt das geistige Eigentum immer zu einem Spannungsverhältnis mit der Wettbewerbsfreiheit.[183] Diese Problematik ergibt sich ausschließlich bei den Immaterialgüterrechten, da die exklusive Berechtigung an immateriellen Gütern mit einer marktbeherrschenden Position verbunden ist.[184] Zudem besteht im Gegensatz zu körperlichen Gegenständen bei immateriellen Gütern immer die Gefahr, dass sie sich in ein Allgemeingut „verflüchtigen".[185]

Das geistige Eigentum hat es also zur bereichsspezifischen Aufgabe, das Konzept des Eigentums in seinen ganzen Auswirkungen auf ein grundsätzlich freies Informationsgut zu übertragen.

III. Vorgaben für die Betriebs- und Geschäftsgeheimnisse

Im Rahmen dieser Überlegungen wird im Folgenden die Problematik der Betriebs- und Geschäftsgeheimnisse erörtert. Sind Betriebs- und Geschäftsgeheimnisse als Eigentum i. S. v. Art. 14 GG anerkannt, müssen sie sich der Frage stellen, ob sie mit dem Leitbild des Eigentums übereinstimmen – eine Frage, die allgemein bei neuen gesetzlich geprägten vermögenswerten Rechtspositionen gestellt werden muss.[186] Es muss sich zeigen, inwieweit die primär auf dem

---

181 *Depenheuer*, in: v. Mangoldt/Klein/Starck (Hrsg.), GG, Art. 14 Rn. 147.

182 *Ellger*, Bereicherung durch Eingriff, 2002, S. 467.

183 Vgl. *Grzeszick*, Geistiges Eigentum und Wettbewerb aus verfassungsrechtlicher Perspektive, in: Lange/Klippel /Ohly (Hrsg.), Geistiges Eigentum und Wettbewerb, 2009, S. 3 ff.

184 *Ellger*, Bereicherung durch Eingriff, 2002, S. 459.

185 *Kirchhof*, Verfassungsrechtlicher Gehalt des geistigen Eigentums, in: FS Zeidler, Bd. II, 1939 (1652, 1659).

186 *Depenheuer*, in: v. Mangoldt/Klein/Starck (Hrsg.), GG, Art. 14 Rn. 33.

Wettbewerbsschutz angesiedelten Betriebs- und Geschäftsgeheimnisse den verfassungsrechtlichen Eigentumsmerkmalen entsprechen.

Im Folgenden wird versucht, den Eigentumsschutz an Betriebs- und Geschäftsgeheimnisse im Hinblick auf ihre Funktion und ihre tatsächliche und rechtliche Ausgestaltung zu begründen. Dies kann im Grunde auf zwei Wegen erfolgen. Einerseits kann der Eigentumsschutz an Betriebs- und Geschäftsgeheimnissen als selbstständige vermögenswerte Rechtsposition erfolgen. Andererseits kann dieser an einer schon bestehenden privatrechtlichen Position begründet werden. Hier kann das Recht am eingerichteten und ausgeübten Gewerbebetrieb einschlägig sein. In beiden Konstellationen bedarf es zunächst einer einfachrechtlichen Zuweisung einer vermögenswerten Position.

C. Betriebs- und Geschäftsgeheimnisse als eigenständige Rechtsposition

Im Folgenden soll erörtert werden, ob Betriebs- und Geschäftsgeheimnisse eigenständig durch die Eigentumsgarantie geschützt werden. Hierzu ist zunächst erforderlich, dass sie als vermögenswertes Recht einfachrechtlich gewährleistet sind. Daran anschließend soll analysiert werden, ob diese Gewährleistungen für die Qualifizierung als eigenständige Eigentumsposition i. S. d. Art. 14 GG ausreichen. Dazu müssen sie ihrem Inhaber ein Ausschließlichkeitsrecht vermitteln und durch Privatnützigkeit gekennzeichnet sein. Ferner muss der Berechtigte grundsätzlich frei über sie verfügen können.

I. Einfachrechtliche Ausgestaltung

1. Regelungen im nationalen Recht

Aufgrund ihrer besonderen wirtschaftlichen Bedeutung wird der Schutz der Betriebs- und Geschäftsgeheimnisse in einer Vielzahl von Regelungen geregelt. Ihr Schutz ist in erster Linie strafrechtlich gewährleistet. Dies bildet die Grundlage für zivilrechtliche Maßnahmen.[187]

a) Strafrechtlicher Schutz

Die wichtigste Rechtsgrundlage bilden die §§ 17–19 UWG. Es handelt sich um strafrechtliche Normen, die den Geheimnisinhaber vor unlauteren Eingriffen schützen. Seit der erstmaligen Normierung in den Wettbewerbsgesetzen von

187 *Ohly*, in: ders./Sosnitza (Hrsg.), UWG, § 17 Rn. 7.

1896 und 1909 ist der Kern bisher unverändert geblieben.[188] Der Normzweck dient in erster Linie den vermögenswerten Geheimhaltungsinteressen des Unternehmers und zweitens dem Schutz des lauteren Wettbewerbs als Institution der Wirtschaftsordnung.[189] § 17 Abs. 1 und Abs. 2 UWG enthalten drei verschiedene Tatbestände: Geheimnisverrat durch Beschäftigte während der Dauer des Dienstverhältnisses (Abs. 1), die Betriebsspionage durch Beschäftigte oder Dritte (Abs. 2 Nr. 1) und die Geheimnishehlerei durch unbefugte Verwertung rechtswidrig erlangter Geheimnisse (Abs. 2 Nr. 2).[190] § 18 UWG richtet sich gegen außerhalb des Unternehmens stehende Geschäftspartner zum Schutz gegen die Verwertung von anvertrauten Vorlagen. § 19 UWG knüpft an § 30 StGB an und dehnt in den Fällen der §§ 17, 18 UWG die Strafbarkeit in entsprechender Weise auf Vorbereitungshandlungen aus.[191]

Zusätzliche strafrechtliche, deliktsrechtliche Anspruchsgrundlagen zivilrechtlicher Bekämpfung bieten weiterhin §§ 202 ff. StGB, § 85 GmbHG, § 404 AktG, § 120 BetrVG, § 333 HGB, § 315 UmwG, § 151 GenG, § 138 VAG, § 155 SGB IX, §§ 133b, 133c WPO.[192] § 203 StGB enthält Schutzmaßnahmen von öffentlichen Funktionsträgern. Demnach ist es strafbar, wer unbefugt ein fremdes Geheimnis, namentlich ein zum persönlichen Lebensbereich gehörendes Geheimnis oder ein Betriebs- oder Geschäftsgeheimnis, offenbart, das ihm als Amtsträger oder für den öffentlichen Dienst besonders Verpflichteten anvertraut worden oder sonst bekannt geworden ist. Ferner regelt § 5 StGB den Schutz von Betriebs- oder Geschäftsgeheimnissen vor Auslandstaten.

b) Zivilrechtliche Maßnahmen

Der zivilrechtliche Schutz der Betriebs- und Geschäftsgeheimnisse ist nicht abschließend geregelt.[193] Unterlassungs- und Schadenersatzansprüche bestehen gemäß §§ 8, 9 UWG, 826 BGB (im Falle von sittenwidrigen Verletzungshandlungen).[194] Zusätzlich kommen auch Ansprüche aus § 823 Abs. 1 BGB infrage. Dieser könnte entweder im Rahmen eines Eingriffs in den Gewerbebetrieb oder aber

188 *Rengier*, in: Fezer (Hrsg.), UWG, § 17 Rn. 2; *Köhler*, in: ders./Bornkamm (Hrsg.), UWG, § 17 Rn. 1.

189 *Rengier*, in: Fezer (Hrsg.), UWG, § 17 Rn. 4.

190 *Ohly*, in: ders./Sosnitza (Hrsg.), UWG, Vorb. §§ 17–19 Rn. 9.

191 *Rengier*, in: Fezer (Hrsg.), UWG, § 17 Rn. 1.

192 *Westermann*, Handbuch Know-how-Schutz, 2007, S. 51.

193 *Ohly*, in: ders./Sosnitza (Hrsg.), UWG, Vorb. §§ 17–19 Rn. 10.

194 *Rengier*, in: Fezer (Hrsg.), UWG, § 17 Rn. 6.

selbstständig infrage kommen.[195] Dazu kann die Verwertung von fremden Betriebs- und Geschäftsgeheimnissen den Tatbestand der Eingriffskondiktion i. S. d. § 812 Abs. 1 S. 1 Alt. 2 BGB und der Geschäftsführungshaftung aus angemaßter Eigengeschäftsführung gem. § 687 Abs. 2 S. 1 BGB erfüllen.[196] Der Schadensausgleich wird in Form einer fiktiven, angemessenen Lizenzgebühr berechnet. Die Schadensberechnung per Lizenzanalogie entspricht dem Bereicherungsausgleich gem. §§ 812 Abs. 1 S. 1, 818 Abs. 2 BGB. Sie setzt eine Überlassung der verletzten Know-how-geschützten Informationen als verkehrsüblich und den Abschluss eines Lizenzvertrags als rechtlich möglich voraus.[197]

c) Geheimnisschutz im Verwaltungsverfahren und vor Verwaltungsgerichten

aa) Schutz im Verwaltungsverfahren

§ 29 VwVfG regelt die Akteneinsicht durch Beteiligte während des Verwaltungsverfahrens. Grundsätzlich wird von der Geheimhaltung aller Behördenakten ausgegangen, auf die beschränkt Einsicht gewährt wird. Es wird hier von einer prinzipiell beschränkten Aktenöffentlichkeit ausgegangen.[198] Jeder Beteiligte i. S. d. § 13 VwVfG hat einen öffentlich-rechtlichen Anspruch gegenüber der jeweiligen Behörde, dass seine Geheimnisse, die er in einem Verwaltungsverfahren i. S. d. § 9 VwVfG mitgeteilt hat, nicht unbefugt offenbart werden. Eine unbefugte Offenbarung liegt dann vor, wenn sie nicht durch eine gesetzliche Ermächtigungsnorm oder eine wirksame Einwilligung aller Geheimnisinhaber gerechtfertigt ist. Ausnahmen des Akteneinsichtsrechts sind unter § 29 Abs. 2 VwVfG geregelt. Als Ausnahmegründe sind die Beeinträchtigung der Aufgabenerfüllung, Nachteile für Bund und Länder und das berechtigte Geheimhaltungsinteresse von öffentlicher sowie privater Seite angeführt.

Zusätzlich wird durch § 30 VwVfG der private und wirtschaftliche Geheimbereich geschützt. Liegt ein Betriebs- oder Geschäftsgeheimnis vor, kann sich der Beteiligte eines Verwaltungsverfahrens auf § 30 VwVfG berufen, damit Geheimnisse nicht unbefugt offenbart werden. § 30 VwVfG regelt den Anspruch der Beteiligten auf Geheimhaltung der sie persönlich betreffenden Tatsachen, Umstände usw., die nach den herrschenden Auffassungen oder nach besonderen Rechtsvorschriften, insbesondere auch nach den Wertungsmaßstäben der

195 *Köhler*, in: ders./Bornkamm (Hrsg.), UWG, § 17 Rn. 53.

196 *Westermann*, Handbuch Know-how-Schutz, 2007, S. 117 f.; *Köhler*, in: ders./Bornkamm (Hrsg.), UWG, § 17 Rn. 55.

197 *Westermann*, Handbuch Know-how-Schutz, 2007, S. 122.

198 *Kopp/Ramsauer*, VwVfG, § 29 Rn. 45.

Art. 1, 2, 12, und 14 GG, als „persönliche" oder sonst „private" Angelegenheiten zu betrachten sind.[199] § 30 VwVfG schließt nur die unbefugte Offenbarung von Geheimnissen aus. Befugt ist eine Offenbarung, wenn sie entweder durch Rechtsvorschriften, durch Einwilligung des Berechtigten oder durch allgemeine Rechtsgrundsätze gerechtfertigt ist.[200] § 30 VwVfG sorgt über seinen Anwendungsbereich für einen umfassenden Geheimnisschutz bei jeder Verwaltungstätigkeit.[201]

bb) Schutz vor Verwaltungsgerichten

Parallel zum Geheimnisschutz im Verwaltungsverfahren, wird der Geheimnisschutz im Verwaltungsprozess durch §§ 99, 100 VwGO geregelt. Im Grundsatz verpflichtet § 99 Abs. 1 S. 1 VwGO alle Behörden auf Verlangen des Gerichts Urkunden und Akten vorzulegen und dem Gericht Auskünfte zur erteilen, unabhängig von ihrer Verfahrensbeteiligung.[202] Informationen, die „ihrem Wesen nach" geheimschutzbedürftig sind, können zurückgehalten werden (§ 99 Abs. 1 S. 2 VwGO). In diese Kategorie fallen auch Betriebs- und Geschäftsgeheimnisse. Um das Spannungsfeld zwischen Geheimnisschutz und Sachaufklärung aufzulösen, ist ein zum Gericht der Hauptsache gesonderter Spruchkörper vorgesehen („In-camera-Verfahren").[203]

2. Regelungen im europäischen und internationalen Recht

Auf europäischer Ebene besteht keine einheitliche Regelung für die Betriebs- und Geschäftsgeheimnisse. Im Bereich des internationalen Rechts ist insbesondere das TRIPS-Abkommen zu erörtern.

a) Richtlinie zur Durchsetzung der Rechte des geistigen Eigentums

Im April 2004 wurde die Richtlinie 2004/48/EG zur Durchsetzung der Rechte des geistigen Eigentums verabschiedet.[204] Sie dient der Umsetzung der Vorgaben des TRIPS-Übereinkommens. Die Richtlinie bezweckt EU-weit gleiche Wettbewerbsbedingungen für die Rechteinhaber, indem sie die Mitgliederstaaten zu

---

199 *Kopp/Ramsauer*, VwVfG, § 30 Rn. 1.
200 *Kopp/Ramsauer*, VwVfG, § 30 Rn. 12.
201 *Holznagel*, Informationsbeziehungen in und zwischen Behörden, in: Hoffmann-Riem/Schmidt-Aßmann, Voßkuhle (Hrsg.), GVwR II, § 24 Rn. 72.
202 *Rudisile*, in: Schoch/Schneider/Bier (Hrsg.), VwGO, § 99 Rn. 8.
203 *Kopp/Schenke*, VwGO, § 99 Rn. 1.
204 ABl. EU 2004 L 195/16.

wirksamen und verhältnismäßigen Sanktionen gegen Nachahmer und Produktpiraten verpflichtet, und enthält detaillierte Vorgaben zu prozessualen Maßnahmen. Der Begriff eines Betriebs- oder Geschäftsgeheimnis ist zwar nicht dem Rechtstext zu entnehmen. Die Richtlinie verweist jedoch auf den Schutz „vertraulicher Informationen“ in Art. 6 und Art. 7 und dem Erwägungsgrund (20). Demnach stehen die Maßnahmen zur Beweissicherung nach Art. 7 Abs. 1 Satz RL unter dem Vorbehalt der Gewährleistung des Schutzes von vertraulichen Informationen.[205]

b) Art. 39 Abs. 2 TRIPS

Im Bereich des Völkerrechts kommt in Bezug auf die Betriebs- und Geschäftsgeheimnissen dem Übereinkommen über handelsbezogene Aspekte der Rechte des geistigen Eigentums (TRIPS)[206] eine besondere Bedeutung zu. Hier wurde erstmals neben dem Schutz des geistigen Eigentums auch der Schutz der nicht offengelegten Informationen geregelt. Art. 39 Abs. 2 TRIPS gewährt natürlichen und juristischen Personen Schutz vor unlauterem Zugriff auf Informationen, die nach Art. 39 Abs. 2 lit. a) in dem Sinne geheim sind, dass sie entweder in ihrer Gesamtheit oder in der genauen Anordnung und Zusammenstellung ihrer Bestandteil Personen in den Kreisen, die üblicherweise mit den fraglichen Informationen zu tun haben, und lit. b) aufgrund ihrer Geheimhaltung einen wirtschaftlichen Wert haben,[207] und lit. c) Gegenstand von den Umständen nach angemessenen Geheimhaltungsmaßnahmen seitens der Person waren, unter deren Kontrolle sie rechtmäßig stehen. Diese Regelung stimmt weitgehend mit dem deutschen Schutz nach dem UWG überein.[208] Bisher findet sich jedoch keine direkte Anwendung des Art. 39 Abs. 2 TRIPS in den nationalen Gerichtsentscheidungen.[209]

---

205 Ausf. zu der Frage ob die Beweissicherungsmaßnahmen nach Art. 7 der Richtlinie 2004/48/EG dem Geheimnisschutz ausreichend Rechnung tragen *Spindler/Weber*, MMR 2006, S. 711 ff.

206 BGBl. 1994, Teil II, S. 1730 ff.

207 Hier ergibt sich der Unterschied zwischen dem deutschen Geheimnisbegriff und dem Art. 39 Abs. 2 lit. b) TRIPS, da hier ein Geheimhaltungsinteresse nicht gerade vorausgesetzt wird. *Ohly*, in: ders./Sosnitza (Hrsg.), UWG, § 17 Rn. 12.

208 *McGuire/Joachim/Künzel/Weber*, GRUR Int. 2010, 829 (830); *Ohly*, in: ders./Sosnitza (Hrsg.), UWG, § 17 Rn. 6.

209 *McGuire/Joachim/Künzel/Weber*, GRUR Int. 2010, 829 (831).

c) *Verhältnis zur nationalen Rechtsordnung*

Das Völkervertragsrecht ist mit dem Zustimmungsgesetz nach Art. 59 Abs. 2 GG innerstaatlich als geltendes Recht anerkannt. Während den allgemeinen Regeln des Völkerrechts Vorrang vor dem einfachen Gesetzesrecht eingeräumt wird (Art. 25 S. 2 GG), stehen die völkerrechtlichen Verträge im Rang der einfachen Bundesgesetze.[210] Ein zusätzlicher Anwendungsbereich des europäischen/internationalen Rechts, der über den Schutzumfang der nationalen Normen hinausgeht, ist jedoch nicht ersichtlich.[211]

3. *Zwischenergebnis*

Es ist festzustellen, dass sich aus den einfachrechtlichen Normen der Betriebs- und Geschäftsgeheimnisse weitreichende Schutzmöglichkeiten ergeben, die primär als Abwehrrecht ausgestaltet sind. Es finden sich jedoch keine inhaltsbestimmenden Normen. Auch besteht kein Sonderrechtschutz wie beim Urheberrecht oder Patentrecht. Durch die fehlende inhaltliche Ausgestaltung ist bei den Betriebs- und Geschäftsgeheimnissen insoweit fragwürdig, ob dem Berechtigten durch die einfachrechtlichen Normen ein Ausschließlichkeitsrecht und damit überhaupt ein subjektives Recht eingeräumt wird. Um diese Frage zu beantworten, muss zuerst der Ausschließlichkeitsbegriff des Eigentums definiert werden. Der folgende Abschnitt setzt sich mit der Frage der ausschließlichen Zuordnung auseinander.

II. Ausschließlichkeitsrecht

Das Bundesverfassungsgericht sieht es als wesentliches Merkmal des verfassungsrechtlich geschützten Eigentums, dass ein „vermögenswertes Recht dem Berechtigten ebenso ausschließlich wie *Eigentum an einer Sache* zur privaten Nutzung und zur eigenen Verfügung zugeordnet ist".[212]

---

210 BVerfGE 111, 307, 318.

211 Dies wird auch nicht durch die nationale Umsetzung der Enforcement-Richtlinie durch das Gesetz zur Durchsetzung von Rechten des geistigen Eigentums vom 7. 7. 2008 (BGBl. I 1191, 2070) bewirkt, da diese sich in erster Linie auf absolute Schutzrechte beschränkt und daher allenfalls nur analog bei Betriebs- und Geschäftsgeheimnissen angewendet werden können. *McGuire/Joachim/Künzel/Weber,* GRUR Int. 2010, 829 (835).

212 BVerfGE 83, 201, 208 (Hervorhebung nicht im Original); vgl. BVerfGE 89, 1, 6.

Allerdings werden von Eigentumsgarantie nicht nur „dingliche oder sonstige absolute, gegenüber jedermann wirkende Rechtspositionen" erfasst.[213] Die Eigentumsgarantie erfasst neben den absoluten Rechten auch obligatorische Rechte wie Forderungen, „die nach Art eines Ausschließlichkeitsrechts"[214] die Funktion des verfassungsrechtlichen Eigentums erfüllen.[215] Demnach wird deutlich, dass der Begriff der Ausschließlichkeit nicht einheitlich definiert werden kann. So kann der Ausschließlichkeitsbegriff des Sacheigentums den Ausschließlichkeitsbegriff des geistigen Eigentums inhaltlich nicht ersetzen. Es bestehen Differenzen, die jeweils auf die unterschiedliche Charakteristik des Gegenstands, insbesondere auf die Gegenständlichkeit des Zuordnungsobjekts zurückzuführen sind. Der Begriff der Ausschließlichkeit bedarf daher einer näheren Bestimmung.

Daran anknüpfend werden die Ausschließlichkeitsrechte des Sacheigentums und des geistigen Eigentums in ihren Inhalten und Auswirkungen dargestellt (1.). Den daraus folgenden Ergebnissen wird dann schließlich die einfachrechtliche Zuordnung der Betriebs- und Geschäftsgeheimnisse gegenübergestellt (2.).

1. Begriff der Ausschließlichkeit

Eigentum steht im ständigen Dialog mit der Außenwelt, geformt durch die „gesellschaftlichen Anschauungen".[216] Kommt es zur Feststellung der Eigentumsqualität an „neuen" Rechtspositionen, muss es mit den Strukturmerkmalen des verfassungsrechtlichen Eigentums übereinstimmen.[217] Das Bundesverfassungsgericht „vergleicht" die Rechtsposition anhand dieser Strukturmerkmale und folgert daraus ihre Eigentumsqualität.[218]

a) Begriff der Ausschließlichkeit beim Sacheigentum

Das Bundesverfassungsgericht sieht es als wesentliches Merkmal des Eigentums i. S. v. Art. 14 GG, dass ein „vermögenswertes Recht dem Berechtigten ebenso *ausschließlich wie Sacheigentum* zur privaten Nutzung und zur eigenen

213 BVerfGE 83, 201, 208; vgl. BVerfGE 51, 193, 216 ff.; 79, 174, 191.

214 BVerfGE 97, 350, 371.

215 Vgl. BVerfGE 45, 142, 179; 70, 278, 285.

216 BVerfGE 1, 264, 278 f.; 2, 380, 402; 4, 219, 240.

217 *Depenheuer*, in: v. Mangoldt/Klein/Starck (Hrsg.), GG, Art. 14 Rn. 33.

218 Vgl. zu der Auseinandersetzung zu den sozialrechtlichen Positionen, BVerfGE 53, 257, 289 ff.

Verfügung zugeordnet ist".[219] Insoweit verkörpert das Sacheigentum das „Urbild" des Ausschließlichkeitsrechts.[220] Es handelt sich bereits als vorrechtlicher Gegenstand um ein „klar abgrenzbaren Schutzgegenstand", was bereits eine ausschließliche rechtliche Zuweisung indiziert.[221] Mit der rechtlichen Zuordnung einer Sache geht die Zuweisung einer Vielzahl von Befugnissen einher, andere von der Einwirkung auf die Sache auszuschließen (vgl. § 903 BGB). Es ist daher in seiner Wirkung ein Ausschluss- und Verbietungsrecht.[222] Dies entspricht auch dem Verfassungseigentum: Der Schutzgegenstand wird seinem Träger in „besonders intensiver Weise zugeordnet" und diese Zuordnung wird durch spezielle Abwehrrechte abgesichert.[223]

b) Begriff der Ausschließlichkeit bei immateriellen Gütern

Der Gesetzgeber hat bei den immateriellen Gütern eine vergleichbare Zuordnung vollzogen, indem er eine Reihe von Ausschließlichkeitsrechten als Immaterialgüterrechte normiert hat („Verdinglichung der immateriellen Güter"[224]). Die Verdinglichung wird im Zivilrecht als „absolutes Herrschaftsrecht an Sachen oder Rechten" bezeichnet.[225] Insoweit bildet die „Dinglichkeit" ein Synonym zur „Absolutheit".[226] Ein „absolutes Recht" ordnet dem Berechtigten ein bestimmtes Gut im Verhältnis zu allen anderen in der Weise zu, „dass jeder andere dazu verpflichtet ist, ihm dieses Gut zu lassen und es nicht zu beeinträchtigen".[227] Auf die immateriellen Güter übertragen, sind es demnach die Befugnisse, „die dem Berechtigten die Macht verleihen, Dritten die bestimmungsgemäß Benutzung eines Immaterialguts zu verbieten, soweit nicht das Gesetz diese Herrschaft durch Ausnahmen einschränkt".[228] Diese Rechte werden unter den Begriff des geistigen Eigentums zusammengefasst.[229]

---

219 BVerfGE 89, 1, 6 (Hervorhebung nicht im Original); vgl. *Peukert*, Güterzuordnung als Rechtsprinzip, 2008, S. 676 m.w.N.; *Schwartmann/Hensch*, ZUM 2012, 759 (760).
220 *Zech*, Information als Schutzgegenstand, 2012, S. 85.
221 *Zech*, Information als Schutzgegenstand, 2012, S. 80.
222 *Hauptmann*, Die Vergesellschaftung des Urheberrechts, 1994, S. 21.
223 *Leisner*, in: Isensee/Kirchhof (Hrsg.), HStR VIII, § 173 Rn. 40.
224 *Druey*, Information als Gegenstand des Rechts, 1995, S. 97.
225 *Jänich*, Geistiges Eigentum, 2002, S. 200.
226 *Jänich*, Geistiges Eigentum, 2002, S. 201.
227 *Jänich*, Geistiges Eigentum, 2002, S. 201.
228 *Troller*, Immaterialgüterrecht, Bd. I, S. 74.
229 *Jänich*, Geistiges Eigentum, 2002, S. 201.

aa) Erkennungsakt durch den Gesetzgeber

Die Zuweisung als Eigentum kommt nur durch eine rechtliche Zuordnung zustande. Bei den immateriellen Gütern hat die rechtliche Zuordnung eine übergeordnete Rolle: Da die immateriellen Güter im vorrechtlichen Zustand weniger deutlich abgrenzbar sind, sind sie zusätzlich auf einen „Erkennungsakt" durch den Gesetzgeber angewiesen. Es handelt sich bei ihnen um „gesetzlich erst anzuerkennende bzw. hervorzubringende Güter".[230] Die Begrenzung des geistigen Eigentums erfolgt daher nicht erst auf Schrankenebene, sondern bereits auf der „rechtlichen Ausgestaltungsstufe".[231] Das geistige Eigentum ist daher von einer besonderen Abhängigkeit durch den Gesetzgeber gezeichnet.[232]

bb) Differenz zum Sacheigentum

Der Urheber erhält durch den Schöpfungsakt ein „subjektives Recht", dessen Rechtsumfang sich nach dem Sacheigentum bemisst.[233] § 15 UrhG räumt dem Urheber ausschließliche Rechte ein, sein Werk in körperlicher Form zu verwerten (Abs. 1) und sein Werk in unkörperlicher Form öffentlich wiederzugeben (Abs. 2). Nach § 9 PatG ist ausschließlich der Patentinhaber befugt, die patentierte Erfindung im Rahmen des geltenden Rechts zu benutzen. Durch die immateriellen Ausschließlichkeitsrechte erfolgt eine, dem Sacheigentum vergleichbare Zuordnung umfassender Befugnisse.

Unterschiedlich ist indes die inhaltliche Ausgestaltung. Der wesentliche Unterschied ergibt sich aus der „Gegenständlichkeit des Objekts". Die Zuordnung einer Sache wird durch einen einzelnen Handlungsakt vollzogen, „da die Sache auch nur einmal, nämlich körperlich, vorhanden ist".[234] Insoweit kann von einer Identität des Objekts und dem Schutzgegenstand ausgegangen werden. Demgegenüber ist beim Urheberrecht der Schutzgegenstand das Werk, während das Objekt der Ausschließlichkeit die Nutzung daran ist. Dementsprechend gestaltet sich der Wortlaut der Regelungen. So gewährleistet § 15 UrhG anders als § 903 BGB eben nicht ein Verbietungsrecht „andere von jeder Einwirkung

---

230 In Abgrenzung zu den „natürlichen abgegrenzten Gütern" und „wesentlich abgrenzungsbedürftigen Gütern". *Leisner*, in: Isensee/Kirchhof (Hrsg.), HStR VIII, § 173 Rn. 17 m.w.N.; *Depenheuer*, in: v. Mangoldt/Klein/Starck (Hrsg.), GG, Art. 14 Rn. 60 m.w.N.; *Ohly*, JZ 2003, 545 (547); *Engel*, AöR 118 (1993), 169 (198).

231 *Grzeszick*, ZUM 2007, 344 (348).

232 Vgl. *Zech*, Information als Schutzgegenstand, 2012, S. 106.

233 *Grzeszick*, ZUM 2007, 344 (347); vgl. BVerfGE 31, 229, 240 f.

234 *Hauptmann*, Die Vergesellschaftung des Urheberrechts, 1994, S. 20.; vgl. *Fechner*, Geistiges Eigentum und Verfassung, 1999, S. 224 f.

aus[zu]schließen", sondern räumt dem Urheber ein ausschließliches Recht zur Verwertung ein.[235] Das Urheberrecht ist in seiner Funktion weniger ein Ausschließungsrecht, sondern garantiert die „Identität" des Werkes gegen Verfremdungen und ermöglicht somit die wirtschaftliche Verwertung durch den Urheber.[236]

Ähnlich verhält es sich bei dem Patentrecht. Das Ausschließlichkeitsrecht des Patentinhabers nach § 9 PatG liegt darin, alle anderen von der Benutzung der Erfindung auszuschließen.[237] Durch die umfassende Zuordnung werden vor allem materiellen Interessen gesichert. Dadurch werden alle gewinnbringenden Handlungen dem Berechtigten eingeräumt.[238]

Innerhalb des geistigen Eigentums ist es weiterhin maßgeblich, ob das „Schutzrecht auf Fremdverwertung angelegt ist oder ob die maßgebliche legitime Wirkung für den originären Schutzrechteinhaber eher im Ausschluss von Konkurrenten liegt".[239] So stellen das Urheber- und Patentrecht Verwertungsrechte dar, während dagegen das Marken-, Kennzeichen- und Geschmacksmusterrecht wesentlich auf Eigennutzung angelegt ist. Inhaltlich würden Letztere also eher ein Ausschlussrecht bilden.[240]

c) *Ausschließlichkeit im funktionalen Sinne*

Das Bundesverfassungsgericht stellt anhand der funktionalen Vergleichbarkeit eine Parallelität zwischen dem geistigen Eigentum und dem Sacheigentum fest.[241] Das Eigentum setzt einen absoluten Schutzbereich voraus, der mit normativen Forderungen gegen staatliche Eingriffe verbunden ist.[242] Trotz der Sozialpflichtigkeit des Eigentums, die die Ausschließlichkeit im gewissen Maße einschränkt, bleibt der durch „absolute Untastbarkeit ausgezeichnete innerste

---

235 *Hauptmann,* Die Vergesellschaftung des Urheberrechts, 1994, S. 21.

236 *Kirchhof,* Verfassungsrechtlicher Gehalt des geistigen Eigentums, in: FS Zeidler, Bd. II, 1639 (1653).

237 BVerfGE 36, 281, 291.

238 *Troller*, Immaterialgüterrecht, Bd. I, S. 75.

239 *Grzeszick*, Geistiges Eigentum und Wettbewerb, in: Lange/Klippel/Ohly (Hrsg.), Geistiges Eigentum und Wettbewerb, 2009, 3 (24); *Troller,* Immaterialgüterrecht, Bd. I, S. 76.

240 *Grzeszick,* Geistiges Eigentum und Wettbewerb, in: Lange/Klippel/Ohly (Hrsg.), Geistiges Eigentum und Wettbewerb, 2009, 3 (10, 17, 24).

241 *Grzeszick*, ZUM 2007, 344 (347).

242 *Leisner*, in: Isensee/Kirchhof (Hrsg.), HStR VIII, § 173 Rn. 50.

Schutzbereich",[243] d. h. der „grundgesetzlich geschützte Kern"[244] des Eigentumsrechts bestehen.

Dieser „grundgesetzlich geschützte Kern" liegt beim Urheberrecht in der grundsätzlichen Zuordnung des vermögenswerten Ergebnisses der schöpferischen Leistung an den Urheber im Wege privatrechtlicher Normierung und seiner Freiheit, in eigener Verantwortung darüber verfügen zu können.[245] So liest sich diese Bedeutung doppelt: die Zuordnung des Vermögenswerts an den Urheber und dessen Verfügungsfreiheit.[246] Das Bundesverfassungsgericht sieht die Erfindung ebenfalls als ein „technisches Urheberrecht" an, das dem Erfinder die vermögenswerten Befugnisse einräumt.[247]

Allerdings bedeutet diese grundsätzliche Zuordnung an den Rechtsinhaber nicht, dass „jede nur denkbare Verwertungsmöglichkeit verfassungsrechtlich gesichert ist". So führt das Bundesverfassungsgericht aus, dass er Gesetzgeber nach Art. 14 Abs. 1 S. 2 GG sachgerechte Maßstäbe festlegen kann, die eine der Natur und der sozialen Bedeutung des Rechts entsprechende Nutzung und angemessene Verwertung sicherstellen.[248]

Der Ausschließlichkeitsbegriff ist daher nicht als ein „umfassendes und dauerhaftes Exklusivrecht mit Bezug auf einen materiellen Gegenstand" zu verstehen, sondern es muss von einem „funktionalen" Verständnis ausgegangen werden. Das geistige Eigentum ist demnach ein „zeitlich und im Umfang beschränktes Recht am immateriellen Gut durch Ausschluss anderer von Verfügungen über das Werk und Nutzungen desselben".[249]

d) Zusammenfassung

Trotz des wesentlichen Unterschieds, der sich aus der Gegenständlichkeit des Objekts ergibt, besteht zwischen dem Ausschließlichkeitsrecht des Sacheigentums und des geistigen Eigentums eine „völlige Kongruenz", indem es „eine umfassende Zuordnung der Sache bzw. des Werkes" an den Rechtsinhaber begründet.[250] Auch innerhalb des geistigen Eigentums differenziert sich der

---

243 *Leisner*, in: Isensee/Kirchhof (Hrsg.), HStR VIII, § 173 Rn. 51.
244 BVerfGE 31, 229, 241.
245 Vgl. BVerfGE 31, 229, 240 f.
246 *Grzeszick*, ZUM, 344 (350).
247 BVerfGE 36, 281, 291.
248 BVerfGE 31, 229, 241.
249 *Grzeszick*, Erfolg durch Offenheit, in: Depenheuer (Hrsg.), Öffentlichkeit und Vertraulichkeit, 21 (32); vgl. *Ohly*, JZ 2003, 545 (547).
250 *Hauptmann*, Die Vergesellschaftung des Urheberrechts, 1994, S. 20.

Ausschließlichkeitsbegriff, was auf die Natur des jeweiligen Schutzgegenstands zurückzuführen ist. Der positive Zuweisungsgehalt an eine Person und die negative Ausschlussfunktion gegenüber anderen bleiben indes unverändert.[251]

2. *Ausschließlichkeit bei den Betriebs- und Geschäftsgeheimnissen?*

Bei den oben dargestellten Rechtspositionen des geistigen Eigentums handelt es sich um ausschließlich zugeordnete Positionen durch den Gesetzgeber. Die Grundprinzipien des geistigen Eigentums stimmen mit denen des verfassungsrechtlichen Eigentums überein.

Als nächster Schritt ist zu prüfen, ob den einfachrechtlichen Regelungen zum Schutz der Betriebs- und Geschäftsgeheimnisse möglicherweise ein ausschließliches Recht zu entnehmen ist. Die folgende Darstellung beschränkt sich auf die Regelungen, die potenziell eine Rechtsgrundlage der Geheimnisse als einfachrechtliches Vermögensrecht darstellen können. Darunter zu prüfen ist in erster Linie § 823 Abs. 1 BGB. Ferner wird § 17 UWG selbst als Rechtsgrundlage geprüft.

a) Rechtsposition mit eingeschränkter Ausschließlichkeit

aa) § 823 Abs. 1 BGB – Betriebs- und Geschäftsgeheimnisse als deliktisch geschütztes subjektives Recht

Betriebs- und Geschäftsgeheimnisse können ggf. als sonstiges Recht i. S. d. § 823 Abs. 1 BGB geschützt werden. Es handelt sich hier um ein sogenanntes „Rahmenrecht“: ein Recht, das keinen scharf abgegrenzten Schutzbereich besitzt. Durch Abwägungen muss bestimmt werden, ob der Eingriff einen deliktischen Anspruch auslöst. Der Zuweisungsgehalt ist jeweils umstritten.[252] Die Annahme der Betriebs- und Geschäftsgeheimnisse als sonstiges Recht i. S. d. § 823 Abs. 1 BGB erfolgt entweder selbstständig oder als Teil des Rechts am Gewerbebetrieb.

Ansatz dafür liefert die *Dücko*-Entscheidung des Bundesgerichtshofs aus dem Jahr 1955. Hier ging es darum, ob der Erwerber eines Betriebsgeheimnisses Dritten auf außervertraglicher, d. h. deliktischer Grundlage die Nutzung der geheimen Kenntnisse untersagen kann. Das Gericht hatte daraufhin den Betriebs- und Geschäftsgeheimnissen einen Ausschlusscharakter zuerkannt. Weiter wies es darauf hin, dass es sich um ein Vermögensrecht handelt, das der Konkursmasse angehört. Es sei anzunehmen, dass es sich hier um ein übertragbares Vermögensrecht

---

251 *Grzeszick*, Geistiges Eigentum und Wettbewerb, in: Lange/Klippel/Ohly (Hrsg.), Geistiges Eigentum und Wettbewerb, 2009, 3 (3); *Jänich*, Geistiges Eigentum, 2002, S. 201 m.w.N.

252 *Zech*, Information als Schutzgegenstand, 2012, S. 87.

handelt. Dieses könne mit der Wirkung auf einen anderen übertragen werden, sodass der Erwerber des Rechts die gleiche Rechtstellung erwerbe, die zuvor der Veräußerer innehatte.[253]

In seinen späteren Entscheidungen wich das Gericht jedoch davon ab. So ließ es offen, ob § 823 Abs. 1 BGB zur Anwendung kommt. Die *Industrieböden*-Entscheidung vom 21. 2. 1962[254] war insoweit die letzte Entscheidung zum Unternehmensschutz gegen Geheimnisverletzungen, in der der BGH neben den §§ 1, 17 UWG, 826 BGB auch die Vorschrift des § 823 Abs. 1 BGB als Anspruchsgrundlage in Erwägung gezogen hat. Auch hier ist es im Ergebnis nicht zu einer abschließenden Stellungnahme zur zukünftigen Anwendbarkeit von § 823 Abs. 1 BGB gekommen.[255]

Insgesamt lässt sich feststellen, dass der BGH beim Schutz der Betriebs- und Geschäftsgeheimnisse sich nicht auf § 823 Abs. 1 BGB beruft, was auch in den neueren Rechtsprechungen bei Eingriff in die Betriebs- und Geschäftsgeheimnisse festzustellen ist.[256]

Die Literatur ist geteilt. Befürwortende Ansichten finden sich einerseits zu der Einordnung als Bestandteil des Rechts am Gewerbebetrieb[257] und als eigenes sonstiges Recht.[258] Aufgrund des fehlenden Zuweisungsgehalts und der fehlenden Ausschlusswirkung ist ein Anspruch aus § 823 Abs. 1 BGB jedoch zweifelhaft.[259]

bb) § 17 UWG

Darüber hinaus stellt sich die Frage, ob aus § 17 UWG ein Ausschließlichkeitsrecht abgeleitet werden kann.[260] Die bisherige Skepsis, das Wettbewerbsrecht als „inhaltsbestimmende" Rechtsnorm anzunehmen, kann mit dem „numerus

---

253 BGH, GRUR 1955, 388 (389 f.).

254 BGH, GRUR 1963, 367 ff.

255 *Sack*, Das Recht am Gewerbebetrieb, 2007, S. 134 f.

256 *Sack*, Das Recht am Gewerbebetrieb, 2007, S. 289 f.

257 *Harte-Bavendamm*, in: ders./Henning-Bodewig (Hrsg.), UWG, § 17 Rn. 50.

258 *Nastelski*, GRUR 1957, 1 (6); *Pfister*, Das technische Geheimnis, 1974, S. 85 ff.; *Mes*, GRUR 1979, 584 (590 ff.).

259 *Ann*, GRUR 2007, 39 (43); *Jänich*, GRUR 2003, 483 (487); *Ohly*, in: ders./Sosnitza (Hrsg.), UWG, § 17 Rn. 49. In der Literatur werden vereinzelt Beispiele genannt, in denen die Möglichkeit eines Anspruchs nach § 823 Abs. 1 BGB besteht. Dazu *Harte-Bavendamm*, in: ders./Henning-Bodewig (Hrsg.), UWG, § 17 Rn. 50.

260 *Zech*, Information als Schutzgegenstand, 2012, S. 160, 233; befürwortend *Taeger*, Offenbarung von Betriebs- und Geschäftsgeheimnissen, 1988, S. 64.

clausus“ des Immaterialgüterrechts umschrieben werden. Diese Figur ist an dem numerus clausus des Sachenrechts angelehnt, wonach der Gesetzgeber den Umfang der dinglichen Rechte begrenzt hat.[261] So sollte außerhalb der durch die normierten Sonderschutzrechte konkret definierten Schutzbereichen, die wirtschaftliche Betätigung des Einzelnen keiner Einschränkung durch eine extensive Anwendung des UWG oder durch sonstige Rechtsfortbildung unterliegen.[262]

Denn die Zweckbestimmung des UWG sei es, den Schutz der Marktteilnehmer vor ethisch-sittlich abzulehnenden und daher unlauteren geschäftlichen Handlungen zu gewährleisten[263] und dem Interesse der Allgemeinheit an einen unverfälschten Wettbewerb zu dienen. Die herrschende Lehre geht davon aus, dass es sich nicht um den Schutz vor „Verletzung eines subjektiven Rechts“, sondern um den Schutz vor Verstößen gegen objektive Verhaltensnormen handelt.[264] Demnach sei außerhalb des Immaterialgüterrechts, aus den Bereichen des Wettbewerbsgesetzes eine Ableitung absoluter subjektiver Rechte nicht möglich.[265] So habe der Gesetzgeber innerhalb der immateriellen Güter, die Ausschließlichkeitsrechte nur den Immaterialgüterrechten vorbehalten, und in Hinsicht auf das allgemeine Zugangsinteresse, der Informationsfreiheit und der Existenzberechtigung nur einzelne, genau bestimmte Kategorien ausgewählt und sie als Ausschließlichkeitsrecht normiert. Außerhalb dieser Ausschließlichkeitsrechte blieben die Ideen daher frei.[266] So spricht es dagegen, dass „neue dingliche Rechte“ durch „vertragliche Vereinbarung geschaffen werden“.[267]

Allerdings unterliegen Immaterialgüter insbesondere den Auswirkungen moderner Technik: So ermöglichen Immaterialgüterrechte wie Urheber- und Patentrecht keine klaren Abgrenzungen zwischen den unterschiedlichen immateriellen Schutzgegenständen.[268] Demnach ist umstritten, inwieweit der numerus clausus im Immaterialgüterrecht relevant werden kann.[269] So wird entgegnet, dass „sich die Schaffung entsprechender Rechtspositionen durch richterrechtliche

---

261 *Ahrens*, GRUR 2006, 617 (622).

262 *Peukert*, Güterzuordnung als Rechtsprinzip, 2008, S. 7 f.; *Druey*, Information als Gegenstand des Rechts, 1995, S. 100 f.

263 *Ellger*, Bereicherung durch Eingriff, 2002, S. 803.

264 *Baumbach/Hefermehl*, Wettbewerbsrecht, Einl. UWG Rn. 49 f.

265 *Portmann*, Wesen und System der subjektiven Privatrechte, 1996, S. 148; *Peukert*, Güterzuordnung als Rechtsprinzip, 2008, S. 872.

266 *Ohly*, JZ 2003, 545 (548); *Druey*, Information als Gegenstand des Rechts, 1995, S. 101.

267 *Zech*, Information als Schutzgegenstand, 2012, S. 159.

268 *Geller*, GRUR Int. 2006, 273 (275).

269 Siehe *Peukert*, Güterzuordnung als Rechtsprinzip, 2008, S. 8 f. m.w.N.

Konkretisierung von Generalklauseln nicht ohne Weiteres aus diesen Zwecken für unzulässig erklären" ließe.[270] So könne einer ständigen Rechtsprechung dieselbe Offenkundigkeit im Verkehr zukommen wie einer gesetzlichen Regelung. Eine übermäßige Belastung desselben Gegenstands mit einer Vielzahl absoluter Rechte sei ebenfalls nicht zu befürchten, zumal es sich bei Ausschließlichkeitsrechten an Information zum Teil um Gegenstände handele, die noch keinerlei ausschließlicher Zuweisung unterliegen.[271]

Gleichzeitig ist nicht ausgeschlossen, dass das UWG gleichsam auch subjektive Rechte schützt.[272] Es wäre also neben den Verhaltensnormen auch der Schutz von subjektiven Rechten festzustellen. Der Inhalt dieser subjektiven Rechte würde sich jedoch nach der Regelung des UWG bestimmen. Zusammenfassend kann also von einem Recht auf Nichtverletzung eigener wirtschaftlicher Interessen durch den unlauteren Wettbewerb ausgegangen werden.[273] Schließlich ist nicht ausgeschlossen, „daß manche wertbildende Faktoren im deutschen Recht nur deshalb keine spezifischere Ausprägung gefunden haben, weil die Praxis sich befriedigend mit dem Lauterkeitsrecht behilft".[274]

Die Tendenz zur Verfestigung als Ausschließlichkeitsrecht im Rahmen Generalklausel des § 1 UWG verstärkt diese Auffassung. Als Beispiel können der Nachahmungsschutz wettbewerblich eigenartiger Produkte und der Schutz vor dem Ausbeuten des guten Rufes von Konkurrenten angeführt werden. Hier haben sich die Verhaltensnormen des UWG bis hin zu einer ausschließlichen Rechtsposition entwickelt.[275] Dies belegt auch die Etablierung der Halbleiter- und Topografiegesetze.

Diese Entwicklungen dienen als Indiz dafür, dass auch das UWG eine geeignete Grundlage für die Anerkennung subjektiver absoluter Rechte bilden kann.[276] Der Generalklausel des UWG wird eine „Schrittmacherfunktion" bei Entstehung neuer subjektiver Rechte zugemessen.[277] Das Wettbewerbsrecht gilt

---

270 *Zech*, Information als Schutzgegenstand, 2012, S. 159.

271 *Zech*, Information als Schutzgegenstand, 2012, S. 159.

272 Vgl. *Fechner*, Geistiges Eigentum und Verfassung, 1999, S. 149.

273 *Portmann*, Wesen und System der subjektiven Privatrechte, 1996, S. 155.

274 *Engel*, AöR 118 (1993), 169 (186).

275 *Ellger*, Bereicherung durch Eingriff, 2002, S. 803.

276 *Schröer*, Der unmittelbare Leistungsschutz, 2010, S. 324.

277 *Zech*, Information als Schutzgegenstand, 2012, S. 161 f.; vgl. *Peukert*, Güterzuordnung als Rechtsprinzip, 2008, S. 319; *Ohly*, Nachahmungsschutz versus Wettbewerbsfreiheit, in: Lange/Klippel/ders. (Hrsg.), Geistiges Eigentum und Wettbewerb, 2009, 99 (116); *Ahrens/McGuire*, Modellgesetz für geistiges Eigentum, 2012, S. 44.

als Jungbrunnen des geistigen Eigentums.[278] Die Annahme, den Zuordnungsgehalt anhand des numerus clausus begründen zu wollen, ist also nicht nachvollziehbar.

Auch in den Entscheidungen des Bundesverfassungsgerichts wurde das UWG als Prüfungsgegenstand herangezogen.[279] Bei der Entscheidung über geografische Herkunftsangaben führte es aus, dass diese durch das UWG geschützt seien, das UWG jedoch kein subjektives Recht am Lagenamen begründet.[280] Schutzgut sei vielmehr „der Schutz des rechtlichen Mitbewerbers und der Allgemeinheit, insbesondere des Verbrauchers gegen unlauteres Verhalten und Schädigung durch irreführende Angaben" und damit die „Lauterkeit des geschäftlichen Verkehrs" und die „Institution des Wettbewerbs".[281] Allerdings werden die geografischen Herkunftsangaben mittlerweile als „subjektives Kennzeichnungsrecht" geschützt (§ 126 MarkenG). Demnach handelt es sich um „immaterialgüterrechtliche Vermögenswerte, die ein subjektives Recht darstellen.[282]

cc) Öffentliches Recht

Betriebs- und Geschäftsgeheimnisse sind ebenfalls durch eine Vielzahl öffentlich-rechtlicher Regelungen geregelt. Öffentlich-rechtliche Gesetze wirken bei der Gestaltung des Eigentumsinhalts mit dem bürgerlichen Recht gleichrangig zusammen.[283] Im Bereich des öffentlichen Rechts lässt sich jedoch insoweit kein absoluter Schutz der Betriebs- und Geschäftsgeheimnisse entnehmen. Denn wäre der Unternehmer berechtigt, Betriebs- und Geschäftsgeheimnisse schlechthin zurückzuhalten",[284] würde die Funktionsfähigkeit der Verwaltung nicht mehr gewährleistet werden.[285] Ein absoluter Schutz der Betriebs- und Geschäftsgeheimnisse kann daher nicht begründet werden.[286]

---

278 *Fezer*, WRP 2012, 1321 (1322).

279 BVerfGE 51, 193, 214 f.; BVerfG (3. Kammer des Ersten Senats), Beschl. v. 29. 7. 1991 – 1 BvR 868/90, NJW 1992, 36 (37).

280 BVerfGE 51, 193, 214.

281 BVerfGE 51, 193, 215. Näher dazu unter § 3 C. II. 2. b) cc).

282 *Fezer*, in: ders. (Hrsg.), Markenrecht, § 126 Rn. 4; vgl. *Jänich*, Geistiges Eigentum, 2002, S. 161 m.w.N.

283 BVerfGE 58, 300, 335 f.; 72, 66, 77.

284 *Breuer*, NVwZ 1986, 171 (173).

285 *Ann*, in: Ann/Loschelder/Grosch, Praxishandbuch Know-how-Schutz, Kapitel 7, Rn. 82.

286 Einen derartigen absoluten Geheimnisschutz enthielt die 2. Anlage zu § 4 Abs. 2 S. 1 der 11. BImSchV i.V.m. § 27 Abs. 1 und Abs. 4 BImSchG. Nach Punkt 6 S. 3 mussten in die Emissionserklärungen des Unternehmens solche Arbeitsstoffe, bei

dd) Ergebnis: Eingeschränktes Ausschließlichkeitsrecht für Betriebs- und Geschäftsgeheimnisse

Es bleibt die dogmatische Einordnung der Betriebs- und Geschäftsgeheimnisse. Die einfachrechtliche Regelung der Betriebs- und Geschäftsgeheimnisse umfasst umfassende Abwehrrechte, deutet jedoch nicht auf ein Ausschließlichkeitsrecht hin. So handelt es sich bei den Betriebs- und Geschäftsgeheimnissen um „unvollkommene Ausschließlichkeitsrechte".[287] Da der Schutz sich gegen bestimmte unlautere Angriffsformen begrenzt, sind sie als Rahmenrecht einzustufen.[288]

ee) Zusätzliche Indizien

Außer der einfachrechtlichen Zuordnung bestehen auch noch andere Gründe gegen die Annahme eines Ausschließlichkeitsrechts an den Betriebs- und Geschäftsgeheimnissen. Dies bildet insbesondere das fehlende Merkmal der Publizität. Bei der Publizität handelt es sich um ein wesentliches Strukturmerkmal des Sachenrechts.[289]

Das Geheimnis ist von außen nicht erkennbar. Informationen zeichnen sich durch Nicht-Rivalität und durch Nichtausschließbarkeit aus.[290] Sie können von verschiedenen Personen an verschiedenen Orten der Welt benutzt werden, ohne dass sich die Nutzer bei dem simultanen Gebrauch gegenseitig ausschließen. Ihre Nutzung steht jedermann offen. Um als Ausschließlichkeitsrecht gegen jedermann zu wirken, müssen sie also für Dritte erkennbar sein. Die Ausschlusswirkung entfaltet sich nur, wenn durch einen Offenlegungsakt die Allgemeinheit darauf informiert wird (vgl. die Publizität des Patents). Gleiches gilt auch für das Geschmacksmusterrecht. Auch hier muss eine Eintragung vorliegen, dem daraufhin ein Ausschließlichkeitsrecht folgt. Dies ist zwar nicht als absolute

---

deren Nennung auf die Zusammensetzung schutzwürdiger Rezepturen oder Produkte geschollen werden konnte, nicht aufgenommen werden. Die Betriebs- und Geschäftsgeheimnisse wurden somit zu absoluten Geheimnissen aufgewertet. In diesem Zusammenhang konnten nicht einmal die Behörden Kenntnis erlangen. *Koebke*, Das Recht auf Umweltinformation – unter besonderer Berücksichtigung des Schutzes von Betriebs- und Geschäftsgeheimnissen und der Paragraphen 207–227 UGB-KomE, 1999, S. 22; vgl. *Schröder*, Der Geheimhaltungsschutz im Recht der Umweltchemikalien, 1980, S. 28.

287 So *Troller*, Immaterialgüterrecht, Bd. I, S. 81 f. Kritisch über den Begriff *Peukert*, Güterzuordnung als Rechtsprinzip, 2008, S. 886.

288 *Ohly*, in: ders./Sosnitza (Hrsg.), UWG, Vorb. §§ 17–19 Rn. 4.

289 *Jänich*, Geistiges Eigentum, 2002, S. 202.

290 *Ellger*, Bereicherung durch Eingriff, 2002, S. 677.

Voraussetzung zu sehen. Denn das Urheberrecht entsteht auch ohne besonderen Publizitätsakt durch den einfachen Akt der geistigen Schöpfung. Dennoch kann davon ausgegangen werden, dass der erhöhte Grad der Publizität Indiz für das Vorliegen eines Ausschließlichkeitsrechts ist. Umgekehrt gilt, dass wenn die Publizität nur schwer gewährleistet werden kann, grundsätzlich kein Ausschließlichkeitsrecht vorliegt.[291] Im System der Immaterialgüterrechte ist der Geheimnisschutz als Ausschließlichkeitsrecht also schwer zu unterbringen.

b) *Schutz durch Art. 14 GG für Rechtspositionen mit eingeschränkter Ausschließlichkeit?*

Möglicherweise reicht dieses eingeschränkte Maß an Ausschließlichkeit aus, um ein subjektives Recht i. S. d. Art. 14 Abs. 1 S. 1 GG zu begründen. Ob im Zweifelsfall eine Rechtsposition i. S. d. Art. 14 Abs. 1 S. 2 GG vorliegt, hat das Bundesverfassungsgericht daran geprüft, ob aus der einfachgesetzlichen Ausgestaltung ein subjektives Recht ableitbar ist.[292] Ein subjektives Recht ist die „individuelle Befugnis der einzelnen Person", die darüber entscheiden kann, „ob und wie die verliehenen Befugnisse verwendet" werden können.[293] Insoweit muss zumindest die Befugnis bestehen, „von einem anderen [ein] normkonformes Verhalten verlangen zu können".[294]

Im Folgenden sollen daher Positionen dargestellt werden, die ebenfalls nur ein eingeschränktes Maß an Ausschließlichkeit aufweisen. Das Bundesverfassungsgericht hat sich insofern u. a. bereits mit der patentfähigen Erfindung, geografischen Herkunftsangaben und dem Ausstattungsschutz befasst. Die hierzu ergangene Rechtsprechung des Bundesverfassungsgerichts soll nachfolgend im Hinblick auf das Merkmal der Ausschließlichkeit referiert werden. Hieraus können ggf. Rückschlüsse auf die Bewertung der Betriebs- und Geschäftsgeheimnisse als Rechtspositionen gezogen werden.

aa) Patentfähige Erfindung

Zunächst wird sich der patentfähigen Erfindung gewidmet, da diese oft mit den Betriebs- und Geschäftsgeheimnissen verglichen wird.[295] Die patentfähige Erfindung fällt vor ihrer Patentierung in den Bereich der Betriebs- und

---

291 *Zech*, Information als Schutzgegenstand, 2012, S. 83.

292 *Appel*, Entstehungsschwäche und Bestandsstärke, 2004, S. 96 m.w.N.

293 *Jänich*, Geistiges Eigentum, 2002, S. 187 m.w.N.

294 *Appel*, DVBl. 2005, 340 (341).

295 *Troller*, GRUR Ausl. 1958, 385 (394): „Das technische Geheimnis ist in seiner ökonomischindustriellen Aufgabe der patentierten Erfindung nahe verwandt".

Geschäftsgeheimnisse. Dementsprechend bemisst sich auch der Schutzumfang.[296] Anders als das Patent wird sie daher nicht als Ausschließlichkeitsrecht angesehen.[297] Nach dem Bundesverfassungsgericht handelt es sich bei der patentfähigen Erfindung um eine Rechtsposition, die zwar kein ausschließliches Recht am Erfindungsgedanken vermittelt, dennoch bereits vor der Patenterteilung bereits Schutzansprüche in der Person des Erfinders entstehen lässt und schon Gegenstand von Rechtsgeschäften sein kann. Da die Rechtsordnung das Recht zur wirtschaftlichen Auswertung einer neuen Idee, die Technik und Wissenschaft fördert, dem Erfinder zuerkannt hat, hat dieser Anspruch auf eine gerechte Vergütung für die Verwertung seiner Leistung durch Dritte. Die dem Erfinder so zugeordnete Rechtsposition genießt den Eigentumsschutz des Grundgesetzes.[298] Die fertige und verlautbare Erfindung bildet die Grundlage für das Recht auf das Patent. Nach Auffassung des Bundesverfassungsgerichts verstärke dieses Recht schließlich das Erfinderrecht auf dem Wege zum Alleinrecht nach § 6 PatG, das dazu berechtige, alle anderen von der Benutzung der Erfindung auszuschließen.[299]

bb) Geografische Herkunftsangaben und Warenzeichen

Zur Analyse des Merkmals der Ausschließlichkeit soll ferner eine Entscheidung des Bundesverfassungsgerichts zu geografischen Herkunftsangaben und Warenzeichen herangezogen werden. In dem Beschluss vom 22. Mai 1979 hatte sich das BVerfG im Rahmen einer konkreten Normenkontrolle mit der Verfassungskonformität des § 10 Abs. 3 des Weingesetzes zu befassen. Dem lag ein verwaltungsgerichtliches Verfahren zugrunde, in dem die Klägerin sich unter Berufung auf Art. 14 GG gegen die ablehnende Entscheidung der Behörde wandte, den begehrten Lagenamen „B…Schloßberg" in die Weinbergsrolle aufzunehmen.

Das Gericht prüfte daher, ob es sich beim Lagenamen nach Maßgabe des Weingesetzes 1930 um ein subjektives Recht handle. So sei anhand dieses Gesetzes keine objektive Norm feststellbar, die geeignet ist, entweder unmittelbar oder durch Vermittlung eines von der Norm mit Rechtswirkungen ausgestatteten Aktes eine Rechtsposition des Einzelnen zu begründen.[300] Dies ließe sich auch nicht

296 *McGuire/Joachim/Künzel/Weber*, GRUR Int. 2010, 829 (838).
297 *Hahn*, Offenbarungspflichten im Umweltschutzrecht, 1984, S. 171.
298 BVerfGE 36, 281, 290.
299 BVerfGE 36, 281, 291.
300 BVerfGE 51, 193, 211.

anhand des Zwecks der §§ 5, 6 WeinG 1930 und auch nicht aus den Vorschriften des Gesetzes gegen den unlauteren Wettbewerb ableiten.[301]

Das Bundesverfassungsgericht stellt den geografischen Herkunftsangaben, bei denen es die Eigentumsqualität mangels Ausschließlichkeit verneint, in selbiger Entscheidung das subjektive Recht am eingetragenen Warenzeichen gegenüber. Das Gericht führt aus, das rechtmäßig eingetragene Warenzeichen sei „ein subjektives Recht, das dem Geschäftsinhaber eine absolute, gegenüber jedermann wirkende Rechtsposition verleiht [...]. Das Ausschließungsrecht, d. h. die Befugnis, anderen die Benutzung des Zeichens zu verbieten, ist nicht nur ein Rechtsreflex des gesetzlichen Verbotes, sondern ein selbstständiges, dem Inhaber zustehendes Recht".[302]

cc) Ausstattungsschutz

Das Bundesverfassungsgericht hatte sich im Rahmen einer Urteilsverfassungsbeschwerde u.a. mit der Frage zu befassen, ob ein Lagenamen, der als Ausstattung nach § 25 Warenzeichengesetz geschützt ist, Eigentumsqualität i. S. d. Art. 14 GG aufweist. Das Bundesverfassungsgericht führt aus, dass die Ausstattung ebenso wie das eingetragene Warenzeichen Eigentumsqualität aufweist, da es mit diesem gleichwertig ist. Unter einer Ausstattung sei die Aufmachung einer Ware zu verstehen, die dem Zeicheninhaber durch § 25 WZG Befugnisse und Ausschlussrechte vermittelt. So regelt § 25 Abs. 1 WZG einen Unterlassungsanspruch sowie einen Schadensersatzanspruch des Zeicheninhabers bei widerrechtlicher Verwendung einer Ausstattung durch einen Dritten im geschäftlichen Verkehr. Der Zeichenschutz verleihe dem Inhaber ein Ausschließlichkeitsrecht an der Ausstattung. So führt das Bundesverfassungsgericht in der betreffenden Entscheidung aus: „Außer dem Inhaber darf sich niemand der Ausstattung im geschäftlichen Verkehr bedienen, es sei denn, er besitze ein älteres Recht. Das jüngere Recht, auch wenn es ein eingetragenes Warenzeichen ist, muß dem Ausstattungsrecht grundsätzlich weichen".[303] § 25 WZG schütze nicht vorrangig den Wettbewerb – wie etwa § 3 UWG –, sondern den Zeicheninhaber. Daher handele es sich bei dem „Recht an der Ausstattung nach der Ausgestaltung durch das Warenzeichengesetz" um ein „dem Inhaber zugeordnetes subjektives Recht", das „kein bloßer Rechtsreflex ist".[304] Bemerkenswert ist insbesondere, dass das

---

301 BVerfGE 51, 193, 215.

302 BVerfGE 51, 193, 217; vgl. *Jänich*, Geistiges Eigentum, 2002, S. 161.

303 BVerfGE 78, 58, 72.

304 BVerfGE 78, 58, 73.

Bundesverfassungsgericht bei der Beurteilung der Eigentumsqualität des Ausstattungsrechts, nicht anhand des „staatlichen Eintragungsakts", sondern der „Verkehrsgeltung" entschieden hat.[305]

dd) Schutz für „auf dem Markt eingeführte Produkte"

Die Beschwerdeführerin – Rechtsnachfolgerin einer Herstellerin von Puffreisriegeln – wandte sich im Rahmen einer Urteilsverfassungsbeschwerde gegen eine Entscheidung des Bundesgerichtshofs, in der dieser einen Eingriff in die Substanz des Gewerbebetriebs der Beschwerdeführerin verneint hatte. Hintergrund der Entscheidung war, dass die Rechtsvorgängerin der Beschwerdeführerin ihr Herstellungsverfahren wegen eines Verkehrsverbotes nach der sog. Kakaoverordnung umstellte. Die Beschwerdeführerin machte geltend, dieses Verkehrsverbot sei verfassungswidrig und ihr seien die durch die Produktumstellung entstandenen Mehrkosten wegen enteignungsgleichen Eingriffs in ihren Gewerbebetrieb zu erstatten.

Das Bundesverfassungsgericht führt in seinem Nichtannahmebeschluss aus, die Eigentumsgarantie sei durch die Entscheidung des Bundesgerichtshofes nicht verletzt. Denn bei dem von der Beschwerdeführerin behaupteten Recht handle es sich nicht um eine Rechtsposition i. S. d. Art. 14 GG. Die Rechtsordnung kenne „ein subjektives Recht an einem ‚auf dem Markt eingeführten Produkt' in seiner konkreten Beschaffenheit und Zusammensetzung"[306] nicht. Die Rechtsordnung schütze die gewerblich-schöpferische Leistung eines bestimmten Produkts als Ergebnis im Rahmen des gewerblichen Rechtsschutzes ausschließlich als erfinderische Leistung durch das Patent- und Geschmacksmusterrecht und als ästhetisch-gewerblich Leistung durch das Geschmacksmusterrecht sowie als Werbeleistung durch die Warenzeichenrechte. Ein subjektives Recht lasse sich im konkreten Fall weder aus dem Wettbewerbsrecht noch aus dem Lebensmittelrecht herleiten. Ein Schutz einer derartigen Position, die weder als Patent- und Gebrauchsmuster, Geschmacksmuster oder Warenzeichen zuzuordnen sei, erfolge nur mittelbar durch Normen des öffentlichen Rechts und des Wettbewerbsrechts, vermittle jedoch kein Ausschließlichkeitsrecht und daher auch keine Rechtsposition i. S. d. Art. 14 GG. Das Bundesverfassungsgericht erachtete auch die Begrenzung des haftungsbegründenden Eingriffs in den Gewerbebetrieb in der Auslegung durch den Bundesgerichtshof als verfassungskonform im Hinblick auf Art. 14 Abs. 2 S. 2 GG. Diese stünde im Einklang mit

---

305 *V. Danwitz,* GRUR 1997, 81 (89).

306 BVerfGK, NJW 1992, 36 (37).

der bundesverfassungsgerichtlichen Rechtsprechung, die bloße Chancen und Verdienstmöglichkeiten nicht zum Schutzbereich des Unternehmens zählt.

ee) Ergebnis

Durch die oben genannten Beispiele wurde aufgeführt, dass auch Rechtsgüter, die nicht den Grad eines echten Ausschließlichkeitsrechts erreicht haben, möglicherweise in den Schutzumfang der Eigentumsgarantie fallen können, wenn die einfachrechtliche Rechtsposition die Zuweisung eines subjektiven Rechts ermöglicht.[307] In diesem Sinne fallen Chancen, Hoffnungen und Erwartungen mangels einfachgesetzlicher Verfestigung nicht unter den Schutz der Bestandsgarantie des Art. 14 Abs. 1 S. 1 GG.[308] Auch Befugnisse, die lediglich als „Rechtsreflex" bestehen, sind keine subjektiven Rechte.[309] Das Gleiche gilt für Befugnisse, bei denen ein Unsicherheitsmoment besteht; also keine oder bzw. eingeschränkte Berechtigung besteht. In diesen Fällen kann nicht von einer verfestigen Rechtsposition gesprochen werden.[310] Zweifel hat das Gericht weiterhin auch gegenüber Rechtspositionen geäußert, die vom Gesetz zwar als Rechte oder Anwartschaften ausgestaltet sind, die Möglichkeit sie auszunutzen jedoch von weiteren Voraussetzungen abhängt, deren Eintritt wiederum ungewiss ist. Sie würden demnach nach wirtschaftlicher Betrachtung eher Chancen darstellen.[311]

3. Zusammenfassung

Die gesetzgeberische Ausgestaltung der Betriebs- und Geschäftsgeheimnisse entspricht zwar nicht dem Grad eines echten Ausschließlichkeitsrechts. Anhand ihrer einfachrechtlichen Grundlagen genießen die Betriebs- und Geschäftsgeheimnisse einen umfassenden Schutz gegen die „wichtigsten Verletzungshandlungen fast aller tatrelevanten Personenkreise".[312] Demnach unterscheiden sie sich wesentlich von den „reinen Verhaltensregelungen des UWG".[313] In abgeschwächter Form handelt es sich daher um ein subjektives Recht, sodass Betriebs- und Geschäftsgeheimnisse möglicherweise von Art. 14 GG geschützt sein

---

307 *Appel*, Entstehungsschwäche und Bestandsstärke, 2004, S. 97 ff. m.w.N.

308 Vgl. BVerfGE 45, 142, 173; 51, 193, 222; *Leisner*, in: Isensee/Kirchhof (Hrsg.), HStR VIII, § 173 Rn. 92; *Herzog*, Grundrechte aus der Hand des Gesetzgebers, in: FS Zeidler, Bd. II, 1415 (1419).

309 BVerfGE 51, 193, 211 ff.

310 *Appel*, Entstehungsschwäche und Bestandsstärke, 2004, S. 96 f.

311 BVerfGE 83, 201, 211.

312 *Brammsen*, DÖV 2007, 10 (14).

313 *Ohly*, GRUR 2014, 1 (3).

könnten. Um dies festzustellen, müssen sie die verfassungsunmittelbaren Merkmale der Eigentumsgarantie aufweisen. Dies ergibt sich bei privatrechtlichen Positionen anhand der Privatnützigkeit und der grundsätzlichen Verfügungsbefugnis.

III. Privatnützigkeit und grundsätzliche Verfügungsbefugnis

Zu den wesentlichen Merkmalen des Eigentums zählen die grundsätzliche Verfügungsbefugnis und die Privatnützigkeit.[314] Damit Betriebs- und Geschäftsgeheimnisse Schutz durch die Eigentumsgarantie erfahren, müssten sie somit dem Berechtigten ein privatnütziges Recht verleihen, über das dieser grundsätzlich frei verfügen kann.

Durch die Eigentumsgarantie werden Güter in den Herrschaftsbereich des Einzelnen gewiesen und ihm somit die Herrschafts-, Nutzungs- und Verfügungsrechte zugesichert.[315] Dies wird durch die beiden Strukturmerkmale der grundsätzlichen Verfügungsbefugnis und der Privatnützigkeit zum Ausdruck gebracht.[316] Eine klare Abgrenzung zwischen den beiden Merkmalen ist jedoch nicht immer möglich.[317]

1. Die Privatnützigkeit und Verfügungsbefugnis

a) Der Begriff der Privatnützigkeit

Die Privatnützigkeit ist als die Zuordnung einer vermögenswerten Rechtsposition an einen Rechtsträger zu verstehen.[318] Sie ist ein Wesenselement des verfassungsrechtlichen Eigentums und stellt die Grundlage des Gedankens der „allgemeinen Freiheitssicherung durch Eigentum“ dar.[319] Der Schutz des privatnützigen Individualeigentums fördert die individualgerechte Güterverteilung, regt das Hervorbringen neuer Güter an, und stimmt die Initiativen von Anbietern und Nachfragern gesamtwirtschaftlich aufeinander ab.[320]

---

314 BVerfGE 37, 132, 140; 50, 290, 339; 52, 1, 31; 58, 300, 345 – St. Rspr.

315 *Kirchhof*, Verfassungsrechtlicher Gehalt des geistigen Eigentums, 1639 (1650).

316 BVerfGE 24, 367, 389; 26, 215, 222; 31, 229, 240; 37, 132, 140; 42, 263, 294; 52, 1, 30.

317 *Appel*, Entstehungsschwäche und Bestandsstärke, 2004, S. 45.

318 *Depenheuer*, in: v. Mangoldt/Klein/Starck (Hrsg.), GG, Art. 14 Rn. 63.

319 *Herzog*, Grundrechte aus der Hand des Gesetzgebers, in: FS Zeidler, Bd. II, 1415 (1426).

320 *Kirchhof*, Verfassungsrechtlicher Gehalt des geistigen Eigentums, in: FS Zeidler, Bd. II, 1639 (1650) m.w.N.

Nach dem Bundesverfassungsgericht ist ein Recht „schon dann privatnützig, wenn es zum eigenen Vorteil ausgeübt werden kann und damit dem Berechtigten ‚von Nutzen' ist".[321]

Anhand dieser Auffassung erfüllen die Betriebs- und Geschäftsgeheimnisse das Merkmal der Privatnützigkeit, indem sie zum eigenen Vorteil ausgeübt werden können und damit dem Berechtigten von Nutzen sind. Dies ergibt sich bereits aus dem Willen des Geheimnisinhabers, der die Betriebs- und Geschäftsgeheimnisse im geheimen Zustand nutzen und einsetzen will.[322] Der Geheimnisinhaber kann ebenfalls durch vertragliche Abrede, die Benutzung und Weitergabe des Geheimnisses an Dritte bestimmen.[323]

b) Der Begriff der Verfügungsbefugnis

Die grundsätzliche Verfügungsbefugnis bildet den elementaren Bestandteil der Handlungsfreiheit im Bereich der Eigentumsordnung.[324] Inhaltlich erfasst sie die Freiheit, Eigentum zu veräußern.[325]

Die Abgrenzung zwischen der Privatnützigkeit und der Verfügungsbefugnis gestaltet sich schwierig. Es wird eingewendet, dass bspw. bereits das Verfügen bzw. Vermieten oder Verpachten des Eigentumsgegenstandes als eine besondere Form der Eigentumsnutzung unter den Begriff der Privatnützigkeit fallen könne und daher das Merkmal der Verfügungsbefugnis in der Privatnützigkeit aufgeht.[326] Das Bundesverfassungsgericht hat bereits ausgeführt, dass die grundsätzliche Verfügungsbefugnis nicht immer deutlich von der „Nutzung", daher von der Privatnützigkeit abgrenzbar ist.[327] Zudem bezieht sich das Bundesverfassungsgericht zum Teil nur auf eines der beiden Merkmale.[328]

Ob die Betriebs- und Geschäftsgeheimnisse auch das Merkmal der Verfügungsbefugnis erfüllen, erscheint in Hinsicht auf die Übertragbarkeit und die lediglich faktische Herrschaft des Berechtigten fragwürdig.

---

321 BVerfGE 89, 1, 7; vgl. BVerfGE 83, 201, 210.

322 *Brammsen*, DÖV 2007, 10 (14).

323 *Troller*, GRUR Ausl. 1958, 385 (387).

324 BVerfGE 52, 1, 31; 26, 215, 222; 50, 290, 340.

325 BVerfGE 52, 1, 31; 26, 215, 222; 42, 263, 294; 105, 252, 277.

326 *Appel*, Entstehungsschwäche und Bestandsstärke, 2004, S. 45.

327 BVerfGE 50, 290, 339.

328 *Appel*, Entstehungsschwäche und Bestandsstärke, 2004, S. 45 f. m.w.N. zur entsprechenden Rechtsprechung des BVerfG.

aa) Übertragbarkeit

Die Übertragbarkeit markiert einen wichtigen Punkt der zu beurteilenden Rechtsposition. In der Literatur wird sie auch als wesentliches Merkmal eines Ausschließlichkeitsrechts dargestellt.[329] Die Übertragbarkeit stellt zwar kein entscheidendes Merkmal dar. So sind bspw. Persönlichkeitsrechte nicht übertragbar. Jedenfalls ist es ein starkes Indiz zur Annahme eines subjektiven Rechts.[330] Bei den Betriebs- und Geschäftsgeheimnissen kann dieses Kriterium von Bedeutung sein.[331]

Um rechtlich übertragbar zu sein, muss zunächst das Schutzobjekt von dem Rechtsinhaber faktisch trennbar sein. Es ist anzunehmen, dass je leichter sich ein Gut von seinem Inhaber trennen lässt, desto größer auch die faktische Handelbarkeit eines Guts einzuschätzen ist und dies auf eine ausschließlichkeitsrechtliche Zuweisung hinweist.[332]

Über die Übertragbarkeit der Betriebs- und Geschäftsgeheimnisse herrschen unterschiedliche Meinungen.[333] So wird eine rechtliche Übertragung nach §§ 412, 398 BGB für möglich gehalten.[334] Die Gegenmeinung ist der Annahme, dass der Geheimnisinhaber nicht das Recht überträgt, sondern lediglich der Erwerber „in die tatbestandliche Situation" nachfolgt.[335]

Durch die Übertragung muss der Empfänger die zugewiesenen Befugnisse ausüben können.[336] Da sich die Übertragung eines Betriebs- oder Geschäftsgeheimnis nicht nur im faktischen Sinne ereignet, sondern der Veräußerer dadurch zwar nicht sein tatsächliches Wissen, sondern aber die Berechtigung an der Nutzung verliert, ist eine rechtliche Übertragung als möglich zu erachten.[337]

Das Bundesverfassungsgericht sieht es indes nicht als Voraussetzung der Eigentumsgarantie, ob ein Recht „beliebig übertragbar" ist.[338] Zwar sei die grundsätzliche Verfügungsbefugnis (einschließlich der Übertragbarkeit) über den

---

329 Vgl. *Peukert*, Güterzuordnung als Rechtsprinzip, 2008, S. 59 f.

330 *Zech*, Information als Schutzgegenstand, 2012, S. 84.

331 *Zech*, Information als Schutzgegenstand, 2012, S. 235.

332 *Zech*, Information als Schutzgegenstand, 2012, S. 83 f.

333 *Zech*, Information als Schutzgegenstand, 2012, S. 235 m.w.N.

334 *Ohly*, in: ders./Sosnitza, UWG, Vorb. §§ 17–19 Rn. 5.

335 *Troller*, GRUR Ausl. 1958, 385 (387); *McGuire/Joachim/Künzel/Weber*, GRUR Int. 2010, 829 (836); so auch *Peukert*, Güterzuordnung als Rechtsprinzip, 2008, S. 821, der hier kein selbstständig übertragbares Vermögensrecht sieht.

336 *Zech*, Information als Schutzgegenstand, 2012, S. 83.

337 *Schröer*, Der unmittelbare Leistungsschutz, 2010, S. 291.

338 BVerfGE 83, 201, 209.

Eigentumsgegenstand ein wesentliches Merkmal des Eigentums. Jedoch sei dem Gesetzgeber die Schaffung vermögenswerter Rechte, bei denen die Verfügungsmöglichkeit – die sich von der sonstigen Nutzung des Rechts ohnehin nicht immer deutlich abgrenzen ließe – eingeschränkt ist, nicht ohne Weiteres verwehrt. So bestehe kein sachlicher Grund, derart ausgestaltete Rechte vom Schutz der Eigentumsgarantie auszunehmen.[339]

bb) Bereicherungsrechtlicher Zuweisungsgehalt

Der bereicherungsrechtliche Zuweisungsgehalt der Betriebs- und Geschäftsgeheimnisse ist umstritten. Die h. L. geht davon aus, dass bei Verwertung fremder Betriebs- und Geschäftsgeheimnisse eine verschuldensunabhängige, bereicherungsrechtliche Haftung aus § 812 Abs. 1 S. 1 Alt. 2 BGB (Eingriffskondiktion) in Betracht kommt.[340] Dadurch wird dem Betriebsinhaber ein wirtschaftlicher Zuweisungsgehalt zugesprochen. Zugleich verneint dies die Gegenmeinung: Dem Geheimnisinhaber stehe eben nur eine faktische Exklusivität zu. Er ist also nicht zur alleinigen Nutzung unter Ausschluss aller anderen Rechtssubjekte berechtigt.[341] Als Kriterium könnte die „Ablösbarkeit" der Geheimnisse vom Betrieb dienen. So würde bei Geheimnissen die vom Betrieb „ablösbar" und damit übertragbar sind, die Bejahung eines Zuweisungsgehalts grundsätzlich infrage kommen.[342] Bei den betriebs- oder unternehmensbezogenen Geheimnissen, die nicht vom Betrieb gelöst werden können, wird der Zuweisungsgehalt verneint.[343]

2. *Faktische Herrschaftspositionen und eigentumsrechtlicher Schutzbereich*

Fraglich ist, ob auch lediglich begrenzt bestehende Verfügungs- und Nutzungsbefugnisse des Geheimnisträgers ausreichen, um die Verfügungsbefugnis i. S. d. Art. 14 GG zu bejahen. Denn Betriebs- und Geschäftsgeheimnisse stellen eine derartige faktische Herrschaftspositionen dar. Das Bundesverfassungsgericht hat sich im Zusammenhang mit dem Besitzrecht des Mieters mit der Frage

---

339 BVerfGE 83, 201, 209.

340 *Westermann*, Handbuch Know-how-Schutz, Kap. 7 Rn. 5.

341 *Ellger*, Bereicherung durch Eingriff, 2002, S. 845; So auch *Peukert*, Güterzuordnung als Rechtsprinzip, 2008, S. 821.

342 So *Zech*, Information als Schutzgegenstand, 2012, S. 235, der dies gerechtfertigt sieht, wenn es sich um eine geistige Schöpfung handelt.

343 *Zech*, Information als Schutzgegenstand, 2012, S. 235.

beschäftigt, ob auch bei rein faktischen Herrschaftspositionen die Verfügungsbefugnis vorliegt.[344]

a) *Besitz als faktische Herrschaftsposition*

Der Besitz bildet neben dem Eigentum ein Kernelement des Sachenrechts des BGB.[345] Seine dogmatische Einordnung variiert: So wird er unterschiedlich eingestuft als ein subjektives Recht, ein rechtliches Verhältnis oder ein tatsächliches Verhältnis.[346] Das Bundesverfassungsgericht hat das Besitzrecht des Mieters an der gemieteten Wohnung als Eigentum i. S. v. Art. 14 Abs. 1 S. 1 GG anerkannt. Das Gericht stellte die Eigentumsgarantie folgend dar, dass sie „dem Grundrechtsträger einen Freiraum im vermögensrechtlichen Bereich erhalten und dem Einzelnen damit die Entfaltung und eigenverantwortliche Gestaltung seines Lebens ermöglichen" soll. Weiterhin führte das Gericht aus, dass die Wohnung für jedermann Mittelpunkt seiner privaten Existenz sei. Der Einzelne sei auf ihren Gebrauch zur Befriedigung elementarer Lebensbedürfnisse sowie zur Freiheitssicherung und Entfaltung seiner Persönlichkeit angewiesen. Der Großteil der Bevölkerung könne zur Deckung seines Wohnbedarfs jedoch nicht auf Eigentum zurückgreifen, sondern sei gezwungen, Wohnraum zu mieten. Das Besitzrecht des Mieters erfülle unter diesen Umständen Funktionen, wie sie typischerweise dem Sacheigentum zukomme. Dieser Bedeutung der Wohnung hätte der Gesetzgeber mit der Ausgestaltung des Besitzrechts Rechnung getragen. Es stelle eine privatrechtliche Rechtsposition dar, die dem Mieter wie Sacheigentum zugeordnet sei.[347] Über die rechtliche Zuordnung führte das Gericht aus, dass diese ihren Ausdruck unter anderem in den gegen jedermann wirkenden Schutzrechten, die dem Mieter eingeräumt sind, finde. So sei er befugt, die gemietete Wohnung zu nutzen (vgl. § 535 Satz 1, § 536 BGB). Würde er darin widerrechtlich gestört, könne er die Beseitigung der Störung und das Unterlassen weiterer Störungen verlangen (§ 862 Abs. 1, § 858 Abs. 1 BGB). Würde ihm der Besitz widerrechtlich entzogen, könne er die Wiedereinräumung des Besitzes verlangen (§ 861 Abs. 1 BGB). Diese Ansprüche würden dem Mieter gegenüber jedermann zustehen, auch gegenüber dem Vermieter oder dem mit diesem nicht notwendig identischen Eigentümer.[348] Es kam zu dem Ergebnis, dass es bei dem

344 BVerfGE 89, 1 ff.
345 *Ruffert*, Vorrang der Verfassung und Eigenständigkeit des Privatrechts, 2001, S. 366.
346 *Lepsius*, Besitz und Sachherrschaft im öffentlichen Recht, 2002, S. 203.
347 BVerfGE 89, 1, 6.
348 BVerfGE 89, 1, 6 f.

Besitzrecht um eine vermögenswerte Rechtsposition handelt, die eine Nutzungs- und Verfügungsbefugnis zum Inhalt habe.[349]

Demnach wird argumentiert, dass es zu einer Unterscheidung zwischen den zwei Ebenen einer faktischen Sachherrschaft (Art. 14 Abs. 1 S. 1) und einer normgeprägten Sachherrschaft (Art. 14 Abs. 1 S. 2 GG) kommt. So würde als erstens eine faktische Sachherrschaft festgestellt, die auf zweiter Ebene durch Normprägung in eine normgeprägte rechtliche und eine normgeprägte tatsächliche Sachherrschaft ausgestaltet werden könne.[350] Dies führt zum Ergebnis, dass auch ein faktisches Sachherrschaftsrecht als normgeprägtes tatsächliches Sachherrschaft grundsätzlich unter die verfassungsrechtliche Eigentumsgarantie erfasst werden kann.

b) Anwendung auf die Betriebs- und Geschäftsgeheimnisse

Diese Überlegungen könnten insoweit auf die Betriebs- und Geschäftsgeheimnisse übertragen werden, als es sich auch bei diesen um Rechtspositionen handelt, die einer faktischen Sachherrschaft vergleichbar sind. Ob die Anwendung des Besitzes auf das geistige Eigentum überhaupt möglich ist, wird unterschiedlich beurteilt. Hauptsächlich wird von einem Besitzverhältnis analog zum Sachenrecht ausgegangen.[351]

Es ist zu berücksichtigen, dass der verfassungsrechtliche Eigentumsbegriff mit dem privatrechtlichen nicht identisch ist. Denn im Verfassungsrecht sind „Art und Umfang der Gewährleistung gegenüber dem und durch den Staat auf verschiedenen Garantieebenen“ bedeutend.[352] Demnach kann der Inhalt des verfassungsrechtlich geschützten Eigentums gleichsam durch privatrechtliche Normen und öffentlich-rechtliche Normen konzipiert wird. Das verfassungsrechtliche Eigentum ist daher als „Summe der je konkreten Rechtspositionen“ zu verstehen.[353] Das bedeutet, dass die Betriebs- und Geschäftsgeheimnisse von „Rechten und Pflichten des privaten *und* öffentlichen Rechts“ begründet werden.[354]

---

349 BVerfGE 89, 1, 7.

350 *Lepsius*, Besitz und Sachherrschaft im öffentlichen Recht, 2002, S. 84 ff.

351 Vgl. nur *Druey*, Information als Gegenstand des Rechts, 1995, S. 104; *Troller*, GRUR Ausl. 1958, 385 (389); *ders.*, Immaterialgüterrecht, Bd. I, S. 85; *Jänich*, Geistiges Eigentum, 2002, S. 220.

352 *Ruffert*, Vorrang der Verfassung und Eigenständigkeit des Privatrechts, 2001, S. 361.

353 *Goldhammer*, Geistiges Eigentum und Eigentumstheorie, 2012, S. 412.

354 *Goldhammer*, Geistiges Eigentum und Eigentumstheorie, 2012, S. 413 (Hervorhebung im Original); vgl. *Külpmann*, Enteignende Eingriffe, 2000, S. 103 f.; *Appel*, Entstehungsschwäche und Bestandsstärke, 2004, S. 103 ff.

Würden die Betriebs- und Geschäftsgeheimnisse von einem öffentlich-rechtlichen Informationszugangsanspruch wie etwa dem § 3 UIG betroffen, schlägt die „faktische Sachherrschaft" durch die Zuordnung der Offenbarungspflicht in eine „normgeprägte tatsächliche Sachherrschaft" um.[355] Indem der Gesetzgeber den Geheimnisinhaber zu einer bestimmten Informationsherausgabe verpflichtet, ergibt sich per argumentum e contrario die „rechtlich relevante Existenz einer Sachherrschaft".[356]

IV. Der Vermögenswert der Betriebs- und Geschäftsgeheimnisse

Es verbleibt weiter zu untersuchen, ob diese einfachrechtlich zugewiesene Position auch einen Vermögenswert aufweist. Es wurde bereits angedeutet, dass sich durch die Feststellung der Betriebs- und Geschäftsgeheimnisse als ein Informationsgut bzw. Immaterialgut bereits eine gewisse wirtschaftliche Wertigkeit ergibt.

1. Begriff

Die Vermögenswertigkeit eines Gegenstands entscheidet sich anhand objektiver Tatsachen.[357] Es kann von einem Vermögenswert gesprochen werden, wenn eine „erhebliche wirtschaftliche Bedeutung" vorliegt. Allerdings finden sich auch Entscheidungen des Bundesverfassungsgerichts, die von einer ausschließlich wirtschaftlichen Betrachtungsweise absehen und eine Subjektivität andeuten.[358] So ergebe sich die vermögenswerte Natur einer Rechtsposition bereits daraus, dass der Eigentümer, wenn er es für vorteilhaft hält, seine Interesse durchsetzen kann.[359] Ein einheitliches Ergebnis kann hieraus nicht entnommen werden.[360]

2. Vermögenswert der Betriebs- und Geschäftsgeheimnisse

Ein Betriebs- oder Geschäftsgeheimnis braucht zwar keinen bestimmten Vermögenswert zu besitzen. Wenn es in einem früheren oder späteren Zeitpunkt von Unternehmen zu einem wirtschaftlichen Zweck nutzbar ist oder wenn die Offenlegung an Dritte, insbesondere Wettbewerber, sich nachteilig für die

---

355 *Goldhammer*, Geistiges Eigentum und Eigentumstheorie, 2012, S. 414.

356 *Goldhammer*, Geistiges Eigentum und Eigentumstheorie, 2012, S. 414.

357 *Herzog*, Grundrechte aus der Hand des Gesetzgebers, in: FS Zeidler, Bd. II, 1415 (1419).

358 *Appel*, Entstehungsschwäche und Bestandsstärke, 2004, S. 63 f. m.w.N. zu BVerfGE 83, 201, 210.

359 BVerfGE 83, 201, 210.

360 *Appel*, Entstehungsschwäche und Bestandsstärke, 2004, S. 63.

wirtschaftliche Lage des Unternehmens auswirkt, wird ein Vermögenswert angenommen.[361]

Der Vermögenswert der Betriebs- und Geschäftsgeheimnisse lässt sich anhand seiner Merkmale, gleichermaßen aus subjektiver – dem Geheimhaltungswillen des Geheimnisinhabers – sowie aus objektiver Sicht – dem Geheimhaltungsinteresse – begründen. In der Literatur wird die wirtschaftliche Bedeutung folgendermaßen dargestellt.

So resultiert der Vermögenswert zum einen daraus, dass diese dem Unternehmer einen wettbewerblichen Vorteil verschaffen können – a). Zum anderen kann sich der Vermögenswert daraus ergeben, dass sie wesentlicher Bestandteil des Vermögenswertes des Unternehmens sein können – b). Daraus folgt schließlich ihre existenzielle Bedeutung für Unternehmen – c).

a) Wettbewerblicher Vorteil

Durch die Geheimhaltung von bestimmten Informationen wird ein zeitlicher Vorsprung („*First mover advantage*") erzielt, der für die Unternehmen einen wichtigen Innovationsfaktor darstellt. Erzielt werden konkurrenzmäßige Vorteile,[362] Marktvorsprung, bzw. seine Zunichtemachung.[363] So ist der Faktor „Zeit" insbesondere auch im Regulierungsverfahren ein wichtiger Wettbewerbsfaktor.[364]

b) Wesentlicher Bestandteil des Vermögenswerts des Unternehmens

Weiterhin bilden Betriebs- und Geschäftsgeheimnisse als objektiv bewertbaren „wesentlichen Wertfaktor" einen immateriellen Vermögensgegenstand.

Über den Einsatz im eigenen Betrieb hinaus, können Betriebs- und Geschäftsgeheimnisse je nach begrenzter bzw. unbegrenzter Überlassung an andere den Charakter einer Lizenzierung oder eines Kaufvertrags annehmen.[365] Darüber hinaus sind Betriebs- und Geschäftsgeheimnisse Teil der Konkursmasse.[366]

In der Praxis liegen verschiedentliche Methoden vor, die den Wert eines Betriebs- und Geschäftsgeheimnisses festlegen. Zum einen kann der Wert durch

---

361 BGH, GRUR 2006, 1044 (1046); *Taeger*, Die Offenbarung von Betriebs- und Geschäftsgeheimnissen, 1988, S. 65.

362 *Troller*, Immaterialgüterrecht, Bd. I, S. 85; *Denninger*, GRUR 1984, 627 (632).

363 *Denninger*, GRUR 1984, 627 (632).

364 Ohlenburg, NVwZ 2005, 15 (17).

365 *Maaßen*, in: Ann/Loschelder/Grosch (Hrsg.), Handbuch Know-how-Schutz, Kapitel 5 Rn. 1.

366 BGH, GRUR 1955, 388 (389 f.).

die „Schutzklassenzuordnung“ klassifiziert werden, die sich anhand der „Auswirkungen“ der gedachten Verletzungshandlungen bemisst.[367] Weiterhin können der erhöhte Erschließungsaufwand, das Kontrollverlustrisiko und der „Grad der Investitionshöhe“ und der „antizipierte Grad der Umsatzwirksamkeit“ als Bestimmungsmerkmale dienen.[368]

Insoweit werden Betriebs- und Geschäftsgeheimnisse als konkreter Wert zur Präzisierung des Unternehmenswertes, Besicherung von Krediten im Rahmen der Risikoversicherung und im Vorfeld von Unternehmensübernahmen eingesetzt.[369]

c) Existenzielle Bedeutung für Unternehmen

Als wettbewerblicher Vorteil und als immaterieller Vermögensgegenstand sind Betriebs- und Geschäftsgeheimnissen für die wirtschaftlichen Verhältnisse eines Betriebs maßgebend,[370] woraus sich im weiten Sinne die „Existenzfähigkeit“ eines Unternehmens ergibt.[371] Diese existenzielle Bedeutung ist insbesondere bei den Industrien prägend, wo der Patentschutz nur mindere oder keine Bedeutung hat.[372]

3. Ergebnis

Zusammenfassend ist zu erkennen, dass Betriebs- und Geschäftsgeheimnisse nicht nur einen abstrakten bzw. potenziellen immateriellen Wert darstellen, sondern durchaus wirtschaftlich bewertbar sind.[373] Insoweit strahlen sie eine „Selbstverständlichkeit eines Vermögensguts“ aus.[374] Die wirtschaftliche Bedeutung der

---

367 *Westermann*, Handbuch Know-how-Schutz, Kap. 3 Rn. 18; *Fischer/Fluck*, NVwZ 2013, 337 (338).

368 *Westermann*, Handbuch Know-how-Schutz, Kap. 3 Rn. 19.

369 *Westermann*, Handbuch Know-how-Schutz, Kap. 3 Rn. 21.

370 BVerfGE 115, 205, 231.

371 *Schröder*, Der Geheimhaltungsschutz im Recht der Umweltchemikalien, 1980, S. 20.

372 So ist die Bedeutung des Patents bspw. in der pharmazeutischen Industrie besonders groß, während im Sektor von Militärflugzeugen und Raketen der Patentschutz für die Hersteller eine eher unwesentliche Rolle spielt. *Möschel*, Gibt es einen optimalen Schutzumfang für ein Immaterialgüterrecht, in: Lange/Klippel/Ohly (Hrsg.), Geistiges Eigentum und Wettbewerb, 2009, 119 (124).

373 *Denninger*, 627 (632); vgl. *Troller*, GRUR Int. 1958, 385 (387); *Wolff*, NJW 1997, 98 (100); *Pfaff*, Exklusivität und Zugang arzneimittelrechtlicher Zulassungsinformationen, 2010, S. 176; *Brammsen*, DÖV 2007, 10 (11).

374 *Brammsen*, DÖV 2007, 10 (11).

Betriebs- und Geschäftsgeheimnisse ist dem eines gewerblichen Schutzrechts vergleichbar bzw. sogar höher.[375]

V. Die Leistung als zusätzliches Merkmal

Zusätzlich kann noch erörtert werden, ob das Betriebs- und Geschäftsgeheimnis als eine Art „Leistungseigentum" konzipiert werden könnte. So wird Eigentum, das durch eigene Leistung erworben wird, im „besonderen Maße" durch Art. 14 GG geschützt.[376] Die eigene Leistung, insbesondere von persönlicher, geistiger oder schöpferischer Art bildet ein „wesentliches Zuordnungskriterium".[377]

Das Merkmal der Eigenleistung bildet zusammen mit der Existenzsicherung ein „begrenzendes und begründendes" Kriterium bei sozialversicherungsrechtlichen Positionen als Eigentum i. S. d. Art. 14 GG.[378]

Während die Eigenleistung ausschließlich den öffentlich-rechtlichen Positionen vorbehalten ist, spielt sie jedoch auch bei der Konzipierung der immateriellen Güter als verfassungsrechtliches Eigentum eine wesentliche Rolle.[379]

So zählen nach dem Bundesverfassungsgericht zu den konstituierenden Merkmalen des Urheberrechts als Eigentum i. S. d. Verfassung, die grundsätzliche Zuordnung des vermögenswerten Ergebnisses der *schöpferischen Leistung* an den Urheber im Wege privatrechtlicher Normierung und seine Freiheit, in eigener Verantwortung darüber verfügen zu können.[380]

Dementsprechend ist zu klären, in welchem Rahmen die persönliche Leistung zur Begründung des geistigen Eigentums beiträgt.[381]

Die Verbindung mit der eigenen Leistung und dem Eigentum geht auf die *Lock'sche* Lehre zurück. Demnach wird die Existenz des Sacheigentums dadurch

---

375 BGH, GRUR 1963, 207 (210); *Mes*, GRUR 1979, 584 (592); *Westermann*, Handbuch Know-how-Schutz, Kap. 1 Rn. 1.

376 *Leisner*, in: Isensee/Kirchhof (Hrsg.), HStR VIII, § 173 Rn. 115 m.w.N.

377 *Rozek*, Die Unterscheidung von Eigentumsbindung und Enteignung, 1998, S. 44.

378 *Appel*, Entstehungsschwäche und Bestandsstärke, 2004, S. 50 m.w.N.; vgl. BVerfGE 69, 272, 301 f.; 72, 175, 193.

379 *Fechner*, Geistiges Eigentum und Verfassung, 1999, S. 209.

380 BVerfGE 31, 229, 240 f. (Hervorhebung nicht im Original).

381 Dem Leistungskriterium wird zumal eine doppelte Bedeutung zugeschrieben: Zum ersten bei der Zuordnung einer Rechtsposition zum Eigentum und zum zweiten bei der Bestimmung der Grenzen zulässiger Inhalts- und Schrankenbestimmungen. Vgl. *Fechner*, Geistiges Eigentums, 1999, S. 240. Auch besondere Betonung bei *Kirchhof*, Verfassungsrechtlicher Gehalt des geistigen Eigentums, in: FS Zeidler, Bd. II, 1639 (1640 f.); *Häberle*, AöR 109 (1984), 36 (64).

gerechtfertigt, dass „eine ursprünglich jedermann zugängliche naturgegebene Sache durch eigene Arbeit neu- oder umgestaltet" wird.[382] Insoweit ergibt sich eine Kongruenz mit dem Grundgedanken der modernen Eigentumsverfassung, die den Schutz an den konkreten, insbesondere durch Arbeit und Leistung erworbenen Bestand an vermögenswerten Gütern einräumt.[383]

Das Merkmal der Eigenleistung ist von seiner Einführung bis zum heutigen Tag in seiner Funktion umstritten. Man kann davon ausgehen, dass das Bundesverfassungsgericht die Eigenleistung dem verfassungsrechtlichen Eigentumsbegriff immanent, oder als lediglichen Rechtfertigungsgrund für die Zuordnung sozialversicherungsrechtlicher Ansprüche unter Art. 14 GG versteht.[384] Dies ist insoweit widersprüchlich, da etwa durch „Glück, Zufall oder Erbschaft" Erworbenes keine eigene Leistung aufweist und demnach nicht verfassungsrechtlich geschützt werden kann.[385] Selbst bei öffentlich-rechtlichen Positionen wird eingewendet, dass kein Grund ersichtlich ist, deren Schutz, anders als bei den privatrechtlichen Positionen, von einer Eigenleistung des Betroffenen abhängig zu machen. [386] Das Kriterium der Eigenleistung kann daher nicht den Verfassungsbegriff selbst bestimmen.[387] Nicht auf Schutzbereichsebene, sondern erst auf Ebene der Eigentumsbeschränkung sollte das Merkmal der Eigenleistung relevant werden.[388] Jedenfalls ist das durch eigene Leistung erworbene Eigentum als besonderes schutzwürdig anzusehen.[389]

Dies gilt auch für das Verhältnis der Eigenleistung und dem geistigen Eigentums. Trotz der besonderen Bedeutung der Eigenleistung im Bereich des geistigen Eigentums lässt sich deutlich erkennen, dass auch der wirtschaftliche Wert von Immaterialgüterrechten geschützt wird, die gerade nicht auf eigener Leistung beruhen. In diese Kategorie fallen u. a. das Markenrecht, das Warenzeichenrecht und der Ausstattungsschutz. Die Vorstellung, den Eigentumsschutz

---

382 *Kirchhof*, Verfassungsrechtlicher Gehalt des geistigen Eigentums, in: FS Zeidler, Bd. II, 1639 (1640).

383 *Kirchhof*, Verfassungsrechtlicher Gehalt des geistigen Eigentums, in: FS Zeidler, Bd. II, 1639 (1641).

384 *Depenheuer*, in: v. Mangoldt/Klein/Starck (Hrsg.), GG, Art. 14 Rn. 75.

385 *Depenheuer*, in: v. Mangoldt/Klein/Starck (Hrsg.), GG, Art. 14 Rn. 76.

386 BVerfGE 32, 111, 142 f. So die abweichende Meinung von *Rupp-v. Brünneck*.

387 *Depenheuer*, in: v. Mangoldt/Klein/Starck (Hrsg.), GG, Art. 14 Rn. 78.

388 *Appel*, Entstehungsschwäche und Bestandsstärke, 2004, S. 58; *Peukert*, Güterzuordnung als Rechtsprinzip, 2008, S. 718.

389 *Grzeszick*, ZUM 2007, 344 (352).

beim geistigen Eigentum nur auf geistige und persönliche Leistungen des Urhebers oder des Erfinders zu beschränken ist daher nicht haltbar.[390]

Allerdings wird das Leistungsmerkmal zum Teil auch „als Argument zu Eröffnung des Schutzbereiches" gesehen. Herangezogen wurde insbesondere der Beschluss des Bundesverfassungsgerichts über das Warenzeichen.[391] So begründete das Bundesverfassungsgericht die Eigentumsqualität des Warenzeichens damit, dass dieses nicht lediglich die Benennung der Herkunft des Produktes, sondern Ausdruck des Leistungswillens des Inhabers sei.[392]

Zusammenfassend kann festgestellt werden, dass die Qualifizierung eines Rechts als etwas Selbsterworbenes seinen besonderen Schutz durch die Eigentumsgarantie rechtfertigt. Eine zwingende Differenzierung dieses Schutzes nach dem Maß der Leistungsbezogenheit eines Rechts ergibt sich dadurch jedoch nicht.[393]

VI. Zusammenfassung

Bei Betriebs- und Geschäftsgeheimnissen handelt es sich um konkrete Rechte, die dem Geheimnisinhaber im begrenzten Umfang Verfügungs- und Nutzungsbefugnisse einräumen. Trotz des systematischen Unterschieds zu den Immaterialgüterrechten weisen sie eine besondere Nähe zu ihnen auf.[394] Die Betriebs- und Geschäftsgeheimnisse nehmen auf der „Skala der Verdinglichung zwischen den reinen Marktverhaltensregelungen des UWG und vollständigen Immaterialgüterrechten" eine Zwischenkategorie an.[395] In diese Zwischenkategorie fallen auch Immaterialgüter, die die Qualität eines Immaterialgüterrechts haben. Dies betrifft bspw. die patentfähige Erfindung. Insoweit ergibt sich eine *Schnittmenge* des Immaterialgüterrechts und des Geheimnisschutzes. Insbesondere für diese

390 *Grzeszick*, ZUM 2007, 344 (352 f.). Demnach ergibt sich die Betonung der persönlichen geistigen Leistung des Gerichts deswegen, weil es zuerst das jeweilige Schutzrecht in seiner einfachrechtlichen Fassung zugrunde legt und die meisten Fälle sich auf die Bereiche des Urheber- und Patentrecht beschränken, die eine geistigen und persönlichen Charakter aufweisen; ebenfalls zurückhaltend *Fechner*, Geistiges Eigentum und Verfassung, 1999, S. 106.

391 *Grzeszick*, ZUM 2007, 344 (353).

392 BVerfGE 51, 193, 218.

393 *Wendt*, in: Sachs (Hrsg.), GG, Art. 14 Rn. 617.

394 *Ahrens/McGuire*, Modellgesetz für Geistiges Eigentum, § 10 S. 51.

395 *Ohly*, GRUR 2014, 1 (3).

Güter gilt eine verstärkte Annahme eines Eigentumsschutzes,[396] da qualitativ kein Unterschied besteht.[397] Man kann darauf verweisen, dass diese Immaterialgüter als Eigentum gewährleistet werden, sobald sie in ein Immaterialgüterrecht umgewandelt werden.[398] Dies würde jedoch bedeuten, dass dem Inhaber dieses Immaterialguts stets nur der Weg der Offenlegung bliebe.[399] Das würde jedoch eine erhebliche Intervention auf die Entscheidungsfreiheit der Unternehmen durch die Rechtsordnung bedeuten und wäre im Ergebnis auch nicht mit dem Gleichheitssatz vereinbar, zumal sich der gewerbliche Rechtsschutz nicht in allen wirtschaftlichen Branchen eignet. Denn ob und inwieweit ein bestimmtes Immaterialgut als Betriebs- und Geschäftsgeheimnis oder als Patent genutzt und verwertet wird, ist bereits Teil der Entscheidungsfreiheit des Unternehmens. Art. 14 Abs. 1 GG schützt nicht nur den Bestand von vermögenswerten Rechten und Sachen, sondern auch den Umgang mit diesem Bestand, daher die Nutzung der als Eigentum geschützten Gegenstände und die Verfügung über sie.[400]

Denn schließlich ist es anhand des verfassungsrechtlichen Eigentumsbegriffs zu beantworten, ob ein Gegenstand durch Art. 14 Abs. 1 GG geschützt wird. Der Umfang dieses Rechts entscheidet sich wiederum nach der einfachrechtlichen Ausgestaltung.[401] Betriebs- und Geschäftsgeheimnisse weisen die verfassungsunmittelbaren Merkmale des Art. 14 Abs. 1 GG auf. Sie ermöglichen dem Geheimnisinhaber die „personale Entfaltung im vermögensrechtlichen Bereich nach eigenen Interessen und zum eigenen Nutzen".[402] Zwar können möglicherweise auch andere Personen über das gleiche geheime Wissen verfügen. Informationen sind jedoch von einer „Nicht-Rivalität" geprägt.[403] Die Tatsache, dass womöglich die Information von einer anderen Person benutzt wird, beeinträchtigt nicht die eigene Nutzung der Information. Die Information wird dadurch weder

---

396 Vgl. *Frank,* Der Schutz von Unternehmensgeheimnissen im Öffentlichen Recht, 2008, S. 174.

397 Vgl. *Engel,* AöR 118 (1993), 169 (186).

398 Siehe die Ausführung von *Wolff,* NJW 1997, 98 (100): „Soweit die Betriebs- und Geschäftsgeheimnisse patentfähig und angemeldet sind, fallen sie natürlich als Recht an der Erfindung unter Art. 14 I GG."; vgl. BVerfGE 36, 281, 291.

399 *McGuire/Joachim/Künzel/Weber,* GRUR Int. 2010, 829 (838).

400 *Ossenbühl,* AöR 115 (1990), 1 (25).

401 *Bumke/Voßkuhle,* Casebook Verfassungsrecht, Rn. 1136.

402 *Brammsen,* DÖV 2007, 10 (14).

403 *Schmidtchen,* Zur Beziehung zwischen dem Recht geistigen Eigentums und dem Wettbewerbsrecht, in: Lange/Klippel/Ohly (Hrsg.), Geistiges Eigentum und Wettbewerb, 2009, 27 (27).

verbraucht noch verschlechtert.[404] Das gleiche gilt auch für die Betriebs- und Geschäftsgeheimnisse. Die grundsätzliche Verfügungsbefugnis über das eigene Betriebs- oder Geschäftsgeheimnis entfällt nicht durch die fehlende ausschließliche Zuordnung.[405] Zudem hat der Gesetzgeber die Betriebs- und Geschäftsgeheimnisse umfassend geschützt.[406] In Hinsicht auf die Privatnützigkeit ist es ausreichend, dass das Recht „die Verfügungsmöglichkeiten entsprechend den Eigenarten des betreffenden Eigentumsobjekts so ausgestaltet, dass Privatnützigkeit noch gewährleistet ist".[407]

Der Geheimnisschutz sollte daher nicht bereits auf Schutzbereichsebene ausgesondert werden. Das richtige Maß des Geheimnisschutzes, d. h. sein konkreter Umfang ist auf Inhalts- und Schrankenebene zu beurteilen.[408] Betriebs- und Geschäftsgeheimnisse sind somit auch als unvollkommenes Ausschließlichkeitsrecht als eigenständige Rechtsposition von der Eigentumsgarantie geschützt.

D. Betriebsgeheimnisse als Bestandteil des Rechts am eingerichteten und ausgeübten Gewerbebetrieb

Betriebs- und Geschäftsgeheimnisse können eigentumsgrundrechtlich möglicherweise darüber hinaus auch als Bestandteil des Rechts am eingerichteten und ausgeübten Gewerbebetrieb (folgend: Recht am Gewerbebetrieb) geschützt werden. Dies setzt zunächst voraus, dass das Recht am Gewerbebetrieb Schutzgut der Eigentumsgarantie ist. Ferner müsste das Innehaben, Verfügung und Verwerten von Betriebs- und Geschäftsgeheimnissen zum eingerichteten und ausgeübten Gewerbebetrieb zählen. Sind diese Voraussetzungen erfüllt, ist die Frage zu beantworten, ob der Schutzumfang im Vergleich zur eigenständigen Gewährleistung der Betriebs- und Geschäftsgeheimnisse als Eigentumsobjekt abweicht.

I. Der eingerichtete und ausgeübte Gewerbebetrieb als Schutzgut der Eigentumsgarantie

Vorerst muss die Rechtsfigur des Rechts am Gewerbebetrieb geklärt werden, da deren Zweckmäßigkeit nicht unumstritten ist.

404 *Ellger*, Bereicherung durch Eingriff, 2002, S. 657, 677.
405 *Brammsen*, DÖV 2007, 10 (14).
406 *Brammsen*, DÖV 2007, 10 (14).
407 *Brammsen*, DÖV 2007, 10 (14).
408 Vgl. *Ohly*, GRUR 2014, 1 (3). Demnach sind die Frage zur dogmatischen Einordnung der Betriebs- und Geschäftsgeheimnisse und ihrer sachlichen Grenzen zu unterscheiden.

1. Die richterrechtliche Entwicklung

Das Recht am Gewerbebetrieb wurde im Zivilrecht aus dem Bedürfnis heraus entwickelt, deliktsrechtliche Haftungslücken zu schließen. Nach der erstmaligen Anerkennung durch das Reichsgericht besteht es als ältestes „sonstiges Recht" im Sinne des § 823 Abs. 1 BGB.[409] Die Rechtsfigur wurde unter den Rechtsprechungen des BGH und dem BAG weiter entwickelt, was zu einer Ausweitung des Schutzbereichs führte.[410] Demnach schützt das Recht am Gewerbebetrieb die Sach- und Rechtsgesamtheit eines wirtschaftlichen Unternehmens. Sein Umfang erfasst nicht nur den eigentlichen Bestand des Betriebes, wie Betriebsräume und -grundstücke, Maschinen und Gerätschaften, Einrichtungsgegenstände und Warenvorräte, sondern auch geschäftliche Verbindungen und Beziehungen, den Kundenstamm „kurz alles, was in seiner Gesamtheit den wirtschaftlichen Wert des konkreten Gewerbebetriebs ausmacht".[411] Dies ermöglicht es dem Unternehmen in „seiner wirtschaftlichen Tätigkeit, in seinem Funktionieren vor widerrechtlichen Eingriffen bewahrt [zu] bleiben".[412]

§ 823 Abs. 1 BGB wird ausschließlich bei unmittelbaren Eingriffen in den Bereich des Gewerbebetriebs angewendet.[413] Der BGH definiert diese wie folgend: „Unmittelbare Eingriffe in das Recht am bestehenden Gewerbebetrieb, gegen welche § 823 Abs. 1 BGB Schutz gewährt, sind nur diejenigen, die irgendwie gegen den Betrieb als solchen gerichtet, also betriebsbezogen sind und nicht vom Gewerbebetrieb ohne weiteres ablösbare Rechte oder Rechtsgüter betreffen".[414]

Der BGH hatte ursprünglich angenommen, dass die Rechtswidrigkeit eines unmittelbaren Unternehmenseingriffs indiziert sei. „Später erachtete er eine positive Bestimmung der Rechtswidrigkeit durch eine Interessenabwägung für erforderlich."[415] Demnach ist es im Wesen ein Rahmenrecht.

---

409 Als „Recht auf Ausübung des Gewerbebetriebes" wurde es erstmals in der Privatklinik-Entscheidung des IV. ZS vom 6. 3. 1902 als sonstiges Recht i.S.v. § 823 I BGB anerkannt. Der Begriff „Recht am eingerichteten und ausgeübten Gewerbebetrieb" wurde erstmals ersichtlich in RGZ 58, 24 ff. aus dem Jahr 1904. *Sack*, Das Recht am Gewerbebetrieb, 2007, S. 7, 9, 21.

410 *Sack*, Das Recht am Gewerbebetrieb, 2007, S. 100 ff.

411 BGHZ 23, 157, 163; 29, 65, 70; 45, 83, 87.

412 BGHZ 29, 65, 70; *Sack*, Das Recht am Gewerbebetrieb, 2007, S. 102.

413 BGHZ 29, 65, 70; *Sack*, Das Recht am Gewerbebetrieb, 2007, S. 106.

414 BGHZ 29, 65, 72, 74.

415 *Sack*, Das Recht am Gewerbebetrieb, 2007, S. 100.

Es stellt sich die Frage, ob einige Fälle auch ohne den Rückgriff auf das Recht am Gewerbebetrieb geregelt werden können. In Fällen der Grundstücksbeeinträchtigungen, bei Eingriffen in Produkte, Anlagen und Handelsgüter lässt sich kein weitergehender Schutz des Rechts am Gewerbebetrieb gegenüber den Einzelsachen erkennen.[416]

Zusammenfassend lässt sich feststellen, dass das Recht am Gewerbebetrieb ein „Auffangtatbestand" für gesetzlich nicht geregelte, aber als regelungsbedürftig empfundene Beeinträchtigungen der Wirtschaftstätigkeit darstellt. Ihm kommt eine lückenschließende Bedeutung zu.[417]

2. *Die verfassungsrechtliche Bewertung*

Während die zivilrechtliche Dogmatik[418] und ein Großteil des verfassungsrechtlichen Schrifttums[419] das Recht am Gewerbebetrieb weitgehend anerkennt, erachtet das Bundesverfassungsgericht das Recht am Gewerbebetrieb konsequent als kritisch.[420]

In einer früheren Entscheidung ging das Bundesverfassungsgericht noch davon aus, dass der Gewerbebetrieb als „Sach- und Rechtsgesamtheit" Eigentum i. S. v. Art. 14 GG sei.[421] Schließlich stellte das Gericht die Rechtsfigur des Gewerbebetriebs grundsätzlich infrage, indem es bezweifelte, ob „der Gewerbebetrieb als solcher konstituierenden Merkmale des verfassungsrechtlichen Eigentumsbegriffs aufweist".[422] So sei eigentumsrechtlich gesehen, das Unternehmen „die tatsächliche – nicht aber die rechtliche – Zusammenfassung der zu seinem Vermögen gehörenden Sachen und Rechte, die an sich schon vor verfassungswidrigen Eingriffen geschützt" seien. Angesichts dessen, das nach allgemeiner Auffassung bloße Chancen und tatsächliche Gegebenheiten nicht dem geschützten Bestand zugerechnet werden, wäre fraglich, ob gleichwohl ein zusätzlicher verfassungsrechtlicher Schutz des Gewerbebetriebes als solcher geboten ist.[423]

416 *Glöckner*, Eigentumsrechtlicher Schutz von Unternehmen, 2005, S. 307.

417 *Badura*, AöR 98 (1973), 153 (158).

418 *Koreng*, GRUR 2011, 1065 (1066).

419 *Depenheuer*, in: v. Mangoldt/Klein/Starck (Hrsg.), GG, Art. 14 Rn. 13; *Leisner*, in: Isensee/Kirchhof (Hrsg.), HStR VIII, § 173 Rn. 26; *Nüßgen/Boujong*, Eigentum, Sozialbindung, Enteignung, 1987, S. 40; *Badura*, AöR 98 (1973), 153 (165); *Ossenbühl*, AöR 115 (1990), 1 (28); *Ehlers*, VVDStRL 51 (1992), 211(215).

420 *Koreng*, GRUR 2011, 1065 (1067).

421 BVerfGE 1, 264, 277; *Engel*, AöR 118 (1993), 169 (171 f.).

422 BVerfGE 51, 193, 221.

423 BVerfGE 51, 193, 221 f.

Das Bundesverfassungsgericht hat diese Frage bisher ausdrücklich offengelassen.[424]

Die Zurückhaltung des Bundesverfassungsgerichts kann einerseits auf den „Doppelschutz von unternehmerisch genutzten Sachen und Rechte" zurückgeführt werden, da bestimmte Sachen an sich und zusätzlich noch einmal als wertbildender Faktor des gesamten Unternehmens geschützt werden.[425] Andererseits würden durch die Anerkennung des Gewerbebetriebs als Eigentum alle wertbildenden Faktoren wie etwa auch Erwerbschancen, die einzeln nicht als verfassungsrechtliches Eigentum angesehen wären, unter den Schutz des Art. 14 GG subsumiert werden.[426] Dies wäre mit dem Konzept des Eigentums als ein „definitives exklusives Recht" nicht vereinbar.[427] Das Gericht führt in ständiger Rechtsprechung aus, dass „auch wenn bloße Umsatz- und Gewinnchancen oder tatsächliche Gegebenheiten für das Unternehmen von erheblicher Bedeutung sind", diese nicht „vom Grundgesetz eigentumsrechtlich dem geschützten Bestand des einzelnen Unternehmens zugeordnet" werden.[428] Unter die Eigentumsgarantie könnten daher nur konkrete Werte, d. h. die Unternehmenstätigkeit in ihrer konkreten Vergegenständlichung fallen.[429]

3. *Lösungsansätze*

Da über die Handhabung des Rechts am Gewerbebetrieb bzw. seines Schutzumfangs Unsicherheiten herrschen, wird in der Literatur auf verschiedene Lösungsansätze hingewiesen.[430]

a) *Einteilung in spezifischere Eigentumsgegenstände*

Eine Methode wäre die Konstituierung des Gewerbebetriebs anhand den einzelnen zu ihm gehörenden Rechten.[431] Wenn der staatliche Eingriff auf spezifischere Eigentumsgegenstände treffe, könne die Frage der Anerkennung des Rechts am Gewerbetrieb als Eigentum zurücktreten, da die spezifischeren

---

424 Vgl. BVerfGE 105, 252, 278.

425 *Engel*, AöR 118 (1993), 169 (189).

426 *Engel*, AöR 118 (1993), 169 (190).

427 *Sieckmann*, Modelle des Eigentumsschutzes, 1998, S. 177.

428 Vgl. BVerfGE 105, 252, 278; vgl. BVerfGE 68, 193, 222 f.; 77, 84, 118; 81, 208, 227 f.

429 *Badura*, AöR 98 (1973), 153 (165).

430 *Sieckmann*, Modelle des Eigentumsschutzes, 1998, S. 177.

431 *Sieckmann*, Modelle des Eigentumsschutzes, 1998, S. 177. Allerdings könne anhand dieser Methode nicht die Gesamtheit, die den besonderen Wert des Unternehmens ausmacht, genügend berücksichtigt werden.

Eigentumsgegenstände als leges speciales Vorrang vor dem Recht am Gewerbebetrieb genießen. [432]

Spezifische Eigentumsgegenstände, die hierunter zu subsumieren sind, könnte man folgendermaßen aufzeichnen:[433] Eine erste Gruppe bilden Sachen. Darunter fallen Ausgangs- und Endprodukte, Gegenstände des Anlagevermögens, Grundstücke, Rechte an fremden Grundstücken und der berechtigte Besitz von Sachen. Eine zweite Gruppe bilden Forderungen, Gegenstände des Finanzvermögens und Vertragsbeziehungen. In die dritte Gruppe fallen das geistige Eigentum sowie die vom Wettbewerbsrecht geschützten wertbildenden Faktoren.[434] In die letzte vierte Gruppe könnten dann öffentlich-rechtliche Ansprüche fallen. Von dem Bereich des Rechts am Gewerbebetrieb abzugrenzen sind allgemeine Gegebenheiten, Chancen, Erwartungen, „auch wenn sie für das Unternehmen und seine Rentabilität von erheblicher Bedeutung sind oder die Folge einer bestimmten Rechtslage darstellen". Diese sind nicht nach Art. 14 GG geschützt.[435]

b) *Das Recht am Gewerbebetrieb als Auffangrecht*

Bei dem Recht am Gewerbebetrieb ist jedoch zu berücksichtigen, dass der spezifische Mehrwert des Betriebes als organische Betriebseinheit über die Summe der ohnehin gewährleisteten Einzelrechte hinausgeht.[436] So sind nicht die einzelnen Teile des Unternehmens, sondern erst „ihre funktionale Eingebundenheit in die betriebliche Organisation eines Unternehmens" für den wirtschaftlichen Erfolg entscheidend.[437] In dieser Eigenschaft drückt sich die besondere unternehmerische Leistung aus, „die den Wert des Unternehmens auf dem Markt bestimmt".[438] Hier ergibt sich die eigentliche Bedeutung des Rechts am Gewerbebetrieb. Gleichsam wäre es problematisch, von dem Recht am Gewerbebetrieb Hoffnungen und Chancen, Gewinnmöglichkeiten oder Möglichkeiten der Betriebserweiterung als eigentumsirrelevant abzugrenzen.[439]

Die Relevanz der Rechtsfigur des Rechts am Gewerbebetrieb zeigt sich insbesondere dann, wenn es sich um „nicht gegenständliche Werte" handelt. Zu

---

432 *Engel*, AöR 118 (1993), 169 (175) m.w.N.

433 Folgende Einteilung nach *Engel*, AöR 118 (1993), 169 (176).

434 *Engel*, AöR 118 (1993), 169 (176).

435 *Badura*, AöR 98 (1973), 153 (166).

436 *Engel*, AöR 118 (1993), 169 (191); *Depenheuer*, in: v. Mangoldt/Klein/Starck (Hrsg.), GG, Art. 14 Rn. 132.

437 *Hagen*, GewArch 2005, 402 (407).

438 *Depenheuer*, in: v. Mangoldt/Klein/Starck (Hrsg.), GG, Art. 14 Rn. 132.

439 *Wendt*, in: Sachs (Hrsg.), GG, Art. 14 Rn. 48.

nennen sind etwa der Kundenstamm, Geschäftsbeziehungen, erteilte Genehmigungen und Zulassungen, der gute Ruf, die Marktstellung und letztlich auch Teile von geheimen Daten.[440] Bei Gegenständen mit unzureichender Eigentumsqualität, kann auf das Recht am Gewerbebetrieb als Auffangrecht zurückgegriffen werden.[441]

Allerdings bleibt die Frage, ob und inwieweit in diesem Fall ein Eingriff in das Eigentum festgestellt werden kann, da der Schutz des Gewerbetriebs nicht weiter geht als der seiner Grundlagen.[442]

II. Betriebs- und Geschäftsgeheimnisse als Bestandteil des Rechts am Gewerbebetrieb

Weiter stellt sich die Frage, ob Betriebs- und Geschäftsgeheimnisse Bestandteile des eingerichteten und ausgeübten Gewerbebetriebs sind. Betriebs- und Geschäftsgeheimnisse fallen aufgrund ihren engen Betriebszusammenhang in das Recht am Gewerbebetrieb:[443] Entweder in Form eines spezifischeren Eigentumsgegenstandes oder als nicht-gegenständlicher Wert. Dies führt zu der Frage zurück, ob oder inwieweit die Betriebs- und Geschäftsgeheimnisse *an sich* einen eigenständigen Eigentumsschutz genießen. Würden sie einen spezifischen Eigentumsgegenstand darstellen, wäre die Anwendung des Rechts am Gewerbebetrieb von eher subsidiärer Natur. Würden sie keine Eigentumsqualität aufweisen, würden sie unter dem Recht am Gewerbebetrieb zwar zusammengefasst, der Schutz würde jedoch nicht weitergehen als der seiner Grundlagen. Der BGH hat bei der unbefugten Benutzung von Betriebs- und Geschäftsgeheimnissen, einen „betriebsbezogenen" Eingriff in den Gewerbebetrieb.[444] Allerdings hat der BGH seit der *Industrieböden*-Entscheidung[445] § 823 Abs. 1 BGB nicht mehr als

---

440 *Glöckner*, Eigentumsrechtlicher Schutz von Unternehmen, 2005, S. 64.

441 *Glöckner*, Eigentumsrechtlicher Schutz von Unternehmen, 2005, S. 64.

442 *Wendt*, in: Sachs (Hrsg.), GG, Art. 14 Rn. 47.

443 So auch ein Großteil der Literatur: *Huhmann*, Die verfassungsrechtliche Dimension des Bankgeheimnisses, 2002, S. 312 ff.; *Ploch-Kumpf*, Der Schutz von Unternehmensgeheimnissen im Zivilprozess, 1995, S. 15 ff; *Bullinger*, NJW 1978, 2173 (2178); *Papier*, in: Maunz/Dürig (Hrsg.), GG, Art. 14 Rn. 99; *Sieckmann*, Modelle des Eigentumsschutzes, 1998, S. 176; *Taeger*, Offenbarung von Betriebs- und Geschäftsgeheimnissen, 1988, S. 60; *Ossenbühl*, AöR 115 (1990), 1 (29); *Scholz*, AöR 105 (1980), 564 (576); *Depenheuer*, Der verfassungsrechtliche Schutz der Betriebsgeheimnisse, in: FS Schenke, 2012, 97 (103).

444 BGHZ 16, 172, 176.

445 BGHZ 38, 391 ff.

Anspruchsgrundlage angeführt. In den darauf folgenden Entscheidungen wurden in erster Linie die Sonderregelungen der §§ 17, 18 UWG und § 826 BGB angewendet.[446]

So ist fraglich, ob es im Fall einer Verletzung der Betriebs- und Geschäftsgeheimnisse zu einer subsidiären Anwendung des Rechts am Gewerbebetrieb kommt.

III. Ergebnis

Der Versuch einen verfassungsrechtlichen Eigentumsschutz der Betriebs- und Geschäftsgeheimnisse als Bestandteil im Recht am Gewerbebetrieb festzustellen, lässt mehr Fragen offen, als sie zu beantworten. Da der Schutz durch den Gewerbebetrieb nicht weiter gehen kann als der Schutz, den seine wirtschaftliche Grundlage genießt,[447] muss die Frage, ob Betriebs- und Geschäftsgeheimnisse eine eigenständige Eigentumsposition darstellen, ohnehin gelöst werden. Über die dogmatische Komplexität hinaus wird zudem kritisiert, dass die Selbstständigkeit der Betriebs- und Geschäftsgeheimnisse als eigener Vermögenswert zu sehr vernachlässigt wird, indem man sie einfach in den Schutzbereich des Gewerbebetriebs einbezieht.[448] Dem ist zuzustimmen, da sich die Betriebs- und Geschäftsgeheimnisse zu sehr „vergegenständlicht" haben und insoweit einer autonomen Prüfung bedürfen,[449] ob sie eigenständig durch Art. 14 GG geschützt werden können.

446 *Sack*, Das Recht am Gewerbebetrieb, 2007, S. 134 f., 289 f.

447 BVerfGE 58, 300, 353.

448 *Brammsen*, DÖV 2007, 10 (11).

449 Vgl. *Engel*, AöR 118 (1993), 169 (176).

§ 4 Eigentumsrechtliche Schranken

Die Eigentumsausübung der Betriebs- und Geschäftsgeheimnisse unterliegt der Sozialbindung des verfassungsrechtlichen Eigentums. Diese wird in zwei Regelungen des Art. 14 GG zum Ausdruck gebracht: einerseits durch die Inhalts- und Schrankenbestimmungen durch den Gesetzgeber nach Art. 14 Abs. 1 S. 2 GG und andererseits durch die Sozialpflichtigkeit und das Wohl der Allgemeinheit nach Art. 14 Abs. 2 GG.[450]

Wie im ersten Teil dargestellt, handelt es sich beim Eigentum i. S. d. Art. 14 GG um ein sogenanntes normgeprägtes Grundrecht. Erst durch die rechtliche Ausformung durch den Gesetzgeber werden Inhalt und Schranken des Eigentums festgelegt. Dadurch ergeben sich generell und abstrakt die Rechte und Pflichten des Eigentümers.[451] Hier hat der Gesetzgeber einen weiten Gestaltungsraum, wie es auch das Bundesverfassungsgericht wiederholt betont.[452] Auf der anderen Seite wird die Inhalts- und Schrankenbestimmung durch die Eigentumsgarantie begrenzt.[453] Der Gebrauch des Eigentums muss zugleich dem Wohl der Allgemeinheit dienen.[454]

Wie bei allen Eigentumsregelungen ist es Aufgabe des Gesetzgebers, die Interessen des Geheimnisinhabers und die entgegenstehenden Interessen einer Sozialbindung zu einem gerechten Ausgleich und in ein ausgewogenes Verhältnis zu bringen.[455]

Im Folgenden werden die staatlichen Zugriffe auf das Eigentum (A.) und die Vorgaben für die Inhalts- und Schrankenbestimmungen der Betriebs- und Geschäftsgeheimnisse dargestellt (B.).

---

450 *Papier,* in: Maunz/Dürig, GG, Art. 14 Rn. 305.

451 BVerfGE 52, 1, 27; 58, 300, 330; 72, 66, 76.

452 BVerfGE 21, 73, 83; 42, 263, 294; 50, 290, 339 f.; 70, 191, 200 ff.; 83. 201, 212; 95, 64, 84; vgl. auch 24, 367, 389; 25, 112, 118; 52, 1, 29.

453 BVerfGE 14, 263; *Papier,* MD, Rn. 301 ff.; *Kimminich,* BK, Rn. 133 ff.; *Depenheuer,* in: v. Mangoldt/Klein/Starck (Hrsg.), GG, Art. 14 Rn. 42 ff.

454 BVerfGE 21, 73, 83; 37, 132, 140.

455 BVerfGE 101, 54, 75; 104, 1, 11; 25, 112, 117 f. ; 72, 66, 77; 31, 229, 242; 100, 226, 240; 37, 132, 140.

A. Formen der staatlichen Zugriffe auf das Eigentum

Bei den staatlichen Zugriffen auf das Eigentum wird zwischen Enteignungen und Inhalts- und Schrankenbestimmungen unterschieden.

I. Enteignungen

Bei der Enteignung nach Art. 14 Abs. 3 GG handelt es sich um eine spezifische Form des Eigentumszugriffs.[456] Das Bundesverfassungsgericht definiert die Enteignung im Sinne des Art. 14 Abs. 3 GG als „staatlichen Zugriff auf das Eigentum des Einzelnen". Sie ist „ihrem Zweck nach auf die vollständige oder teilweise Entziehung konkreter subjektiver Rechtspositionen gerichtet, die durch Art. 14 Abs. 1 S. 2 GG gewährleistet sind".[457]

Die Enteignung findet entweder in Form einer Legalenteignung oder einer Administrativenteignung statt. Die Legalenteignung ist dadurch gekennzeichnet, dass „das Gesetz selbst und unmittelbar mit seinem Inkrafttreten ohne weiteren Vollzugsakt individuelle Rechte entzieht oder beschneidet, die einem bestimmbaren Kreis von Personen oder Personengruppen nach dem bis dahin geltenden Recht zustehen".[458] Eine Administrativenteignung erfolgt durch einen behördlichen Vollzugsakt aufgrund gesetzlicher Ermächtigung.[459] Anders als die Legalenteignung kann die Administrativenteignung mit Rechtsmitteln angefochten werden.[460]

Die Legalenteignung und die Administrativenteignung schließen sich gegenseitig aus: Das Bundesverfassungsgericht führt aus, dass eine „Rechtsstellung, die bereits vom Gesetzgeber entzogen worden ist, nicht erneut durch Verwaltungsakt beseitigt werden [kann]. Ein und dieselbe Regelung kann nicht eine Legalenteignung bewirken und zugleich die Exekutive zur Vornahme einer Enteignung ermächtigen".[461]

Da es sich bei einer Enteignung nicht um einen Ausgleich zweier entgegenstehender privater Interessen, sondern um einen Eigentumsentzug auf Kosten

456 *Depenheuer*, in: v. Mangoldt/Klein/Starck (Hrsg.), GG, Art. 14 Rn. 204.
457 BVerfGE 52, 1, 27.
458 BVerfGE 52, 1, 27.
459 Vgl. BVerfGE 52, 1, 27; 58, 300, 336 ff.
460 BVerfGE 58, 300, 331.
461 BVerfGE 58, 300, 331.

des Betroffenen handelt,[462] ist sie nur zum Wohle der Allgemeinheit zulässig. Die Konkretisierung des Wohls der Allgemeinheit obliegt dem Gesetzgeber.[463]

Zwischen Enteignungs- und Entschädigungsregelung besteht ein Junktim (Art. 14 Abs. 3 GG). Diese Junktimklausel setzt voraus, dass Art und Ausmaß der Entschädigung hinreichend geregelt sind. Das Bundesverfassungsgericht führt aus, dass „nach Art. 14 Abs. 3 S. 2 GG das Enteignungsgesetz Art und Ausmaß der Entschädigung regeln" muss. Ein Enteignungsgesetz, das eine solche Regelung nicht enthält, wäre verfassungswidrig. Das gleiche gelte, wenn eine etwa vorhandene Regelung nicht den Erfordernissen des Art. 14 Abs. 3 Satz 3 GG entspricht; auch in diesem Fall ist das ganze Gesetz und nicht nur die Entschädigungsregelung verfassungswidrig.[464]

II. Inhalts- und Schrankenbestimmungen

Nach Art. 14 Abs. 1 S. 2 GG bestimmt der Gesetzgeber Inhalt und Schranken des Eigentums. Hier hat der Gesetzgeber die Aufgabe, das Sozialmodell zu verwirklichen: Einerseits ergibt es sich aus der grundgesetzlichen Anerkennung des Privateigentums durch Art. 14 Abs. 1 Satz 1 GG und andererseits aus dem Sozialgebot des Art. 14 Abs. 2 GG.[465]

Während Enteignungen auf den hoheitlichen Entzug bestimmter Rechtspositionen zur Erfüllung bestimmter öffentlicher Aufgaben zielen, legen Inhalts- und Schrankenbestimmungen die Rechte und Pflichten des Eigentümers für die Zukunft fest, indem sie das Eigentum als Rechtsinstitut begründen, begrenzen und formen.[466]

Das Bundesverfassungsgericht definiert die Inhalts- und Schrankenbestimmungen als „die generelle und abstrakte Festlegung von Rechten und Pflichten durch den Gesetzgeber hinsichtlich solcher Rechtsgüter, die als Eigentum im Sinne der Verfassung zu verstehen sind. Sie sind auf die Normierung objektivrechtlicher Vorschriften gerichtet, die den Inhalt des Eigentumsrechts vom Inkrafttreten des Gesetzes an für die Zukunft in allgemeiner Form bestimmen".[467]

---

462 *Wendt*, in: Sachs (Hrsg.), GG, Art. 14 Rn. 77.

463 *Külpmann*, Enteignende Eingriffe, 2000, S. 131; *Wendt*, in: Sachs (Hrsg.), GG, Art. 14 Rn. 78.

464 BVerfGE 24, 367, 418.

465 BVerfGE 52, 1, 29; *Nüßgen/Boujong*, Eigentum, Sozialbindung, Enteignung, 1987, Rn. 131.

466 *Depenheuer*, in: v. Mangoldt/Klein/Starck (Hrsg.), GG, Art. 14 Rn. 205.

467 BVerfGE 72, 66, 76.

In der Literatur ergeben sich verschiedene Abgrenzungsversuche zwischen den Inhalts- und Schrankenbestimmungen, die sich jedoch als nicht haltbar erwiesen haben.[468] Das Bundesverfassungsgericht verwendet beide Begriffe undifferenziert.[469]

III. Abgrenzungen

Die Inhalts- und Schrankenbestimmungen gemäß Art. 14 Abs. 1 S. 2 GG und die Enteignung gemäß Art. 14 Abs. 3 GG unterliegen unterschiedlichen Grenzen (Schranken-Schranken).

Das Bundesverfassungsgericht ging ursprünglich von einer „wesensmäßigen Gleichartigkeit" von Inhalts- und Schrankenbestimmungen und Enteignungen aus, die auf einer einheitlich fortlaufenden Skala angesiedelt waren (sog. Schwellentheorie).[470] Danach würden übermäßige Inhalts- und Schrankenbestimmungen in eine Enteignung umschlagen. Rechtsprechung und herrschende Lehre gingen davon aus, dass die „Sozialbindung" gemäß Art. 14 Abs. 1 S. 2 i. V. m. Art. 14 Abs. 2 GG bei Überschreitung einer bestimmten Grenze (Opfer-, Zumutbarkeits- oder Schweregrenze) zu einer entschädigungspflichtigen Enteignung wird.[471] Seit der Nassauskiesungsentscheidung[472] unterscheidet das Gericht zwischen den Regelungen (sog. Trennungsmodell). So führte es aus, dass „Inhaltsbestimmung, Legalenteignung und Administrativenteignung jeweils eigenständige Rechtsinstitute sind, die das Grundgesetz deutlich voneinander absetzt".[473]

Stehen die Inhaltsbestimmungen nicht im Einklang mit dem Grundgesetz und ist die sich insoweit aus der Verfassung ergebende Grenze überschritten, „so ist die gesetzliche Regelung unwirksam und nicht eine Enteignung im Sinne des Art. 14 Abs. 3 GG".[474] Gleichsam kann „eine verfassungswidrige Inhaltsbestimmung auch nicht in eine Enteignung umgedeutet und der Verfassungsverstoß nicht durch Zubilligung einer gesetzlich nicht vorgesehenen Entschädigung

---

468 *Kube*, Eigentum an Naturgütern, 1999, S. 46; *Nüßgen/Boujong*, Eigentum, Sozialbindung, Enteignung, 1987, Rn. 128.

469 *Papier*, in: Maunz/Dürig (Hrsg.), GG, Art. 14 Rn. 300.

470 *Rozek*, Die Unterscheidung von Eigentumsbindung und Enteignung, 1998, S. 20 f.; *Külpmann*, Enteignende Eingriffe, 2000, S. 93.

471 *Bryde*, in: v. Münch/Kunig (Hrsg.), GG, Art. 14 Rn. 52.

472 BVerfGE 58, 300 ff.

473 BVerfGE 58, 300, 331.

474 BVerfGE 52, 1, 27.

‚geheilt' werden".[475] Werden also die Grenzen der Inhalts- und Schrankenbestimmungen vom Gesetzgeber überschritten, ist diejenige Regelung unzulässig.[476] Inhalts- und Schrankenbestimmungen und Enteignungen sind daher zwei grundverschiedene Schrankenregelungen, die sich gegenseitig ausschließen.

Mitunter kann eine Inhalts- und Schrankenbestimmung für den Betroffenen eine enteignungsgleiche Auswirkung haben, die im Einzelfall unverhältnismäßig wirkt. In diesen Fällen muss zur Wahrung der Verfassungskonformität der Regelung ein „Ausgleich des Wertverlustes" stattfinden. Der Gesetzgeber hat dies vorrangig in der Form von „Härteklauseln, Übergangsregelungen sowie Ausnahme- oder Befreiungsregelungen" zu erfüllen.[477] Ist dies nicht möglich, muss der Gesetzgeber diese Belastungen ausgleichen. In diesen „Härtefällen" hat das Bundesverfassungsgericht kompensatorische Ausgleichsmaßnahmen entwickelt, um die belastende Lage abzumildern. Diese gehen auf die Pflichtexemplarentscheidung zurück.[478] Gegenstand war eine Pflichtexemplarverordnung aufgrund von § 9 des Hessischen Gesetzes über Freiheit und Recht der Presse (LPrG) a. F. Hierin war bestimmt, dass von jedem Druckwerk im Geltungsbereich des LPrG ein Belegstück unentgeltlich an eine Bibliothek abzuliefern sei. Diese Bestimmung stellte zwar für die Mehrheit der Adressaten eine verhältnismäßige Inhaltsbestimmung dar. In einzelnen Fällen, bspw. bei kostspieligen Druckwerken, die mit großem Aufwand und in kleinerer Auflage hergestellt worden waren, war diese Bestimmung jedoch derart belastend, dass sie gegen den Verhältnismäßigkeitsgrundsatz verstieß. Das Bundesverfassungsgericht stellte nach einer Abwägung zwischen der Intensität der Belastung und vom Gewicht der zu ihrer Rechtfertigung anzuführenden Gründe fest, dass „bei wertvollen Druckwerken mit niedriger Auflage eine kostenlose Pflichtablieferung die Grenzen verhältnismäßiger und noch zumutbarer inhaltlicher Festlegung des Verlegereigentums überschreitet".[479]

Demnach ergibt sich für den Gesetzgeber die Aufgabe, diese unverhältnismäßige Lage korrigieren und einen Ausgleichsanspruch festzulegen. Dieser Auftrag folgt einerseits aus Art. 14 Abs. 1 S. 2 GG, andererseits in Rücksicht auf den Vorbehalt des Möglichen.[480]

475 BVerfGE 52, 1, 28.
476 *Bryde*, in: v. Münch/Kunig (Hrsg.), Art. 14 Rn. 52.
477 *Zippelius/Würtenberger*, Deutsches Staatsrecht, § 31 Rn. 70.
478 BVerfGE 58, 137 ff.
479 BVerfGE 58, 137, 150.
480 *Zippelius/Würtenberger*, Deutsches Staatsrecht, § 31 Rn. 76.

B. Gesetzlich normierte Zugriffe auf Betriebs- und Geschäftsgeheimnisse

Unternehmen unterliegen einer Vielfalt von Informations- und Auskunftspflichten: So sind im Rahmen des Entgeltregulierungsverfahrens, die regulierten Unternehmen zu einer Vorlage von Kostenunterlagen, detaillierten Leistungsbeschreibungen und Umsatzangaben verpflichtet. Bei genehmigungspflichtigen Anlagen ist der Anlagenbetreiber zu einer Emissionserklärung verpflichtet. Zudem sind bei Arzneimittelzulassungsverfahren umfangreiche Dossiers erforderlich, die bestimmte Informationen zum zulassungspflichtigen Arzneimittel enthalten.[481] Weiterhin bestehen teilweise Veröffentlichungspflichten für Jahresabschlüsse und Quartalsberichte, bspw. durch handels- und börsenrechtliche Vorschriften.[482] Ferner ermöglicht die Etablierung von Informationsfreiheitsgesetzen auch Privaten einen Zugang zu behördlichen Informationen. Die erhöhte Informationsanforderung an Unternehmen berührt zwingend den Schutzbereich der Betriebs- und Geschäftsgeheimnisse. Zusätzlich ist der Geheimnisschutz der jeweiligen verwaltungsbehördlichen- und im verwaltungsgerichtlichen Verfahren zu berücksichtigen. Hier entsteht meist ein „multipolares Rechtsverhältnis" zwischen Unternehmen, Einsicht begehrenden Privaten und der Behörde, bei dem die einzelnen Interessen abzuwägen sind.

Der folgende Abschnitt widmet sich zunächst den verschiedenen Zugangsformen zu den Betriebs- und Geschäftsgeheimnissen im Bereich des Wettbewerbsrechts (I.), des Regulierungsrechts (II.), der Informationsfreiheitsgesetze (III.), des Arzneimittelgesetzes (IV.) und schließlich des Umweltrechts (V.). Anschließend soll überprüft werden, ob diese Regelungen den verfassungsrechtlichen Anforderungen entsprechen.

I. Wettbewerbsrecht

Im Wettbewerbsrecht ist insbesondere auf das Gesetz gegen Wettbewerbsbeschränkungen (GWB) einzugehen. Das GWB ist das zentrale Gesetz des Kartell- und Wettbewerbsrechts. Im Rahmen der wettbewerbsrechtlichen Wirtschaftsaufsicht, die von dem Bundeskartellamt, dem Bundesministerium für Wirtschaft und Energie und den zuständigen obersten Landesbehörden wahrgenommen

481 *Beyerbach*, Die geheime Unternehmensinformation, 2012, S. 8 ff. m.w.N.
482 *Stancke*, BB 2013, 1418 (1419).

wird,[483] bestehen verschiedene Formen der Informationserhebungen und des Informationsaustauschs in intra- und interbehördlichen Verhältnissen.

1. *Allgemeine Formen des hoheitlichen Informationszugriffs*

Nach § 46 Abs. 2a GWB kann die Monopolkommission Einsicht in die von der Kartellbehörde geführten Akten, einschließlich der Betriebs- und Geschäftsgeheimnisse und personenbezogenen Daten nehmen, soweit dies zur ordnungsgemäßen Erfüllung ihrer Aufgaben erforderlich ist.

Zur Sicherstellung einer wettbewerbskonformen Bildung der Großhandelspreise von Elektrizität und Gas wird eine Markttransparenzstelle bei der Bundesnetzagentur für Elektrizität, Gas, Telekommunikation, Post und Eisenbahnen eingerichtet (§ 47a GWB). Zur Erfüllung ihrer Aufgabe ist die Markttransparenzstelle zur Erhebung und Sammlung von Daten und Informationen befugt (§ 47b GWB). Diese Daten können auch weiterverwendet werden, in dem sie anderen Behörden, u. a. dem Bundeskartellamt, der Bundesnetzagentur, dem Bundesministerium für Wirtschaft und Energie und dem Statistischen Bundesamt zur Verfügung gestellt werden können (§ 47c GWB). Zur Wahrnehmung der Aufgaben der Markttransparenzstelle arbeiten das Bundeskartellamt und die Bundesnetzagentur u. a. mit der Bundesanstalt für Finanzdienstleistungsaufsicht, den Börsenaufsichtsbehörden, der Agentur für die Zusammenarbeit der Energieregulierungsbehörden und der Europäischen Kommission, wie auch den Regulierungsbehörden der Mitgliedstaaten zusammen. Diese Stellen können unabhängig von der jeweils gewählten Verfahrensart untereinander Informationen einschließlich personenbezogener Daten und Betriebs- und Geschäftsgeheimnisse austauschen, soweit dies zur Erfüllung ihrer jeweiligen Aufgaben erforderlich ist. Auch sind sie befugt, diese Informationen in ihren Verfahren zu verwerten (§ 47i GWB).

Ferner erstellt die Markttransparenzstelle alle zwei Jahre einen Tätigkeitsbericht, der auf der Internetseite veröffentlicht wird. In Kenntnis genommene Geschäftsgeheimnisse werden von dem Bericht entfernt (§ 47 h GWB).

Unter den allgemeinen Vorschriften der Kartellbehörden ist auch die Zusammenarbeit mit der Europäischen Kommission und anderen europäischen Wettbewerbsbehörden geregelt. Dies beinhaltet die Befugnis der Kartellbehörde, neben vertraulichen Angaben, insbesondere auch Betriebs- und Geschäftsgeheimnisse der Europäischen Kommission und den Wettbewerbsbehörden der anderen Mitgliedstaaten und auch der Europäischen Union mitzuteilen und

483 *Badura*, Wirtschaftsverfassung und Wirtschaftsverwaltung, Rn. 231.

entsprechende Dokumente und Daten an diese zu übermitteln (§ 50a Abs. 1 Nr. 1 GWB). Bei der Zusammenarbeit zum Zweck der Anwendung kartellrechtlicher Vorschriften mit der Europäischen Kommission oder den Wettbewerbsbehörden anderer Staaten können ebenfalls vertrauliche Informationen, einschließlich Betriebs- und Geschäftsgeheimnisse übermittelt werden. Allerdings benötigt das Bundeskartellamt einer Zustimmung der Unternehmen (§ 50b Abs. 2 S. 2 GWB). Weiterhin besteht im Rahmen der behördlichen Zusammenarbeit die Möglichkeit zum Austausch und zur Verwertung von Informationen einschließlich personenbezogener Daten und Betriebs- und Geschäftsgeheimnisse zwischen Kartellbehörden, Regulierungsbehörden sowie den zuständigen Behörden im Sinne des § 2 des EG-Verbraucherschutzdurchsetzungsgesetzes, soweit dies zur Erfüllung ihrer jeweiligen Aufgaben erforderlich ist (§ 50c Abs. 1 GWB). Im Fall des Informationsaustauschs der Kartellbehörden zwischen der Bundesanstalt für Finanzdienstleistungsaufsicht, der Deutschen Bundesbank, den zuständigen Aufsichtsbehörden nach § 90 SGB IV und der Landesmedienanstalt sind die Betriebs- und Geschäftsgeheimnisse als Ausnahmetatbestand geregelt (§ 50c Abs. 2 Nr. 1 GWB).

2. *Akteneinsicht*

Neben den allgemeinen Informationszugriffen kann das Akteneinsichtsrecht der Beteiligten eines Verwaltungsverfahrens zu einer Interessenkollision mit dem Schutz der Betriebs- und Geschäftsgeheimnisse führen. Das Recht auf Akteneinsicht beim Kartellverfahren ergibt sich aus § 29 VwVfG.[484] Bezüglich des Beschwerde- und Vergabeverfahrens finden sich im GWB konkretisierende Regelungen unter §§ 72 und 111 GWB.

a) Akteneinsicht im kartellgerichtlichen Beschwerdeverfahren

Verfügungen des Kartellamts können durch eine Beschwerde angefochten werden (§ 63 Abs. 1 GWB). Den Beteiligten des Beschwerdeverfahrens wird ein Anspruch auf Akteneinsicht gewährt (§ 72 GWB). Dabei kann die Kartellbehörde die Einsicht beschränken, wenn es zur Wahrung von Betriebs- und Geschäftsgeheimnissen geboten ist (§ 72 Abs. 2 S. 2 GWB). Das Beschwerdegericht kann die Offenlegung von Tatsachen oder Beweismitteln, deren Geheimhaltung aus wichtigen Gründen, insbesondere zur Wahrung von Betriebs- oder Geschäftsgeheimnissen, verlangt wird, nach Anhörung des von der Offenlegung Betroffenen durch Beschluss anordnen. Dabei muss es für die Entscheidung auf

---

484 *Schmidt*, in: Immenga/Mestmäcker (Hrsg.), Wettbewerbsrecht, § 56 Rn. 10.

diese Tatsachen oder Beweismittel ankommen, keine anderen Möglichkeiten der Sachaufklärung bestehen und nach Abwägung aller Umstände des Einzelfalles die Bedeutung der Sache für die Sicherung des Wettbewerbs das Interesse des Betroffenen an der Geheimhaltung überwiegen (§ 72 Abs. 2 S. 4 GWB).

b) Akteneinsicht im Vergabeverfahren

Im Vergabeverfahren von öffentlichen Aufträgen (geregelt im vierten Teil des Gesetzes unter §§ 97 ff. GWB) kann die zuständige Vergabekammer auf Antrag ein Nachprüfungsverfahren einleiten (§ 107 Abs. 1 GWB). Die Verfahrensbeteiligten – der Antragsteller, der Auftraggeber und die Unternehmen, deren Interessen durch die Entscheidung berührt werden und die deswegen von der Vergabekammer beigeladen worden sind – können die Akten bei der Vergabekammer einsehen und sich durch die Geschäftsstelle auf ihre Kosten Ausfertigungen, Auszüge und Abschriften erteilen lassen (§ 111 Abs. 1 GWB). Die Beteiligten können bei Übersendung der Akten Betriebs- und Geschäftsgeheimnisse kennzeichnen. Die Vergabekammer hat im Fall bei den als Geheimnis gekennzeichneten Akten die Einsicht zu untersagen (§ 111 Abs. 2 GWB). Zur Sicherung des Geheimnisschutzes hat der Bieter das Recht auf seine Geheimnisse hinzuweisen und diese zu kennzeichnen. Andernfalls wird von der Zustimmung in die Einsicht ausgegangen (§ 111 Abs. 3 GWB).

3. Zusammenfassung

Im Ergebnis finden sich im Bereich des Wettbewerbsrechts umfangreiche Regelungen über Erhebung und Sammlungen von Daten und Informationen, die wiederum zwischen anderen Behörden ausgetauscht und verwertet werden können. Ein Ausgleichsbedarf der widerstreitenden Interessen findet sich in konkreter Form insbesondere im Verfahren nach §§ 72, 111 GWB.

II. Regulierungsrecht

Im Bereich der Regulierungsverwaltung, insbesondere im Rahmen der Entgeltregulierung, kommt es zu umfangreichen Informationsbeziehungen zwischen Behörde und Unternehmen. Marktbeherrschende Unternehmen im Bereich der Telekommunikations- und Postdienstleistung wie der Energiewirtschaft unterliegen detaillierten Nachweis- und Auskunftspflichten.[485] Die erhobenen

485 *Schneider*, Rechtsschutz im Regulierungsverwaltungsrecht, in: Fehling/Ruffert (Hrsg.), Regulierungsrecht, § 22 Rn. 29.

Informationen bilden die „tatsächliche Grundlage" dieses Verfahrens.[486] Infolgedessen sind auch die Betriebs- und Geschäftsgeheimnisse besonders betroffen. Seit dem Inkrafttreten des Telekommunikationsgesetzes ist daher der Geheimnisschutz „ein ständiger Konfliktherd".[487]

Im Folgenden werden zunächst die möglichen Zugriffe auf die Betriebs- und Geschäftsgeheimnisse im Bereich des Telekommunikationsgesetzes (TKG),[488] des Postgesetzes (PostG)[489] und des Energiewirtschaftsgesetzes (EnWG)[490] dargestellt.

a) *Informationsweitergabe und Offenlegung gegenüber der Behörde*

aa) Telekommunikationsdienst

Im Rahmen der Zugangsregulierung kann die Bundesnetzagentur (BNetzA) den Betreiber eines öffentlichen Telekommunikationsnetzes verpflichten, für die zum Zugang berechtigten Unternehmen alle für die Inanspruchnahme der entsprechenden Zugangsleistungen benötigten Informationen zu veröffentlichen. Dies sind insbesondere Informationen zur Buchführung, zu technischen Spezifikationen, Netzmerkmalen, Bereitstellungs- und Nutzungsbedingungen, einschließlich aller Bedingungen, die den Zugang zu und die Nutzung von Diensten und Anwendungen beschränken, sowie über die zu zahlenden Entgelte (§ 20 Abs. 1 TKG).

Soweit die BNetzA es zur sachgerechten Ausübung ihres Entgeltregulierungsrechts für erforderlich hält, kann sie im Rahmen oder zur Vorbereitung von Entgeltregulierungsverfahren, die Verfügungsstellung und Übermittlung umfangreicher Unterlagen und Angaben von Unternehmen mit beträchtlicher Marktmacht anordnen. Es handelt sich u. a. um detaillierte Angaben zum Leistungsangebot, zum aktuellen und erwarteten Umsatz für Dienstleistungen, zu den aktuellen und erwarteten Absatzmengen und Kosten, zu den voraussehbaren Auswirkungen auf die Endnutzer sowie auf die Wettbewerber und sonstige Unterlagen (§ 29 Abs. 1 Nr. 1 TKG).

Nach § 34 TKG haben Unternehmen, die einen Entgeltantrag gestellt haben, Kostenunterlagen vorzulegen, darunter u. a. aktuelle Kostennachweise, detaillierte Leistungsbeschreibungen, Angaben über den Umsatz sowie Absatzmengen.

---

486 *V. Danwitz*, DVBl. 2005, 597 (597).

487 *Attendorn/Geppert*, in: Geppert/Schütz (Hrsg.), Beck'scher TKG-Kommentar, § 136 Rn. 1.

488 Telekommunikationsgesetz vom 22. 6. 2004 (BGBl. I S. 1190).

489 Postgesetz vom 22. 12. 1997 (BGBl. I S. 3294).

490 Gesetz über die Elektrizitäts- und Gasversorgung (Energiewirtschaftsgesetz) vom 7. 7. 2005 (BGBl. I S. 1970, 3621).

Ferner unterliegen die regulierten Unternehmen bestimmten Auskunftspflichten gegenüber der BNetzA (§ 127 TKG).[491] Indem diese selbstständig vollstreckbar sind und gegenüber Weigerungen der Betroffenen gegebenenfalls Durchsuchungen und Beschlagnahmen folgen können, gehen sie weit über „bloße Mitwirkungsobliegenheiten" hinaus.[492]

Im Rahmen der Zusammenarbeit zwischen der BNetzA und anderen Behörden können Informationen durch zwischenbehördliche Verhältnisse ausgetauscht werden. Für die BNetzA bestehen gegenüber der Europäischen Kommission und anderen internationalen Gremien Berichtspflichten. Demnach müssen Betreiber von öffentlichen Telekommunikationsnetzen und die Anbieter von Telekommunikationsdiensten auf Verlangen Informationen zur Verfügung stellen (§ 4 TKG).

In bestimmten Fällen ist eine Zusammenarbeit mit anderen Behörden vorgesehen, auf nationaler Ebene bspw. mit dem Bundeskartellamt, darüber hinaus mit anderen Behörden der Europäischen Union. Insoweit hat die BNetzA eine vertrauliche Behandlung aller Information sicherzustellen, die ihr von einem Unternehmen oder einer Regulierungsbehörde eines anderen Mitgliedsstaats übermittelt wurden (§§ 123–123b TKG).

Die BNetzA erhebt bestimmte Informationen über die gegen ihre Entscheidung eingelegten Rechtsbehelfe. Diese Informationen sind der EU-Kommission und dem Gremium Europäischer Regulierungsstellen für elektronische Kommunikation (GEREK) auf deren begründeter Anfrage zur Verfügung zu stellen.

Ferner bestehen Einsichtsrechte der Monopolkommission bei der Erstellung für Sondergutachten im Bereich der Netzindustrien. Demnach kann die Monopolkommission Einsicht in die von der Bundesnetzagentur geführten Akten, einschließlich der Betriebs- und Geschäftsgeheimnissen nehmen (§ 121 Abs. 2 TKG).

Schließlich veröffentlicht die Bundesnetzagentur einen Jahresbericht über die Entwicklungen des Telekommunikationsmarkts, der u. a. wesentliche Marktdaten sowie Fragen zum Verbraucherschutz enthält (§ 122 Abs. 1 TKG).

---

491 Zu den Parallelregelungen im Energiewirtschaftsgesetz und im Postgesetz vgl. § 69 EnWG und §§ 42, 45 PostG.

492 *Fehling*, Instrumente und Verfahren, in: ders./Ruffert (Hrsg.), Regulierungsrecht, § 20 Rn. 120.

bb) Postdienstleistungen

Das Entgeltregulierungsverfahren ist unter §§ 19 des Postgesetzes geregelt. Zur Durchführung der Entgeltgenehmigung oder zur Überprüfung von Entgelten kann die Regulierungsbehörde die betroffenen Anbieter zur Vorlage von umfangreichen Angaben verpflichten. Die Unternehmen sind zur Verfügung der erforderlichen detaillierten Angaben zum Leistungsangebot, zum aktuellen und erwarteten Umsatz, zu den aktuellen und erwarteten Absatzmengen und Kosten, ferner zu Angaben zu den voraussehbaren Auswirkungen auf Kunden und Wettbewerb verpflichtet (§ 26 Abs. 1 Nr. 1 PostG).

Soweit es zur Erfüllung der gesetzlichen Aufgaben der Regulierungsbehörde erforderlich ist, bestehen für die im Postwesen tätigen Unternehmen umfassende Auskunftspflichten, zu denen auch die Weitergabe über ihre wirtschaftlichen Verhältnisse, insbesondere auch deren Umsatzzahlen zählen. Zudem kann die Regulierungsbehörde die geschäftlichen Unterlagen einsehen und sie prüfen (§ 45 Abs. 1 PostG).

Eine behördliche Zusammenarbeit mit dem Bundeskartellamt ist unter § 48 PostG geregelt.

cc) Energiewirtschaftsrecht

Zu den Aufgaben der Betreiber von Erzeugungsanlagen, Elektrizitätsverteilernetzen und Gasversorgungsnetzen, sowie industrielle und gewerbliche Letztverbraucher und Lieferanten von Elektrizität gehört auch die Verpflichtung, den Betreibern von Übergangsnetzen und den vorgelagerten Betreibern von Elektrizitätsverteilernetzen Auskunft zu erteilen. Diese müssen auf Verlangen Informationen, einschließlich etwaiger Betriebs- und Geschäftsgeheimnisse bereitstellen, die notwendig sind, um die Übertragungsnetze sicher und zuverlässig zu betreiben, warten und aufzubauen (§ 12 Abs. 4 EnWG).

Ebenso sind die Betreiber von Übergangsnetzen verpflichtet, Betreibern von Fernleitungsnetzen unverzüglich notwendige Informationen zur Betreibung der Fernleitungsnetze, einschließlich etwaiger Betriebs- und Geschäftsgeheimnisse bereitzustellen, die notwendig sind, um die Übertragungsnetze sicher und zuverlässig zu betreiben, warten und aufzubauen (§ 15 Abs. 2 EnwG).

Die Weitergabe der erhobenen Daten an andere Behörden ist u.a. in § 12f EnWG geregelt. So können die Daten der Regulierungsbehörde u.a. dem Bundesministerium für Wirtschaft und Energie sowie dem Umweltbundesamt zu Verfügung gestellt werden, soweit dies zur Erfüllung ihrer jeweiligen Aufgaben erforderlich ist. Darunter fallen Daten, die für die digitale Netzberechnung relevant sind, einschließlich auch unternehmensbezogene Daten und auch Betriebs- und

Geschäftsgeheimnisse (§ 12f Abs. 1 EnWG). Auf Antrag von Dritten, die die Daten zur Überprüfung von Netzplanung benötigen und ein berechtigtes Interesse nachweisen, können zwar Informationen herausgegeben werden, Betriebs- und Geschäftsgeheimnisse sind jedoch nicht betroffen (§ 12f Abs. 2 S. 3 EnWG). Darüber hinaus besteht „im Zusammenhang mit der Regulierung der Netzzugangsentgelte" ein „besonderes Vergleichs- und Datenerhebungsverfahren" u. a. in §§ 21 Abs. 3 und 4 EnWG.[493]

Weiterhin ist der Austausch von Informationen im Rahmen behördlicher Zusammenarbeit in § 58 EnWG geregelt. Die Regulierungsbehörden und Kartellbehörden können Informationen, einschließlich personenbezogene Daten und Betriebs- und Geschäftsgeheimnisse austauschen und auch in Verfahren verwerten, soweit es im Rahmen ihrer Aufgabenerfüllung erforderlich ist. Weiterhin ist bei der Zusammenarbeit zur Durchführung der Verordnung (EU) Nr. 1227/2011 ein behördlicher Informationsaustausch normiert, der auch personenbezogene Daten und Betriebs- und Geschäftsgeheimnisse einschließt (§ 58a Abs. 1 EnWG).

Ferner kann die Monopolkommission im Rahmen ihrer Gutachtenerstellung Einsicht in die Akten der Bundesnetzagentur nehmen (§ 62 Abs. 1 EnWG).

Die Regulierungsbehörde führt zur Wahrnehmung ihrer Aufgaben nach dem EnWG, insbesondere zur Herstellung von Markttransparenz ein umfangreiches „Monitoring" durch, wobei die Befugnisse nach § 69 entsprechend gelten (vgl. §§ 35, 51 EnWG).[494] In § 69 EnWG sind die allgemeinen Auskunftsverpflichtungen geregelt. Diese umfassen die Herausgabe u. a. von allgemeinen Marktstudien, die der Einschätzung oder Analyse der Wettbewerbsbedingung dienen und Auskünfte über die wirtschaftlichen Verhältnisse der Unternehmen. Die Regulierungsbehörde kann diese geschäftlichen Unterlagen einsehen und prüfen. Insbesondere kann sich ein Auskunftsverweigerungsrecht nicht auf ein Betriebs- oder Geschäftsgeheimnis berufen. Deren Schutz richtet sich nach § 71 EnWG, in dem Kennzeichnungs- und Anhörungsrechte normiert sind.[495]

Zudem bestehen umfangreiche „anlassunabhängige Berichtspflichten" der Unternehmen gegenüber der Bundesnetzagentur, bspw. über den Netzzustand oder der Netzausbauplanung.[496]

---

493 *Fehling,* Instrumente und Verfahren, in: ders./Ruffert (Hrsg.), Regulierungsrecht, § 20 Rn. 121 m.w.N.

494 *Windoffer,* Verfahren der Folgenabschätzung, 2011, S. 491.

495 *Theobald/Werk,* in: Danner/Theobald (Hrsg.), EnWG, § 69 Rn. 52.

496 *Fehling,* Instrumente und Verfahren, in: ders./Ruffert (Hrsg.), Regulierungsrecht, § 20 Rn. 127.

b) Interessenkollision im Rahmen eines Entgeltverfahrens

Insbesondere im Entgeltregulierungsverfahren gerät der Geheimnisschutz in eine komplexe Lage, da die verschiedenen Interessen zwischen informationsliefernden Unternehmen, informationsverwaltenden Beschlusskammern und informationsbegehrenden Drittunternehmen in einem mehrpoligen Rechtsverhältnis zu berücksichtigen sind.[497]

aa) Verwaltungsverfahren

Ergeben sich Streitigkeiten zwischen Unternehmen, trifft die Beschlusskammer auf Antrag einer Partei nach Anhörung der Beteiligten eine verbindliche Entscheidung (§ 132 TKG). § 136 TKG regelt den Geheimhaltungsanspruch im Beschlusskammerverfahren.[498] Demnach haben alle Beteiligte diejenigen Teile zu kennzeichnen, die Betriebs- und Geschäftsgeheimnisse enthalten, und zusätzlich eine Fassung vorzulegen die keine Betriebs- oder Geschäftsgeheimnisse enthalten. Falls dies nicht erfolgt, wird die Zustimmung zur Einsicht vermutet. In den Kreis der am Beschlusskammerverfahren Beteiligten fallen der Antragsteller, Unternehmen, Personen oder Personenvereinigungen, deren Interessen durch die Entscheidung berührt werden.[499] Dies ermöglicht schließlich auch Wettbewerbern, als Drittbeteiligte teilzunehmen. Eine Parallelregelung findet sich in § 71 EnWG.

bb) Gerichtsverfahren

§ 138 TKG regelt den Geheimnisschutz hinsichtlich der von den Verfahrensbeteiligten an die Bundesnetzagentur vorgelegten Unterlagen im Rahmen des Gerichtsprozesses.[500] Es handelt sich um eine Sondervorschrift für den Zwischenstreit über die Geheimhaltungsbedürftigkeit von Unterlagen im

497 *Attendorn/Geppert*, in: Geppert/Schütz (Hrsg.), Beck'scher TKG-Kommentar, § 136 Rn. 1.

498 *Attendorn/Geppert*, in: Geppert/Schütz (Hrsg.), Beck'scher TKG-Kommentar, § 136 Rn. 10; Siehe Gesetzesbegründung BT-Drs. 14/7921, S. 17 und BT-Drs. 15/2316, S. 101.

499 vgl. § 134 TKG.

500 *Attendorn/Geppert*, in: Geppert/Schütz (Hrsg.), Beck'scher TKG-Kommentar, § 138 Rn. 1.

telekommunikationsrechtlichen Verwaltungsstreitverfahren.[501] Der grundsätzlich geltende § 99 VwGO wurde umgehend modifiziert.[502]

Anders als nach § 99 Abs. 1 VwGO, nach dem die zuständige oberste Aufsichtsbehörde die Vorlage der relevanten Unterlagen verweigern kann, erhält die Bundesnetzagentur nach § 138 TKG keine Verweigerungsbefugnis, sondern ein Kennzeichnungsrecht, d. h., die Bundesnetzagentur kann die Unterlagen nur als geheimhaltungsbedürftig kennzeichnen (§ 138 Abs. 1 S. 1 TKG).[503]

Das Gericht der Hauptsache entscheidet auf Antrag eines Beteiligten, der ein Geheimhaltungsinteresse an den vorgelegten Unterlagen geltend macht, durch Beschluss über den Umfang des Akteneinsichtsrechts (§ 100 VwGO) und „inwieweit die entsprechenden Tatsachen in die Urteilsbegründung aufgenommen werden (§ 108 VwGO)".[504]

Anders als in § 138 TKG kann im Energiewirtschaftsgesetz die Regulierungsbehörde die Zustimmung zur Einsicht in ihre Unterlagen versagen, soweit dies aus wichtigen Gründen, insbesondere zur Wahrung von Betriebs- und Geschäftsgeheimnissen, geboten ist. Wird die Einsicht abgelehnt oder ist sie unzulässig, dürfen diese Unterlagen der Entscheidung nur insoweit zugrunde gelegt werden, als ihr Inhalt vorgetragen worden ist. Das Beschwerdegericht kann die Offenlegung von Tatsachen oder Beweismitteln, einschließlich der Betriebs- oder Geschäftsgeheimnisse nach Anhörung des von der Offenlegung Betroffenen durch Beschluss anordnen. Voraussetzung ist, dass es für die Entscheidung auf diese Tatsachen oder Beweismittel ankommt, andere Möglichkeiten der Sachaufklärung nicht bestehen und nach Abwägung aller Umstände des Einzelfalles die Bedeutung der Sache das Interesse des Betroffenen an der Geheimhaltung überwiegt. Insoweit gleicht § 84 EnWG dem § 72 GWB.[505]

c) Zusammenfassung

Insgesamt ist festzustellen, dass im Bereich der Regulierungsverwaltung umfangreiche Zugriffe auf Informationen in Form von diversen Informationspflichten bestehen. Diese Informationspflichten finden in Form von Informationsanforderungen der Behörde gegenüber den regulierten Unternehmen sowohl auch in

---

501 Gesetzesbegründung zu § 136 TKG-E, BT-Drs. 15/2316 S. 102.

502 *Attendorn/Geppert,* in: Geppert/Schütz (Hrsg.), Beck'scher TKG-Kommentar, § 138 Rn. 3; *Kopp/Schenke,* VwGO, § 99 Rn. 3c.

503 *Attendorn/Geppert,* in: Geppert/Schütz (Hrsg.), Beck'scher TKG-Kommentar, § 138 Rn. 3.

504 *Attendorn/Geppert,* in: Geppert/Schütz (Hrsg.), Beck'scher TKG-Kommentar, § 138 Rn. 4.

505 *Gussone,* in: Danner/Theobald(Hrsg.), Energierecht, § 84 Rn. 1.

Form einer intrabehördlichen Informationsweitergabe unter den Behörden statt. Der Geheimnisschutz im Entgeltverfahren ist besonders strittig. Insgesamt bedürfen die Regelungen über Betriebs- und Geschäftsgeheimnisse einer näheren Auseinandersetzung.[506]

III. Informationsfreiheitsgesetze

Die Informationsfreiheitsgesetze auf Bundes- und Länderebene stellen grundsätzlich eine neue Form von Informationsansprüchen dar.[507] Nach dem Vorbild des amerikanischen Freedom of Information Act (FOIA), hatte sich die Forderung nach einem voraussetzungslosen Informationsanspruch unter EU-rechtlichen Einfluss zunächst durch das Inkrafttreten des Umweltinformationsgesetzes (UIG)[508] am 16. 7. 1994 durchgesetzt.[509] Das Informationsfreiheitsgesetz (IFG)[510]

506 *Fehling*, Instrumente und Verfahren, in: ders./Ruffert (Hrsg.), Regulierungsrecht, § 20 Rn. 124.

507 Mittlerweile sind in elf Bundesländern Informationsfreiheitsgesetze verabschiedet worden: Akteneinsichts- und Informationszugangsgesetz Brandenburg (AIG) vom 10. 3. 1998; Gesetz zur Forderung der Informationsfreiheit im Land Berlin (Berliner Informationsfreiheitsgesetz – IFG) v. 15. 10. 1999, letzte Änderung durch das 2. Gesetz zur Änderung des Berliner Informationsfreiheitsgesetzes vom 8. 7. 2010; Gesetz über die Freiheit des Zugangs zu Informationen für das Land Schleswig-Holstein (Informationsfreiheitsgesetz für das Land Schleswig-Holstein – IFG-SH) v. 9. 2. 2000; Gesetz über die Freiheit des Zugangs zu Informationen für das Land Nordrhein-Westfalen (Informationsfreiheitsgesetz Nordrhein-Westfalen – IFG NRW) v. 27. 11. 2001; Gesetz zur Regelung des Zugangs zu Informationen für das Land Mecklenburg-Vorpommern (Informationsfreiheitsgesetz – IFG M-V) v. 10. 7. 2006; Hamburgisches Informationsfreiheitsgesetz (HmbIFG) vom 11. 4. 2006 ersetzt durch Neufassung vom 17. 2. 2009; Gesetz über die Freiheit des Zugangs zu Informationen für das Land Bremen (Bremer Informationsfreiheitsgesetz – BremIFG) v. 16. 5. 2006; Saarländisches Informationsfreiheitsgesetz (SIFG) v. 12. 7. 2006; Thüringer Informationsfreiheitsgesetz (ThürIFG) v. 20. 12. 2007; Informationszugangsgesetz Sachsen-Anhalt (IZG-LSA) v. 19. 6. 2008; Landesgesetz über die Freiheit des Zugangs zu Informationen Rheinland-Pfalz (Landesinformationsfreiheitsgesetz – LIFG), v. 26. 11. 2008.

508 Umweltinformationsgesetz v. 8. 7. 1994 (BGBl. I S. 1490). Letzte Neufassung v. 22. 12. 2004 (BGBl. I S. 3704).

509 *Ladeur*, Die Kommunikationsinfrastruktur der Verwaltung, in: Hoffmann-Riem/Schmidt-Aßmann/Voßkuhle (Hrsg.), GVwR II, § 21 Rn. 10; *Berg*, JuS 1998, 997 (998).

510 Gesetz zur Regelung des Zugangs zu Informationen des Bundes (Informationsfreiheitsgesetz – IFG) v. 5. 9. 2005, BGBl. I S. 2722.

ist am 1. 1. 2006 in Kraft getreten, gefolgt von dem Verbraucherinformationsgesetz (VIG)[511] am 1. 5. 2008.

Anders als beim Akteneinsichtsrecht im Bereich des Kartell- oder Regulierungsrechts, das sich auf Verfahrensbeteiligte beschränkt, gehört es zu dem besonderen Merkmal der Informationsfreiheitsgesetze, dass ein allgemeiner Anspruch auf Zugang zu amtlichen Informationen gewährt wird, ohne dass der Einzelne dabei ein rechtliches Interesse darlegen muss (vgl. § 3 Abs. 1 S. 1 UIG).[512] In diesen Umfang fallen auch Daten, die die Verwaltung zu verschiedenen Zwecken von den Unternehmen erhoben hat. Hieraus ergibt sich eine Kollision der Informationsinteressen der anspruchsberechtigten Personen mit den Geheimhaltungsinteressen der Unternehmen.

Im Folgenden werden auf die Informationsansprüche im Bereich des Informationsfreiheitsgesetzes (IFG), des Umweltinformationsfreiheitsgesetzes (UIG) und des Verbraucherinformationsgesetzes (VIG) eingegangen.

1. IFG

a) Informationszugang

aa) Kreis der Anspruchsberechtigten

Nach § 1 Abs. 1 S. 1 IFG hat „jeder" einen Anspruch auf Zugang zu amtlichen Informationen. Neben natürlichen Personen sind auch Ausländer und juristische Personen des Privatrechts einbezogen.[513] Ob Bürgerinitiativen und Verbände anspruchsberechtigt sind, ist umstritten.[514]

---

511 Gesetz zur Verbesserung der gesundheitsbezogenen Verbraucherinformation (Verbraucherinformationsgesetz – VIG) v. 5. 11. 2007, BGBl I, 2558. Seit dem 1. 9. 2012 gilt die Neuregelung des Verbraucherinformationsrechts (Gesetz zur Änderung des Rechts der Verbraucherinformation v. 15. 3. 2012, BGBl I, 476).

512 *Scheel*, in: Berger/Partsch/Roth/ders. (Hrsg.), IFG, § 1 Rn. 3; *Rossi*, DVBl. 2010, 554 (558); *Schoch*, NJW 2009, 2987 (2988).

513 *Schoch*, IFG, § 1 Rn. 44 f.

514 Die Gesetzesbegründung sieht Bürgerinitiativen und Verbände als solche nicht zugangsberechtigt. BT-Drs. 15/4493, S. 7. So auch *Schmitz/Jastrow*, NVwZ 2005, 984 (987); *Kloepfer/v. Lewinski*, DVBl. 2005, 1277 (1279); a.A. *Scheel*, in: Berger/Partsch/Roth/ders. (Hrsg.), IFG, § 1 Rn. 13b. Bürgerinitiativen und Verbände sind anspruchsberechtigt, soweit sie „hinreichend organisatorisch verfestigt" sind.

bb) Anspruchsgegner

Der Anspruch wendet sich an die Behörden des Bundes. Dazu zählen alle Bundesministerien und die ihnen nachgeordneten Behörden. Der Behördenbegriff entspricht dem des § 1 Abs. 4 VwVfG.[515] Daher ist jede Stelle, die Aufgaben der öffentlichen Verwaltung wahrnimmt, anspruchsverpflichtet.

cc) Anspruchsvoraussetzungen

Die Antragstellung, die unter § 7 IFG geregelt ist, stellt kaum formelle Anforderungen an den Antrag auf Informationszugang. Anhand der Nichtförmlichkeit des Verwaltungsverfahrens gemäß § 10 VwVfG, § 9 SGB X ist der Antrag formfrei und kann schriftlich, mündlich, telefonisch oder elektronisch erfolgen.[516] Ein voraussetzungsloser Antrag eignet sich „zur Verfolgung von Partikularinteressen" bspw. für wirtschaftliche Zwecke oder für Befriedigung von Neugier.[517] Diesbezüglich hat das Verwaltungsgericht Frankfurt a. M. entschieden, dass „ein zulässiger Antrag auf Zugang zu amtlichen Informationen nach dem Informationsfreiheitsgesetz [voraussetzt], dass sich Art, Umfang und Ziel der begehrten Information bestimmen lassen"[518] obwohl sich dies nicht direkt dem Gesetz entnehmen lässt.

b) Betriebs- und Geschäftsgeheimnisse als Ausschlussgrund des Informationszugangsanspruchs

Der Informationsanspruch nach dem IFG bezieht sich auf „amtliche Informationen". Eine amtliche Information ist jede, amtlichen Zwecken dienende Aufzeichnung, unabhängig von der Art ihrer Speicherung. Entwürfe und Notizen, die nicht Bestandteil eines Vorgangs sind, werden ausgenommen (§ 2 IFG). Dieser Informationsanspruch nach § 6 S. 2 IFG kann aufgrund des Vorliegens eines Betriebs- und Geschäftsgeheimnisses abgewiesen werden. Betriebs- und Geschäftsgeheimnisse stellen im IFG einen Ausschlussgrund der Informationsansprüche dar. Der Anspruch kann nur mit Einwilligung des Betroffenen gewährt werden. Anders als im UIG und im VIG enthält § 6 S. 2 IFG keine Abwägungsklausel. Insoweit hat der Gesetzgeber die Betriebs- und Geschäftsgeheimnisse dem

515 BT-Drs. 15/4493, S. 7.

516 BT-Drs. 15/4493, S. 14; *Schoch*, IFG, § 7 Rn. 15; *Berger*, in: ders./Partsch/Roth/Scheel (Hrsg.), IFG, § 7 Rn. 8.

517 *Helbach*, Der gestufte Schutz von Betriebs- und Geschäftsgeheimnissen, 2012, S. 121.

518 VG Frankfurt a. M., NVwZ 2008, 1389 (Ls.)

absoluten Ausschlusstatbestand des geistigen Eigentums vergleichbar geregelt.[519] Das bedeutet, dass auch im Fall eines überwiegenden Informationsinteresses des Antragsstellers der Schutz des Betriebs- oder Geschäftsgeheimnisses nicht überwunden werden kann. Ist ein Betriebs- oder Geschäftsgeheimnis festgestellt, hängt der Informationszugang nach § 6 S. 2 IFG allein von der Einwilligung des Betroffenen ab.

Weiterhin sind die „entsprechenden materiell-rechtlichen Vorschriften in den jeweiligen Spezialgesetzen" zu beachten.[520] Da das Informationsfreiheitsgesetz die spezialgesetzlichen Informationszugangsregelungen nicht verdrängt, gelten diese vorrangig.[521]

2. *UIG*

Der allgemeine Zugangsanspruch des Umweltinformationsgesetzes wird in § 3 Abs. 1 S. UIG geregelt. Demnach hat jede Person nach Maßgabe des UIG einen Anspruch auf freien Zugang zu Umweltinformationen. Im Vergleich zu dem IFG ist die Informationsfreiheit des UIG stärker ausgeprägt.[522] Dementsprechend gestaltet sich auch der Geheimnisschutz anders. Die Betriebs- und Geschäftsgeheimnisse sind ebenfalls als Ausschlussgrund des Informationsanspruchs geregelt, dieser wird jedoch durch eine Abwägungsklausel nivelliert. Außer der Zugangsmöglichkeit durch Einwilligung des Betroffenen kann der Zugang auch gewährt werden, wenn das öffentliche Interesse an der Bekanntgabe überwiegt (§ 9 Abs. 1 S. 1 UIG). Überwiegt also das öffentliche Interesse an der Bekanntgabe, kommt es zu einer Abwägung zwischen beiden Interessen, was im Ergebnis zu einer Benachteiligung des Geheimnisinhabers führen kann.

Ferner werden bestimmte Informationen aus dem Schutzumfang der Betriebs- oder Geschäftsgeheimnisse ausgenommen. So enthalten bestimmte Regelungen Negativkataloge (wie im § 17a Abs. 2 GenTG, § 18c Abs. 2 PflSchG, § 9 Abs. 2 S. 2 UIG und § 22 Abs. 3 ChemG) sowie Positivkataloge (vgl. Art. 118 Abs. 2 REACH-VO).[523] In diesen Fällen besteht der Informationszugangsanspruch unabhängig davon, ob möglicherweise ein Eingriff in ein Betriebs- und Geschäftsgeheimnis vorliegt. Die genannten Positiv- und Negativkataloge betreffen solche

---

519 *Guckelberger*, in: Gersdorf/Pall (Hrsg.), InfoMedienR, Vorb. § 6 IFG.

520 BT-Drs. 15/4493 S. 11.

521 BT-Drs. 15/4493, S. 8.

522 *Debus*, in: Gersdorf/Pall (Hrsg.), InfoMedienR, § 1 IFG Rn. 40.

523 *Kloepfer*, Informationsfreiheitsgesetz und Schutz von Betriebs- und Geschäftsgeheimnissen, 2011, S. 76; *Kloepfer/Greve*, NVwZ 2011, 577 (580).

Informationen, an denen der Gesetzgeber ein berechtigtes Geheimhaltungsinteresse nicht anerkannt hat. Es fragt sich, ob diese Informationen von Anfang an aus dem Schutzbereich ausgeschlossen sind, oder ob dies eine verhältnismäßige Inhalts- und Schrankenbestimmung darstellt.

3. VIG

Das Verbraucherinformationsrecht basiert auf dem „Zweisäulenmodell“: Die erste Säule bildet das subjektive Recht des Verbrauchers auf Zugang zu den bei den Behörden vorhandenen Informationen. Die gesetzliche Befugnis bzw. Pflicht der Behörden zur Information der Öffentlichkeit von Amts wegen bildet die zweite Säule.[524]

Der Anwendungsbereich des VIG richtet sich auf Informationen über Erzeugnisse im Sinne des Lebensmittel- und Futtermittelgesetzbuches (§ 1 S. 1 Nr. 1 VIG) sowie auf Verbraucherprodukte nach dem § 2 Nr. 26 des Produktsicherheitsgesetzes (§ 1 S. 1 Nr. 2 VIG). Gegenüber dem IFG sind die Ausschluss- und Beschränkungsgründe des VIG „tendenziell enger“ geregelt, während zugleich Abwägungsklauseln „im weiterem Umfang“ bestehen.[525] Wie beim UIG unterliegt der Geheimnisschutz einer Abwägung mit dem Informationszugangsanspruch. § 3 S. 1 Nr. 2 lit. a UIG konkretisiert die Betriebs- und Geschäftsgeheimnisse zusätzlich als „Rezepturen, Konstruktions- oder Produktionsunterlagen, Informationen über Fertigungsverfahren, Forschungs- und Entwicklungsvorhaben sowie sonstiges geheimnisgeschütztes technisches oder kaufmännisches Wissen“. Diese Konkretisierung ist Folge der Forderung von den Verbraucherverbänden, in Hinblick auf die Rechtssicherheit klare gesetzliche Vorgaben für die praktische Handhabung des Schutzes von Betriebs- und Geschäftsgeheimnissen zu schaffen.[526]

Indem bei einem Überwiegen des öffentlichen Interesses eine Bekanntgabe ermöglicht wird und zusätzlich die Bekanntgabe bestimmter Informationen nicht unter Berufung eines Betriebs- oder Geschäftsgeheimnis abgelehnt werden können (vgl. § 3 S. 5 VIG), besteht auch hier ein „relativer Geheimnisschutz“. Zudem werden in Hinsicht der systematischen Kohärenz zu §§ 26 ProdSG, 40 LFGB, solche Informationen vom Geheimnisschutz ausgenommen, bei denen

524 BT-Drs. 16/5404, S. 8.

525 Vgl. §§ 3 S. 1, S. 2 VIG. *Debus*, in: Gersdorf/Pall (Hrsg.), InfoMedienR, § 1 IFG Rn. 45.

526 BT-Drs. 17/7373, S. 17.

Anhaltspunkte für ein Risiko oder eine Gefährdung von Sicherheit oder Gesundheit der Verbraucher besteht.[527]

4. *Zusammenfassung*

Insgesamt kommt es im Bereich der Informationsfreiheitsgesetze durch den Geheimnisschutz zu Informationsrestriktionen. Dabei ist festzustellen, dass es bei dem Schutz der Betriebs- und Geschäftsgeheimnisse zu einer stufenhaften Absenkung je nach dem Regelungsbereich kommt. So werden die Betriebs- und Geschäftsgeheimnisse im IFG als absoluter Ausnahmegegenstand der Informationszugangsansprüche geregelt, während das UIG und das VIG eine Abwägung zwischen dem Geheimhaltungsinteresse und der öffentlichen Belange vorsehen und darüber hinaus unter bestimmten Voraussetzungen den Geheimnisschutz gänzlich versagen.[528]

IV. Arzneimittelgesetz

Der Arzneimittelmarkt gehört ebenfalls zu den von der öffentlichen Hand stark regulierten Gebieten, da er unmittelbar mit dem öffentlichen Interesse an einer hohen Lebensqualität der Bevölkerung verbunden ist.[529] Zwischen den privatwirtschaftlichen pharmazeutischen Unternehmen und dem gesundheitspolitischen Interesse der Öffentlichkeit besteht ein „permanentes Spannungsverhältnis".[530]

1. *Allgemeine Informationspflichten*

Im Rahmen des Arzneimittelzulassungsverfahrens stellt der Arzneimittelhersteller der Bundesbehörde umfangreiche Informationen zur Verfügung.[531] Dies erfolgt insbesondere nach §§ 21 ff. AMG.[532] Es handelt sich um umfangreiche Informationen, unter diese u. a. „große Teile der internen Organisationsstrukturen des Unternehmens und seiner Forschungsabteilung" fallen.[533]

---

527 BT-Drs. 17/7373, S. 17.

528 Näher zu den Negativkatalogen unter § 4 C. II. 3. e) bb).

529 *Beyerbach,* Die geheime Unternehmensinformation, 2010, S. 11.

530 *Pfaff,* Exklusivität und Zugang arzneimittelrechtlicher Zulassungsinformationen, 2010, S. 33.

531 *Trips-Hebert,* PharmR 2005, 155 (156).

532 Arzneimittelgesetz in der Fassung der Bekanntmachung vom 12. 12. 2005 (BGBl. I S. 3394).

533 *Beyerbach,* Die geheime Unternehmensinformation, 2010, S. 10 f.

Zum einem sind die pharmazeutischen Unternehmen selbst zu einer Veröffentlichung bestimmter Daten verpflichtet (§ 11a AMG), und müssen daher u. a. Ärzten, Zahnärzten, Tierärzten, Apothekern auf Anforderung eine Gebrauchsinformation für Fachkreise (Fachinformation) zur Verfügung zu stellen.

Für Zulassungsbehörden bestehen verschiedene Veröffentlichungs- und Informationspflichten gegenüber der Öffentlichkeit. Nach § 34 AMG ist die zuständige Bundesoberbehörde verpflichtet im Bundesanzeiger u. a. die Erteilung, Rücknahme und den Widerruf einer Zulassung bekannt zu machen. Betriebs- und Geschäftsgeheimnisse sind dabei zu streichen. Ist es für den Schutz der öffentlichen Gesundheit erforderlich, können sie offengelegt werden.

Im Fall eines Schadens durch Arzneimittel hat nach § 84a AMG der Geschädigte einen Auskunftsanspruch einerseits gegen den pharmazeutischen Unternehmer und andererseits gegen die Zulassungs- und Überwachungsbehörden. Ein Auskunftsanspruch besteht insoweit nicht, als die Angaben aufgrund gesetzlicher Vorschriften geheim zu halten sind oder die Geheimhaltung einem überwiegenden Interesse des pharmazeutischen Unternehmers oder eines Dritten entspricht (§ 84a Abs. 1 S. 4 AMG). Die Beweislast für das Geheimhaltungsbedürfnis trägt das pharmazeutische Unternehmen.[534]

Für die Unabhängigkeit und Transparenz der Behörden haben die zuständigen Behörden Geschäftsordnungen ihrer Ausschüsse, die Tagesordnungen sowie die Ergebniskontrolle ihrer Sitzungen öffentlich zugängig zu machen (§ 77a Abs. 2 AMG). Dabei sind „Betriebs-, Dienst- und Geschäftsgeheimnisse" zu wahren.

Neben dem spezialgesetzlichen Informationszugangsanspruch nach dem AMG besteht der allgemeine Informationsanspruch nach dem Informationsfreiheitsgesetz subsidiär[535] und richtet sich auf Zugang zu den amtlichen Informationen der Bundesbehörden.

2. *Unterlagenschutz*

Unter bestimmten Voraussetzungen können die Zulassungsunterlagen eines früheren Antragstellers (Vorantragstellers) zugunsten des Nachantragstellers verwertet werden. So regelt beispielsweise § 24a AMG die Bezug nehmende Zulassung auf Zustimmung des Vorantragsstellers, während in § 24b AMG die

534 *Brock/Stoll*, in: Kügel/Müller/Hoffmann (Hrsg.), AMG, § 84a Rn. 46.
535 *Trips-Hebert*, PharmR 2005, 155 (156).

Voraussetzungen für generische Zulassungsanträge ohne Zustimmung des Vorantragstellers geregelt sind.[536]

Es handelt sich um einen „verwaltungsinternen Prozess" und daher um den behördlichen Umgang dieser Unterlagen. Dabei hat der Nachantragsteller selbst keinen Zugang zu den Daten.[537] Dennoch ermöglicht die Weiterverwertung der Unterlagen ein „verkürztes" Zulassungsverfahren, was den Wettbewerbsvorsprung des Vorantragstellers nivellieren kann. Der Hersteller eines Generikums, der ebenso wie das Originalpräparat ein staatliches Zulassungsverfahren durchlaufen müsste, hätte dann ein Vorteil.[538]

3. *Interessenkonflikt*

Der Bereich des Arzneimittelrechts bildet ein Spezialgebiet, indem einerseits der Schutz der Betriebs- und Geschäftsgeheimnisse einen besonders hohen Stellenwert einnimmt, andererseits ein ebenso hohes öffentliches Interesse an Information besteht, da unmittelbar das Gesundheitswesen betroffen ist. In Bezug auf den Informationszugang und der Weiterverwendung der Unterlagen des Vorantragstellers kommt es zu Interessenabwägungen, die einer näheren Darstellung bedürfen.

V. Umweltrecht

Im Umweltrecht besteht anhand Schadensvorsorge und Gefahrenabwehr eine weitgehende „Tendenz der Offenlegung von umweltbelastenden Ursachen".[539] Der Schutzumfang der Betriebs- und Geschäftsgeheimnisse ist durch vielfältige Regelungen des Chemikalien-, Pflanzenschutzmittel-, Gentechnik- und Immissionsschutzgesetz geprägt. Im Folgenden werden die möglichen Konfliktlagen anhand des Immissionsschutzgesetzes und dem Gentechnikgesetz dargestellt.

---

536 *Kortland*, in: Kügel/Müller/Hofmann (Hrsg.), AMG, § 24a Rn. 4.

537 *Pfaff*, Exklusivität und Zugang arzneimittelrechtlicher Zulassungsinformationen, 2010, S. 27.

538 *Pfaff*, Exklusivität und Zugang arzneimittelrechtlicher Zulassungsinformationen, 2010, S. 27.

539 *Schröder*, UPR 1985, 394 (394).

1. *Bundesimmissionsschutzgesetz*

a) *Allgemeine Informationspflichten*

Im Geltungsbereich des Bundes-Immissionsschutzgesetzes (BImSchG) bestehen einerseits detaillierte Festlegungen von immissionsschutzrechtlichen Betreiberpflichten sowie Überwachungsmaßnahmen zur Kontrolle der Einhaltung immissionsschutzrechtlicher Verpflichtungen.[540] Die Überwachungsbehörden können geschäftliche und betriebliche Unterlagen einsehen, Geschäfts- und Betriebsräume betreten sowie Produkt- und Warenproben entnehmen. Da es im Wesen des Auskunftsrechts liegt, dass es ausschließlich auf Informationen Anwendung findet, die nur dem Auskunftspflichtigen bekannt sind, sind insbesondere auch Betriebs- und Geschäftsgeheimnisse betroffen.[541]

Die behördliche Überwachung ist in § 52 BImSchG geregelt. Die zuständigen Behörden überwachen die Durchführung des BImSchG und der darauf gestützten Verordnungen. Ermächtigungsgrundlagen finden sich in § 52 Abs. 2–6 BImSchG, wo Datenerhebungen, allgemeine Duldungspflichten und Betretungsrechte sowie besondere Informationspflichten geregelt sind.[542]

Bei den Regelungen zur Einzelüberwachung ist insbesondere auf §§ 26, 28, 29 BImSchG einzugehen. Nach § 26 BImSchG ist die zuständige Behörde ermächtigt, den Betreiber einer Anlage zur Messung von Emissionen und Immissionen zu verpflichten. Der Inhalt der Emissionserklärung ist Dritten auf Antrag bekanntzugeben (§ 27 Abs. 3 S. 1 BImSchG). Da anhand der Angaben der Emissionserklärung Betriebs- oder Geschäftsgeheimnisse offengelegt werden können, bestimmt § 27 Abs. 3 S. 2 BImSchG, dass Einzelangaben der Emissionserklärung nicht veröffentlicht oder Dritten bekannt gegeben werden dürfen, wenn aus diesen, Rückschlüsse auf die Geheimnisse gezogen werden können. Der erklärungspflichtige Anlagenbetreiber genießt gegenüber der Behörde nur einen relativen Schutz, d. h., er kann bestimmte geheimhaltungsbedürftige Angaben von der Emissionserklärung nicht ausnehmen.[543]

Die Ergebnisse der Überwachung der Emissionen sind der Behörde auf Verlangen mitzuteilen (§ 31 Abs. 5 BImSchG). Zudem sind die Ergebnisse der Überwachung der Emissionen, die bei der Behörde vorliegen, für die Öffentlichkeit nach Bestimmungen des UIG zugänglich zu machen (§ 31 Abs. 5 S. 3 BImSchG).

---

540 *Scheidler*, GewArch Beilage WiVerw Nr. 03/2010, 181 (182).

541 *Schröder*, UPR 1985, 394 (395).

542 *Scheidler*, GewArch Beilage WiVerw Nr. 03/2010, 181 (240).

543 *Scheidler*, GewArch Beilage WiVerw Nr. 03/2010, 181 (222 f.).

b) *Informationspflichten im Rahmen des Genehmigungsverfahrens*

aa) § 10 Abs. 2 BImSchG

Das Genehmigungsverfahren setzt einen schriftlichen Antrag voraus. Dem Antrag sind die zur Prüfung erforderlichen Zeichnungen, Erläuterungen und sonstigen Unterlagen beizufügen (§ 10 Abs. 1 BImSchG).

Für Betriebs- und Geschäftsgeheimnisse bestehen für das förmliche Genehmigungsverfahren Sonderregelungen. So müssen Unterlagen, die Betriebs- oder Geschäftsgeheimnisse enthalten, im förmlichen Genehmigungsverfahren als solche gekennzeichnet und getrennt vorgelegt werden, da eine Auslegung derartiger Unterlagen ausscheidet.[544] Ihr Inhalt muss, soweit es ohne Preisgabe des Geheimnisses geschehen kann, so ausführlich dargestellt sein, dass es Dritten möglich ist, zu beurteilen, ob und in welchem Umfang sie von den Auswirkungen der Anlage betroffen werden können (vgl. § 10 Abs. 2 BImSchG).

bb) Gerichtliches Verfahren

Wird die Geheimhaltungsbedürftigkeit der Unterlagen im Rahmen eines gerichtlichen Verfahrens relevant, wird ausschließlich § 99 VwGO angewandt. Demgemäß kann die oberste Aufsichtsbehörde die Vorlage der Akten an das Gericht verweigern. Auf Antrag eines Beteiligten hat das Gericht der Hauptsache sodann durch beschwerdefähigen Beschluss zu entscheiden, ob die Geheimhaltungsbedürftigkeit glaubhaft gemacht ist (§ 99 Abs. 2 S. 1 VwGO).[545]

2. *Gentechnikrecht*

Im Bereich des Gentechnikrechts sind die sog. „Negativkataloge" des § 17a Abs. 2 GenTG zu erörtern.[546] Dadurch wird bestimmten Informationen von vornherein der Geheimnisschutz versagt. Für die Geheimnisschutzinteressen stellt sie eine „vom Einzelfall unabhängige, im Einzelfall auch nicht korrigierbare Bewertung" dar.[547] So fallen unter anderem allgemeine Merkmale oder Beschreibungen der gentechnisch veränderten Organismen, Name und Anschrift des Betreibers nicht unter den Begriff des Betriebs- und Geschäftsgeheimnisses. Es handelt sich hier um einen Katalog von Ausnahmetatbeständen, die vom Geheimnisschutz ausgenommen werden und in diesem Sinne keine Betriebs- oder

---

544 *Jarass*, BImSchG, § 10 Rn. 37.

545 *Dietlein*, in: Landmann/Rohmer (Hrsg.), Umweltrecht, § 10 BImSchG Rn. 65.

546 Parallelregelungen finden sich im u. a. unter § 18c Abs. 2 PflSchG, § 9 Abs. 2 S. 2 UIG und § 22 Abs. 3 ChemG.

547 *Schröder*, Der Geheimhaltungsschutz im Recht der Umweltchemikalien, 1980, S. 18.

Geschäftsgeheimnisse darstellen. Diese Regelung ist auf eine EG-Richtlinie zurückzuführen.[548] Dies kann einen Eingriff in die Eigentumsgarantie bewirken.[549]

VI. Zusammenfassung

Bisher wurden die verschiedenen einfachgesetzlichen Zugangsformen zu den Betriebs- und Geschäftsgeheimnissen dargestellt. Es muss festgestellt werden, unter welchen Voraussetzungen dem Geheimhaltungsinteresse bzw. dem Offenlegungsinteresse ein Vorrang zukommt.[550] So bedarf es einer „verfassungsrechtlich einwandfreien Regelung“ über die Entscheidungskompetenz und den Maßstäben.[551]

C. Verfassungsrechtliche Anforderungen

Es stellt sich weiter die Frage, wie die dargestellten Zugriffsmodalitäten dem Schrankensystem des Art. 14 GG zuzuordnen sind. Von der Zuordnung hängt die Frage ab, welchen verfassungsrechtlichen Anforderungen die Regelungen unterliegen.

Bei den Regelungen kann es sich entweder um Enteignungen oder aber um Inhalts- und Schrankenbestimmungen handeln. Eine Enteignung liegt vor, wenn konkrete vermögenswerte Positionen dem Eigentümer entzogen werden. Bei Betriebs- und Geschäftsgeheimnissen handelt es sich um hoch sensible Informationsgüter, bei denen eine Offenlegung oder Weiterverwendung eine enteignungsgleiche Wirkung haben kann, da damit die Exklusivität entfällt. Ein solcher Entzug ist durch die Regelungen zu den Betriebs- und Geschäftsgeheimnissen jedoch nicht gegeben. Der Gesetzgeber stellt hierdurch vielmehr einen Ausgleich unter Privaten her, der charakteristisch für die Inhalts- und Schrankenbestimmung ist.

An diesem Befund ändert sich auch dadurch nichts, dass die Regelungen im Einzelnen enteignungsgleiche Wirkung haben können. Denn die Abgrenzung zwischen den Schranken der Enteignung und der Inhalts- und Schrankenbestimmung erfolgt seit dem Nassauskiesungsbeschluss des Bundesverfassungsgerichts kategorisch und nicht anhand der Schwere der Belastung.

---

548 Richtlinie 90/219/EWG des Rates vom 23. April 1990 über die Anwendung genetisch veränderter Mikroorganismen in geschlossenen Systemen (ABl. Nr. L 117 vom 8. 5. 1990, S. 1).

549 *Schröder,* UPR 1985, 394 (398 f.).

550 *Gröning,* NZBau 2000, 366 (368).

551 *Schröder,* UPR 1985, 394 (399).

Die Regelungen müssen sich daher an den verfassungsrechtlichen Anforderungen für Inhalts- und Schrankenbestimmungen messen lassen, d. h. insbesondere verhältnismäßig sein.

I. Allgemeine Anforderungen

Dem Gesetzgeber steht die Aufgabe zu, bei Bestimmung von Inhalt und Schranken des Eigentums, die schutzwürdigen Interessen des Eigentümers und die Belange des Gemeinwohls zu einem gerechten Ausgleich und in ein ausgewogenes Verhältnis zu bringen.[552] Hier eröffnet sich ein weiter Gestaltungsspielraum. Allerdings ergeben sich für den Gesetzgeber gleichermaßen Grenzen durch die allgemeinen Regelungsschranken des Gesetzmäßigkeitsprinzips, des Verhältnismäßigkeitsgrundsatzes und der Institutsgarantie.[553]

1. Gesetzmäßigkeitsprinzip

Die Ausgestaltung der grundgesetzlichen Eigentumsordnung wird durch die Legislative festgelegt.[554] So müssen „parlamentsgesetzliche Vorordnungen" getroffen werden, die „spezifischen Bestimmtheitsanforderungen" genügen müssen.[555]

2. Grundsatz der Verhältnismäßigkeit

Um vor der Verfassung Bestand zu haben, müssen Einschränkungen der Eigentümerbefugnisse vom geregelten Sachbereich her geboten sein und auch sachgerecht ausgestaltet sein.[556] Das Bundesverfassungsgericht führt aus, dass der Gesetzgeber bei Regelungen im Sinne des Art. 14 Abs. 1 S. 2 GG beiden Elementen des im Grundgesetz angelegten Verhältnisses von verfassungsrechtlich garantierter Rechtsstellung und dem Gebot einer sozialgerechten Eigentumsordnung in gleicher Weise Rechnung tragen muss. Eine einseitige Bevorzugung oder Benachteiligung würde mit den verfassungsrechtlichen Vorstellungen eines sozialgebundenen Privateigentums nicht in Einklang stehen.[557]

---

552 BVerfGE 100, 226, 240.

553 *Depenheuer*, in: v. Mangoldt/Klein/Starck (Hrsg.), GG, Art. 14 Rn. 219.

554 *Depenheuer*, in: v. Mangoldt/Klein/Starck (Hrsg.), GG, Art. 14 Rn. 220.

555 *Gurlit*, DVBl. 2003, 1119 (1122).

556 BVerfGE 52, 1, 29 f.

557 BVerfGE 37, 132, 140 f.; 52, 1, 29; *Grzeszick*, Geistiges Eigentum und Wettbewerb, in: Lange/Klippel/Ohly (Hrsg.), Geistiges Eigentum und Wettbewerb, 3 (9).

Die Verhältnismäßigkeitsprüfung orientiert sich an den konkreten Eigentumsgegenstand:[558] Aus der Sozialbindung des Eigentums gemäß Art. 14 Abs. 2 GG lassen sich für den Verhältnismäßigkeitsgrundsatz besondere Ausprägungen entnehmen.[559] So wiegt der Eigentumsschutz um so schwerer, je mehr der betroffene Eigentumsgegenstand der Sicherung der persönlichen Freiheit des Eigentümers dient. Je mehr umgekehrt das Eigentumsobjekt in einem sozialen Bezug steht und eine soziale Funktion erfüllt, desto weiter reichen die Befugnisse des Gesetzgebers zur Inhalts- und Schrankenbestimmung.[560]

Zudem sind die Interessenabwägungen durch die wirtschaftlichen und gesellschaftlichen Konditionen bedingt, die sich auch im Laufe der Zeit wandeln können.[561]

Der Verhältnismäßigkeitsgrundsatz ist verfassungsrechtlich nicht ausdrücklich normiert.[562] Allgemein umfasst er die Grundsätze der Geeignetheit, der Erforderlichkeit und der Verhältnismäßigkeit im engeren Sinne.[563] Zusätzlich muss die staatliche Stelle, die in Freiheitsrechte eingreift, mit dem Eingriff einen *legitimen Zweck* verfolgen.

Nach dem Bundesverfassungsgericht ist ein Mittel bereits dann geeignet, wenn anhand seiner Einsetzung der gewünschte Erfolg gefördert werden kann. Es ist indes nicht erforderlich, dass der Erfolg in jedem Einzelfall auch tatsächlich erreicht wird oder jedenfalls erreichbar war. So ist auch die abstrakte Möglichkeit der Zweckerreichung ausreichend.[564]

Ferner nimmt das Bundesverfassungsgericht an, dass eine Maßnahme erforderlich ist, „wenn der Gesetzgeber kein anderes, das betreffende Grundrecht nicht oder doch weniger fühlbar einschränkendes Mittel hätte wählen können".[565] So muss unter denen zur Verfügung stehenden geeigneten Mitteln das am wenigsten belastende, bzw. mildere gewählt werden.[566] Die Erforderlichkeit fehlt, „wenn

558 *Ehlers,* VVDStRL 51 (1992), 211(228).

559 *Blasberg,* Inhalts- und Schrankenbestimmungen, 2007, S. 120.; vgl. BVerfGE 100, 226, 241.

560 BVerfGE 95, 64, 84; vgl. BVerfGE 50, 290, 340; 70, 191, 200 f.; 100, 226, 241.

561 BVerfGE 70, 191, 201; 95, 64, 84.

562 *Voßkuhle,* JuS 2007, 429 (429).

563 *Heusch,* Der Grundsatz der Verhältnismäßigkeit im Staatsorganisationsrecht, 2003, S. 36; vgl. BVerfGE 96, 10, 21.

564 BVerfGE 96, 10, 23; vgl. BVerfGE 67, 157, 175; *Depenheuer,* in: v. Mangoldt/Klein/Starck (Hrsg.), GG, Art. 14 Rn. 227.

565 BVerfGE 70, 278, 286; vgl. BVerfGE 90, 145, 172.

566 *Sachs,* Verfassungsrecht II, Grundrechte, S. 149.

derselbe oder ein besserer Erfolg ebenso mit einem weniger schweren Eingriff erzielt werden“ kann.[567]

Schließlich muss im Rahmen der Verhältnismäßigkeit i.e.S. (Angemessenheit) festgestellt werden, „ob die eingesetzten Mittel unter Berücksichtigung der von ihnen ausgehenden Grundrechtsbeschränkungen, noch in einem angemessenen Verhältnis zu dem dadurch erreichten Ziel stehen“.[568] So ist ein Mittel angemessen, wenn „die den Einzelnen treffende Belastung nicht außer Verhältnis zu dem verfolgten Zweck und den dabei erstrebten Vorteilen für die Allgemeinheit“ steht.[569] Dies ist durch eine „*Gesamtabwägung* zwischen den Auswirkungen für den Betroffenen einerseits und den entgegenstehenden öffentlichen Interessen andererseits“ festzustellen.[570]

3. *Institutsgarantie*

Die Institutsgarantie nach Art. 14 Abs. 1 S. 1 GG verbietet dem Gesetzgeber, Sachbereiche der Privatrechtsordnung zu entziehen, „die zum elementaren Bestand grundrechtlich geschützter Betätigung im vermögensrechtlichen Bereich gehören, und damit der durch das Grundrecht geschützte Freiheitsbereich aufgehoben oder wesentlich geschmälert wird“.[571] Damit setzt die Institutsgarantie nach herrschender Meinung dem Gesetzgeber die letzte Grenze der verfassungsrechtlich gerechtfertigten Inhalts- und Schrankenbestimmungen.[572] Jenseits dieser steht dem Gesetzgeber ein weiter Gestaltungsspielraum zu.[573] So kann aus der Institutsgarantie nicht gefolgert werden, dass der Gesetzgeber „alle Formen des schöpferischen Tätigwerdens“ unter gesetzlichen Schutz stellen muss.[574] In diesem Sinne würde es keine Verletzung der Institutsgarantie darstellen, wenn der Gesetzgeber es unterlassen hat, die Betriebs- und Geschäftsgeheimnisse als Sonderrecht zu normieren, da bereits ein Mindestbestand an Normprägung besteht.[575]

---

567 *Heusch*, Der Grundsatz der Verhältnismäßigkeit im Staatsorganisationsrecht, 2003, S. 41.

568 *Ossenbühl*, DVBl. 1995, 904 (906).

569 *Voßkuhle*, JuS 2007, 429 (430).

570 *Voßkuhle*, JuS 2007, 429 (430) (Hervorhebung im Original).

571 BVerfGE 24, 367, 389; 58, 300, 339.

572 *Pieroth/Schlink/Kingreen/Poscher*, Grundrechte, § 23 Rn. 952.

573 *Ruffert*, Vorrang der Verfassung und Eigenständigkeit des Privatrechts, 2001, S. 365.

574 *Grzeszick*, Geistiges Eigentum und Wettbewerb, in: Lange/Klippel/Ohly (Hrsg.), Geistiges Eigentum und Wettbewerb, 3 (9).

575 *Goldhammer*, Geistiges Eigentum und Eigentumstheorie, 2012, S. 411 f. Fn. 44.

II. Spezifische Anforderungen für die Betriebs- und Geschäftsgeheimnisse

1. Vorgaben

Allgemeine Vorgaben für den Geheimnisschutz lassen sich aus den Grundsätzen des Informationsverwaltungsrechts entnehmen.[576] So bedarf es einer klaren gesetzlichen Grundlage, nicht nur für die „informatorische Eingriffe", sondern für die weitere Verarbeitung, Verwendung und Weitergabe von Informationen, die nicht durch eine Einwilligung gedeckt sind.[577]

Die Ausgestaltung des Geheimnisschutzes orientiert sich an die Vorgaben des allgemeinen Verwaltungsrechts.[578] Dies sind für das verwaltungsrechtliche Verfahren §§ 29, 30 VwVfG, für das gerichtliche Verfahren §§ 99, 100 VwGO. Insbesondere § 30 VwVfg dient über seinen direkten Anwendungsbereich hinaus, als „Ausdruck eines allgemeinen Rechtsgedankens" im gesamten Bereich des Verwaltungsverfahrens.[579] Grundsätzlich kann ein Geheimnis, das einer staatlichen Stelle bekannt geworden ist, nur dann im Informationsverkehr zwischen den Behörden übermittelt oder anderweitig verwendet werden, wenn eine gesetzliche Erlaubnisnorm dies vorsieht oder alle Geheimnisherren ihre Einwilligung wirksam erteilt haben.[580]

Bei der Problematik der Betriebs- und Geschäftsgeheimnisse ist insbesondere zu beachten, dass der Interessenausgleich fast immer im Rahmen eines mehrpoligen Rechtsverhältnisses stattfindet. Die Komplexität liegt darin, dass „die Entscheidung zu Gunsten des einen Grundrechtsträgers automatisch zu Lasten des anderen geht, ohne dass ein differenzierter Ausgleich möglich ist".[581] In diesem Fall muss die „wechselseitige Optimierung aller Rechtsgüter des mehrpoligen Verfassungsrechtsverhältnisses" beachtet werden. Für eine optimale Wirksamkeit müssen allen Rechtsgütern Grenzen gezogen werden.[582] In diesem Sinne hat das Bundesverfassungsgericht ausgeführt, dass „die für bipolare Konfliktlagen

---

576 Vgl. *Gurlit*, DVBl. 2003, 1119 (1122).

577 *Gurlit*, DVBl. 2003, 1119 (1122).

578 *Attendorn/Geppert*, in: Geppert/Schütz (Hrsg.), Beck'scher TKG-Kommentar, § 136 Rn. 17.

579 *Holznagel*, Informationsbeziehungen in und zwischen Behörden, in: Hoffmann-Riem/Schmidt-Aßmann/Voßkuhle (Hrsg.), GVwR II, § 24 Rn. 71.

580 *Holznagel*, Informationsbeziehungen in und zwischen Behörden, in: Hoffmann-Riem/Schmidt-Aßmann/Voßkuhle (Hrsg.), GVwR II, § 24 Rn. 72.

581 *Gärditz/Orth*, JuS 2010, 317 (320); BVerfGE 115, 205, 235.

582 *Callies*, Kontrollmaßstab grundrechtlicher Schutzpflichten, in: FS Starck, 201 (217).

entwickelten Regeln zur abwägenden Prüfung der Verhältnismäßigkeit eines Eingriffs nicht ohne Anpassung an die Besonderheiten der Mehrpoligkeit, und damit nicht ohne Beachtung der Möglichkeit jeweils unterschiedlicher Beeinträchtigungen und Begünstigungen, angewendet werden" können. So dürfe „die Eignung und Erforderlichkeit der Beeinträchtigungen nicht nur im Hinblick auf eines der widerstreitenden Rechtsgüter beurteilt werden", sondern vielmehr müsse die gefundene Lösung zugleich die Betriebs- und Geschäftsgeheimnisse berücksichtigen.[583] So ergibt sich für den Gesetzgeber die Aufgabe, eine „Konflikt ausräumende Regelung" zu treffen, „die den verfassungsrechtlichen Geheimnisschutz nicht verletzt".[584] Hat der Gesetzgeber entsprechende Regelungen getroffen, „ist sein bei der Beurteilung der Verhältnismäßigkeit eines Eingriffs anerkannter Einschätzungs- und Gestaltungsspielraum auf die Beurteilung der Vor- und Nachteile für die jeweils betroffenen Rechtsgüter sowie auf die Güterabwägung mit Blick auf die Folgen für die verschiedenen rechtlich geschützten Interessen zu beziehen".[585]

Wird jedoch der Interessenausgleich nicht gesetzlich festgelegt, sondern von einer Abwägungsentscheidung der Behörde abhängig gemacht, würde dies einer „politischen Nichtentscheidung" gleichkommen, was aus der Perspektive der Rechtssicherheit als problematisch zu beurteilen wäre.[586]In diesem Fall ist zu prüfen, „ob die zugrunde gelegten Annahmen und Abwägungsregeln sowie ihre Abwägung im konkreten Fall den verfassungsrechtlichen Anforderungen genügen, das heißt auch, ob sie innerhalb des den Entscheidungsträgern gewährten Einschätzungsspielraums verbleiben und zur Herstellung praktischer Konkordanz im konkreten Streitfall führen".[587] Dafür müssten u.a. konkrete Abwägungskriterien und Anforderungen an das Verfahren festgelegt werden. Zudem müssen Regelungen für typische Verfahrenssituationen bereitgestellt werden, die zu einer standardisierten gesetzlichen Lösungen führen.[588]

Schließlich sind die „Mindestgarantien" zu beachten, die den Bürgern im informellen Verwaltungsverfahren gewährleistet werden müssen.[589] Es handelt

583 BVerfGE 115, 205, 233.

584 *Schröder*, UPR 1985, 394 (399).

585 BVerfGE 115, 205, 234.

586 *Roßnagel*, MMR 2007, 16 (19); vgl. *Masing*, VVDStRL 63 (2004), 377 (414, 417 f.); *Ossenbühl*, DVBl. 1995, 904 (908).

587 BVerfGE 115, 205, 234.

588 *Kugelmann*, Die informatorische Rechtsstellung des Bürgers, 2001, S. 73.

589 *Gusy*, Informationsbeziehungen zwischen Staat und Einzelnen, in: Hoffman-Riem/Schmidt-Aßmann/Voßkuhle (Hrsg.), GVwR II, § 23 Rn. 43.

sich um Schutzmechanismen, die den betroffenen Unternehmen in prozeduraler Hinsicht hinzuweisen sind. Für Unternehmen sind insbesondere die Kennzeichnungspflicht und die Anhörung relevant. Indem durch die Kennzeichnungspflicht den betroffenen Unternehmen die Möglichkeit eingeräumt wird, schutzwürdige Informationen zu kennzeichnen, wird der prozedurale Schutz des Unternehmens gestärkt.[590] Denn letztendlich ist nur das Unternehmen in der Lage die Wertigkeit der Informationen, insbesondere den wirtschaftlichen Verlust bei einer Offenlegung oder Verwertung einzuschätzen.[591] Die Anhörungspflicht entspricht dem rechtsstaatlichen Gebot des rechtlichen Gehörs[592] und ist im Verwaltungsverfahren verfassungsrechtlich geboten.[593] Das zentrale Ziel der Anhörung ist es, „den Bürgern im Verfahren eine formalisierte Gelegenheit zur Geltendmachung ihrer Interessen und Rechte zu eröffnen".[594] Dies beinhaltet das Äußerungsrecht des Betroffenen, in diesem Rahmen er berechtigt ist, sich zu allen entscheidungserheblichen Tatsachen zu äußern.[595] Die Anhörungspflicht trägt daher zur Absicherung von Geheimhaltungsansprüchen bei.[596]

2. *Präzisierungsvorschläge bei den Verhältnismäßigkeitsanforderungen*

Die allgemeinen Anforderungen an die Verhältnismäßigkeit von Inhalts- und Schrankenbestimmungen sollen nunmehr im Hinblick auf den sozialen und personalen Bezug der Betriebs- und Geschäftsgeheimnisse konkretisiert werden. Aus der einschlägigen Literatur können bereits wesentliche Ansätze gewonnen

590 Kennzeichnungspflichten sind bspw. in § 9 Abs.1 S. 4 UIG, § 22 Abs. 2 ChemG, § 10 Abs. 2 BimSchG i.V.m. § 10 Abs. 3 S. 2 9. BImSchV normiert. Siehe *Kloepfer*, Informationsfreiheitsgesetz und Schutz von Betriebs- und Geschäftsgeheimnissen, 2011, S. 76; *Masing*, VVDStRL 63 (2003), 377 (425 f.).

591 *Eilers/Schröer*, BB 1993, 1025 (1029).

592 *Attendorn/Geppert*, in: Geppert/Schütz (Hrsg.), Beck'scher TKG-Kommentar, § 136 Rn. 33.

593 vgl. *Kopp/Ramsauer*, VwGO, § 28 VwVfG, Rn. 3.

594 *Gusy*, Informationsbeziehungen zwischen Staat und Einzelnen, in: Hoffman-Riem/ Schmidt-Aßmann/Voßkuhle (Hrsg.), GVwR II, § 23 Rn. 48.

595 *Gusy*, Informationsbeziehungen zwischen Staat und Einzelnen, in: Hoffman-Riem/ Schmidt-Aßmann/Voßkuhle (Hrsg.), GVwR II, § 23 Rn. 50; vgl. EuGH, NZBau 2008, 403 (406).

596 *Attendorn/Geppert*, in: Geppert/Schütz (Hrsg.), Beck'scher TKG-Kommentar, § 136 Rn. 33.

werden, inwieweit den Geheimhaltungsinteressen im Rahmen der Abwägung Gewicht zukommen könnte.[597]

a) *Sozialbezug*

Steht das Eigentumsobjekt in einem verstärkten sozialen Bezug, sind die Befugnisse des Gesetzgebers zur Inhalts- und Schrankenbestimmung weiter.[598] So argumentierte in diesem Zusammenhang bspw. das Bundesverwaltungsgericht in Bezug auf die Deutsche Telekom AG (DTAG). Da diese ihre Netzinfrastruktur unter dem Schutz eines staatlichen Monopols und unter Verwendung öffentlicher Mittel aufgebaut habe, sei ein intensiver sozialer Bezug nach Art. 14 Abs. 2 GG gegeben.[599] Wäre eine Offenlegung der Betriebs- und Geschäftsgeheimnisse für einen chancengleichen und funktionsfähigen Wettbewerb unabdingbar, könne sich die DTAG wegen verfassungsrechtlichen Vorgaben nach Art. 87 f Abs. 1 und Abs. 2 S. 1 GG nicht auf den Geheimnisschutz berufen.[600] Der Schutzumfang der Betriebs- und Geschäftsgeheimnisse steht daher im engen Zusammenhang mit der Lage der Unternehmen.

b) *Personaler Bezug*

Nach der Rechtsprechung des Bundesverfassungsgerichts genießt das Eigentum einen besonders ausgeprägten Schutz, soweit es um die Sicherung der persönlichen Freiheit des Einzelnen geht. In diesem Zusammenhang ist die eigene Leistung als besonderer Schutzgrund für die Eigentümerposition anerkannt worden.[601] Art. 14 GG schützt den Bestand vermögenswerter Güter, vor allem solcher, die durch Arbeit und Leistung erworben sind.[602] Bei den Betriebs- und Geschäftsgeheimnissen kann bspw. differenziert werden, wie viel Aufwand von eigener Leistung oder eigener Investition zugrunde liegt.[603] Was die Leistung bei einem Betriebs- oder Geschäftsgeheimnis anbetrifft, so könnte beim technisch orientierten Betriebsgeheimnis die „Erfindungshöhe“ wie beim Patentrecht,

---

597 Siehe insbesondere *Frank*, Unternehmensgeheimnisse im Öffentlichen Recht, 2008, S. 193 ff. m.w.N.; *Helbach*, Der gestufte Schutz von Betriebs- und Geschäftsgeheimnissen, 2012, S. 191 ff. m.w.N.

598 BVerfGE 37, 132 , 140; 42, 263, 294; 53, 257, 292.

599 BVerwG, NVwZ 2004, 745 (746).

600 vgl. *Blasberg*, Inhalts- und Schrankenbestimmungen, 2007, S. 121 Fn. 330.

601 BVerfGE 50, 290, 340; *Häberle*, AöR 109 (1984), 36 (64).

602 BVerfGE 31, 229, 239.

603 *Frank*, Der Schutz von Unternehmensgeheimnissen im Öffentlichen Recht, 2008, S. 164.

beim kaufmännisch orientierten Geschäftsgeheimnis die „Schöpfungshöhe“ ähnlich dem Urheberrecht, ein Kriterium bilden.[604]

c) Nähe zum Immaterialgüterrecht

Das Maß der Identifizierbarkeit und der Gegenständlichkeit der Betriebs- und Geschäftsgeheimnisse ist im Rahmen der Verhältnismäßigkeitsprüfung zu berücksichtigen:[605] Je höher der Grad der Identifizierbarkeit und Gegenständlichkeit ist, desto mehr Gewicht gewinnen die Interessen des Geheimnisinhabers.

d) Datenspezifische Kriterien

Wenn auch stark nach Wirtschaftsbereich variierend, spielt die Aktualität bei Informationen eine große Rolle. Betriebs- und Geschäftsgeheimnisse, die bereits abgeschlossene oder weit zurückliegende Sachverhalte betreffen, können als weniger schutzwürdig angesehen werden.[606] So hat das Bundesverfassungsgericht angenommen, dass bei veralteten Daten und Unterlagen kein überwiegendes Interesse an deren Geheimhaltung bestehe. Solche Angaben seien für mögliche wirtschaftliche Disposition konkurrierender Wettbewerber ohne besonderen Wert. Geheimnisrelevante Unterlagen können mithin durch Zeitablauf ihre Schutzwürdigkeit verlieren.[607] Die Schutzbedürftigkeit entfällt auch bei bereits entschiedenen Verwaltungsverfahren.[608]

Zudem ist zu berücksichtigen, dass Betriebs- und Geschäftsgeheimnisse als Informationen eine hohe Sensibilität verkörpern. Eng zusammenhängende Rückschlussinformationen sind ebenfalls zu einer Offenlegung eines Betriebs- oder Geschäftsgeheimnis geeignet und daher schutzbedürftig.[609] Der vom Bundesverwaltungsgericht angeführte Maßstab, ein Betriebs- und Geschäftsgeheimnis sei erst dann geschützt, wenn sich durch deren Offenlegung „nachhaltige oder

---

604 *Helbach*, Der gestufte Schutz von Betriebs- und Geschäftsgeheimnissen, 2012, S. 192.

605 *Frank*, Der Schutz von Unternehmensgeheimnissen im Öffentlichen Recht, 2008, S. 174.

606 *Helbach*, Der gestufte Schutz von Betriebs- und Geschäftsgeheimnissen, 2012, S. 196.

607 BVerfGK, Beschl. v. 5. 2. 2004 – 1 BvR 2087/03 – Rn. 27; *Kühnen*, in: Loewenheim/Meessen/Riesenkampff (Hrsg.), Kartellrecht, § 72 Rn. 11.

608 *Hoeren*, Der Schutz von Betriebs- und Geschäftsgeheimnissen und das IFG, in: Dix/Franßen u. a. (Hrsg.), Informationsfreiheit und Informationsrecht, Jahrbuch 2008, 105 (113).

609 OVG Koblenz, Urt. v. 6. 9. 2012 – 8 A 10096/12; BVerwGE 135, 34 (46); *Fischer/Fluck* NVwZ 2013, 337 (337 f.) m.w.N.; *Guckelberger*, in: Gersdorf/Pall (Hrsg.), Informations- und Medienrecht, § 6 IFG Rn. 16.

existenzbedrohende Nachteile" für das Unternehmen ergeben,[610] fasst damit den Schutzbereich zu eng.

e) Zwischenergebnis

Die Frage, wie der Interessenausgleich zwischen Geheimnisschutz und Informationszugang ausfällt, ist nicht einheitlich zu beantworten. Anders als bei den Immaterialgüterrechten, bei denen der Eigentumsschutz Vorrang hat, steht bei den Betriebs- und Geschäftsgeheimnissen aufgrund des fehlenden Ausschließlichkeitscharakters, „Eigentumsinteresse und Forderung auf freien Informationszugang" auf gleicher Ebene.[611]

Um die Unsicherheit bei dem Umgang mit den Betriebs- und Geschäftsgeheimnissen zu beheben, wird auf eine allgemeine „Systematisierung und Kategorisierung" hingewiesen. So würde etwa eine Kategorisierung je nach Schutzgrad mehr Einsicht verleihen. Behilflich könnte die Einordnung je nach möglichem Geheimnistyp bspw. mit der Markierung von G1 bis G5 sein.[612] Neben den Bedenken in Hinsicht des Personal- und Kostenaufwands seitens der zuständigen Behörde und den Unternehmen[613] ist festzuhalten, dass sich der Geheimnisschutz je nach Rechtsbereich individuell entwickelt hat, was eine übergreifende Kategorisierung erheblich erschwert. Inwieweit der Gesetzgeber bei einer Inhalts- und Schrankenbestimmung den Geheimnisschutz einschränken kann und welche Rechtfertigungsgründe angefordert werden müssen, kann also nicht durch ein einheitliches Lösungskonzept beantwortet werden, sondern ist bereichsspezifisch unter einzelfallbezogenen Abwägungen zu klären.

3. Konkretisierung der Verhältnismäßigkeitsanforderungen nach Rechtsbereichen

Inwiefern der Gesetzgeber die spezifisch für den Bereich der Betriebs- und Geschäftsgeheimnisse geltenden Abwägungskriterien beachtet hat, soll im Folgenden anhand der Bereiche des Wettbewerbsrechts – a), des Regulierungsrechts – b), des Informationsfreiheitsgesetzes – c), des Arzneimittelgesetzes – d) und des Umweltrechts – e) analysiert werden.

---

610 BVerwG NVwZ 2004, 745 (747).

611 *Brammsen*, DÖV 2007, 10 (16).

612 *Fischer/Fluck*, NVwZ 2013, 337 (338); *Westermann*, Handbuch des Know-how-Schutz, Kap. 3 Rn. 19.

613 *Fischer/Fluck*, NVwZ 2013, 337 (338).

a) *Wettbewerbsrecht*

Es stellt sich die Frage, ob die gesetzgeberischen Zugriffe auf die Betriebs- und Geschäftsgeheimnisse durch das Wettbewerbsrecht verfassungsmäßige Inhalts- und Schrankenbestimmungen darstellen.

aa) Prüfung der Verhältnismäßigkeit bei hoheitlichen Informationszugriffen

In dem Fall, in dem die gesetzlichen Informationsanforderungen als Inhaltsbestimmungen des Eigentums anzusehen sind, ist zunächst zu prüfen, ob durch die Regelung ein angemessener Ausgleich zwischen den legitimen gesetzgeberischen Zielsetzungen und dem Interesse des Geheimnisinhabers gewährleistet wird. Ferner ist festzustellen, ob die ergriffene Maßnahme überhaupt geeignet und erforderlich ist, um die Beeinträchtigung des Geheimhaltungsinteresses der Unternehmen zu rechtfertigen. Schließlich ist eine umfassende Abwägung zwischen den widerstreitenden Gesichtspunkten vorzunehmen.

Bei den hoheitlichen Informationszugriffen im Wettbewerbsrecht kann zwischen der Erhebung von Daten einerseits und der Weitergabe dieser Daten an andere Behörden andererseits unterschieden werden.

Bei der Prüfung der Verhältnismäßigkeit von hoheitlichen Informationszugriffen auf die Betriebs- und Geschäftsgeheimnisse dient in erster Linie § 30 VwVfG als Orientierungspunkt.[614] Demnach kann ein Geheimnis, das einer staatlichen Stelle bekannt geworden ist, nur dann im Informationsverkehr zwischen den Behörden übermittelt oder anderweitig verwendet werden, wenn eine gesetzliche Erlaubnisnorm dies vorsieht oder alle Geheimnisherren ihre Einwilligung wirksam erteilt haben.[615]

Die Erhebung von Unternehmensdaten muss ein verfassungsrechtlich legitimes Ziel verfolgen. Die Informationserhebung im Bereich des Wettbewerbsrechts erfolgt im Rahmen der Wahrnehmung von umfassenden Ordnungsaufgaben.[616] Ziel des GWB ist es, einen freien unverfälschten Wettbewerb zu gewährleisten, unlautere Wettbewerbshandlungen zu unterbinden und die Marktteilnehmer vor Missbrauch wirtschaftlicher Machtstellung (Art. 74 Abs. 1 Nr. 16 GG) zu

614 *Holznagel*, Informationsbeziehungen in und zwischen Behörden, in: Hoffmann-Riem/Schmidt-Aßmann/Voßkuhle (Hrsg.), GVwR II, § 24 Rn. 71.

615 *Holznagel*, Informationsbeziehungen in und zwischen Behörden, in: Hoffmann-Riem/Schmidt-Aßmann/Voßkuhle (Hrsg.), GVwR II, § 24 Rn. 72.

616 *V. Brünneck*, Eigentumsgarantie des Grundgesetzes, 1984, S. 94.

schützen.[617] Die Wahrnehmung der Aufgaben der Verwaltung ist notwendig mit einer umfangreichen Erhebung von Daten verbunden. Allerdings verlangt der Grundsatz der Erforderlichkeit, dass die Datenerhebung auf den Umfang begrenzt wird, soweit es zur Erfüllung der Aufgabe der jeweiligen Behörde erforderlich ist (vgl. §§ 47b, 50c Abs. 1 GWB). Der intra- und interbehördlichen Informationsaustausch und die Weiterverwertung (vgl. §§ 47c, 47i GWB) sind trotz einer gesetzlichen Erlaubnisnorm oder der Einwilligung des Betroffenen umstritten, da durch die Zunahme der an der Geheimhaltung beteiligten Personen bzw. Behörden auch das Risiko einer erhöhten Kenntnisnahme einhergeht.

Insoweit ist es geboten, den Austausch Betriebs- und Geschäftsgeheimnisse im Gesichtspunkt der Erforderlichkeit, „nur dann in den Informationsaustausch einzubeziehen, wenn dies unerläßlich ist".[618] Zusätzlich muss die weitergebende Behörde die Betriebs- und Geschäftsgeheimnisse „kennzeichnen und sichern",[619] um die Geheimhaltung bei der Übergabe zu gewährleisten.[620]

bb) Verhältnismäßigkeit der Akteneinsicht nach § 72 GWB

§ 72 GWB regelt die Akteneinsicht der Verfahrensbeteiligten im Kartellbeschwerdeverfahren. Es handelt sich um eine Spezialregelung im Beschwerdeverfahren.[621] Das Akteneinsichtsrecht richtet sich auf Akten des Gerichts einschließlich Vorakten, Beiakten, Gutachten und Auskünfte (§ 72 Abs. 2 S. 1 GWB). Wesentliche Maßstäbe zur Konfliktlösung zwischen dem Akteneinsichtsrecht und dem Geheimnisschutz im Beschwerdeverfahren sind durch § 72 Abs. 2 GWB geregelt.[622]

Das Akteneinsichtsrecht ist Teil des rechtlichen Gehörs, das zu den unentbehrlichen rechtsstaatlichen Garantien des Kartellverfahrensrechts gehört.[623] Sie

617 *Badura*, Wirtschaftsverfassung und Wirtschaftsverwaltung, Rn. 231.

618 *Schröder*, Der Geheimhaltungsschutz im Recht der Umweltchemikalien, 1980, S. 32.

619 *Schröder*, Der Geheimhaltungsschutz im Recht der Umweltchemikalien, 1980, S. 32.

620 Näher dazu unten unter § 4 C. II. 3 b).

621 *Becker*, in: Loewenheim/Meessen/Riesenkampff (Hrsg.), Kartellrecht, § 56 Rn. 4.

622 Vgl. *Schmidt*, in: Immenga/Mestmäcker (Hrsg.), Wettbewerbsrecht, § 56 Rn. 12; Anders als im nachfolgenden § 111 GWB, der die Interessen des Akteneinsichtsrechts grundsätzlich höher als die Interessen des Geheimnisschutzes ansetzt (das sog. Regel-Ausnahmeprinzip), hat bei § 72 Abs. 2 GWB die Verneinung der berechtigten Geheimnisbelange einen Ausnahmecharakter. *Kus*, in: Kulartz/ders./Portz (Hrsg.), Vergaberecht, § 111 Rn. 34.

623 *Schmidt*, in: Immenga/Mestmäcker (Hrsg.), Wettbewerbsrecht, § 56 Rn. 1.

ist insoweit erforderlich, als dadurch eine größere Klarheit über Sach- und Streitstand ermöglicht und die weitere Rechtsverfolgung erleichtert wird.[624]

Bei § 72 Abs. 2 S. 1 GWB handelt es sich um eine Sonderregelung, die eine Beschränkung des alleinigen Verfügungsrechts des Gerichts bewirkt, indem die Einsicht in Vorakten, Beiakten, Gutachten und Auskünfte nur mit Zustimmung der Stellen zulässig sind, denen die Akten gehören oder die die Äußerung eingeholt haben. Demnach wird die Einsicht von demjenigen abhängig gemacht, der die informationelle Verfügungsberechtigung innehat.[625]

Die Akten der Kartellbehörde unterliegen ebenfalls einer Zustimmung (§ 72 Abs. 2 S. 2 GWB). Insbesondere wenn Betriebs- und Geschäftsgeheimnisse gefährdet sind, hat die Kartellbehörde die Zustimmung zu versagen. Anhand des Gesetzeswortlauts werden die Voraussetzung des Abs. 2 S. 2 ausschließlich von der Kartellbehörde geprüft. Hier gilt aber zusätzlich die Pflicht des Beschwerdegerichts nach § 99 Abs. 2 VwGO prüfen zu können, ob eine Weigerung der am Verfahren beteiligten Kartellbehörde berechtigt ist. Auch im umgekehrten Fall muss das Beschwerdegericht prüfen, ob die Voraussetzungen des § 72 Abs. 2 S. 2 nicht doch vorliegen.[626] Stimmen die zuständigen Stellen zur Offenlegung der Unterlagen oder Auskünfte nicht zu, und werden diese Informationen auch nicht im Beschwerdeverfahren vorgetragen, kann das Beschwerdegericht sie auch nicht bei seiner Entscheidung zugrunde legen (§ 72 Abs. 2 S. 3 GWB). Insoweit entspricht dieser Vorgang dem Grundsatz des rechtlichen Gehörs: Eine gerichtliche Entscheidung kann nur auf Tatsachen- und Beweismaterial gestützt werden, zu denen sich der Beteiligte äußern kann.[627] Zusätzlich wird der Interessenausgleich anhand den unterschiedlichen Positionen der Beteiligten abhängig gemacht. Das Verwertungsverbot nach Abs. 2 S. 3 bezieht sich auf die Hauptbeteiligten und den notwendig Beigeladenen, während für die einfachen Beigeladenen § 71 Abs. 1 anzuwenden ist, da gegenüber einem nur in seinem Interesse berührten Beigeladenen das berechtigte Geheimhaltungsinteresse des anderen Beteiligten zu bevorzugen ist.[628]

Ferner regeln §§ 72 Abs. 2 S. 4–6 GWB ein Zwischenverfahren bei den Fällen, wo die Zustimmung versagt oder sie unzulässig ist und bei denen die Kartellbehörde in ihren Akten betroffen ist. In diesen Fällen nimmt das Beschwerdegericht

---

624 *Becker,* in: Loewenheim/Meessen/Riesenkampff (Hrsg.), Kartellrecht, § 56 Rn. 4.

625 *Schmidt,* in: Immenga/Mestmäcker (Hrsg.), Wettbewerbsrecht, § 72 Rn. 5 f.

626 *Schmidt,* in: Immenga/Mestmäcker (Hrsg.), Wettbewerbsrecht, § 72 Rn. 7; *Kühnen,* in: Loewenheim/Meessen/ Riesenkampff (Hrsg.), Kartellrecht, § 72 Rn. 11.

627 *Kühnen,* in: Loewenheim/Meessen/Riesenkampff (Hrsg.), Kartellrecht, § 72 Rn. 12.

628 *Schmidt,* in: Immenga/Mestmäcker (Hrsg.), Wettbewerbsrecht, § 56 Rn. 12.

eine Interessenabwägung vor.[629] So kann das Beschwerdegericht bei folgenden Voraussetzungen die Offenlegung von Betriebs- und Geschäftsgeheimnissen anordnen.[630] Demnach ist eine Offenlegung möglich, soweit es für die Entscheidung auf diese Tatsachen oder Beweismittel ankommt, andere Möglichkeiten der Sachaufklärung nicht bestehen und nach Abwägung aller Umstände des Einzelfalles die Bedeutung der Sache für die Sicherung des Wettbewerbs das Interesse des Betroffenen an der Geheimhaltung überwiegt (Abs. 2 S. 4).

Eine Interessenabwägung ist auf den konkreten Einzelfall bezogen. Der Schutzumfang der Betriebs- oder Geschäftsgeheimnisse ist nicht so auszulegen, dass er sich lediglich auf den Schutz gegen nachhaltige oder existenzbedrohende Nachteile beschränkt.[631] Tatsachen, die jedoch nach einer Offenbarung dem betroffenen Unternehmen keinen rechtserheblichen Nachteil zufügen, gehören nicht zu einem schützenswerten Betriebs- oder Geschäftsgeheimnis.[632] Auch Offenlegungen, die bei objektiver Betrachtung keine konkreten Nachteile befürchten lassen, zählen nicht zu den „wichtigen Gründen" nach § 72 Abs. 2 GWB, die die Akteneinsicht hinter den Geheimnisschutz zurücktreten lässt.[633] Das eine Geheimhaltung anstrebende Unternehmen muss das Schutzbedürfnis „nachvollziehbar darlegen", und demnach konkret darlegen können „inwieweit die in Rede stehende Informationen für die Wettbewerbsfähigkeit von Bedeutung sind und welche konkreten nachteiligen Folgen [sich] für die eigene Marktstellung und Konkurrenzfähigkeit" ergeben.[634]

Zusätzlich muss im Rahmen dieser Abwägung berücksichtigt werden, „ob ein effektiver Rechtsschutz des Akteneinsicht Begehrenden durch andere, das Geheimhaltungsinteresse des Betroffenen ganz oder zumindest teilweise wahrende Art und Weise gewährleistet werden kann".[635] Infrage kommen anonymisierte tabellarische Darstellungen oder die Mitteilung in Form von Spannen u. a. bei Umsätzen, Gewinnen und Marktanteilen,[636] wie sie bspw. auch das Bundeskartellamt

629 *Gröning*, NZBau 2000, 366 (368).
630 *Kühnen*, in: Loewenheim/Meessen/Riesenkampff (Hrsg.), Kartellrecht, § 72 Rn. 13.
631 *Schmidt*, in: Immenga/Mestmäcker (Hrsg.), Wettbewerbsrecht, § 72 Rn. 7.
632 *Schmidt*, in: Immenga/Mestmäcker (Hrsg.), Wettbewerbsrecht, § 56 Rn. 11.
633 Vgl. *Kus*, in: Kulartz/ders./Portz (Hrsg.), Vergaberecht, § 111 Rn. 22.
634 *Kühnen*, in: Loewenheim/Meessen/Riesenkampff (Hrsg.), Kartellrecht, § 72 Rn. 11.
635 OLG Naumburg, Beschl. v. 1. 6. 2011 – 2 Verg 3/11, BeckRS 2011, 21710.
636 *Kühnen*, in: Loewenheim/Meessen/Riesenkampff (Hrsg.), Kartellrecht, § 72 Rn. 11.

verwendet. Diese Methoden entsprechen der gängigen Amtspraxis und begegnen keinem gerichtlichen Bedenken.[637]

cc) Verhältnismäßigkeit der Akteneinsicht nach § 111 GWB

1) Legitimer Zweck

Dem Akteneinsichtsrecht kommt in Hinsicht eines effektiven Rechtsschutzes im öffentlichen Auftragswesen eine zentrale Bedeutung zu. Es bildet die entscheidende Voraussetzung für die Verbesserung der Transparenz des Vergabeverfahrens.[638]

Die Akteneinsicht im Vergabenachprüfungsverfahren nach § 111 GWB ist einerseits Ausfluss des Anspruchs auf Gewährung des rechtlichen Gehörs und andererseits des Rechts auf effektiven Rechtsschutz. Zudem dient es der Gewährleistung der Verfahrenstransparenz i. S. d. § 97 Abs. 1 GWB, das im gesamten Ausschreibungsverfahren zu beachten ist.[639] Der Anspruch auf rechtliches Gehör nach Art. 103 Abs. 1 GG gilt grundsätzlich für alle Verfahren vor einem Gericht. Da die Vergabekammer eine Verwaltungsbehörde darstellt und das Vergabenachprüfungsverfahren ein gerichtsähnliches Verfahren, kann Art. 103 Abs. 1 GG entsprechend angewandt werden.[640] Das Akteneinsichtsrecht ist ebenfalls Teil des Grundrechts auf effektiven Rechtsschutz nach Art. 19 Abs. 4 GG.

2) Erforderlichkeit und Geeignetheit

Durch die Akteneinsicht kann die eingeschränkte Kenntnis der beteiligten Unternehmen von den Vorgängen im Vergabeverfahren so weit behoben werden, dass diese wirksam und in einem fairen Prozess fehlerhafte Vergabeentscheidungen angreifen können.[641] Insoweit eröffnet die Akteneinsicht den Bietern die Möglichkeit, das Vergabeverfahren auf mögliche Rechtsverstöße bzw. Unregelmäßigkeiten hin zu überprüfen.[642]

---

637 So die Ausführung des OLG Düsseldorf zur Marktanteilsspanne von +/– 2,5 %. Beschl. v. 25. 9. 2013 – VI Kart 4/12 (V), BeckRS 2014, 01046.

638 Gesetzesbegründung zu § 121 Abs. 1 GWB-E BT-Drucks. 13/9340; *Gröning*, NZBau 2000, 366 (366).

639 *Vavra*, in: Dreher/Motzke (Hrsg.), Beck'scher VergR, § 111 Rn. 4.

640 *Vavra*, in: Dreher/Motzke (Hrsg.), Beck'scher VergR, § 111 Rn. 2.

641 *Dicks*, in: Ziekow/Völlink (Hrsg.), § 111 Rn. 1.

642 *Dicks*, in: Ziekow/Völlink (Hrsg.), § 111 Rn. 10.

3) Angemessenheit

Bei der Normierung des § 111 GWB hat sich der Gesetzgeber für ein „Regel-Ausnahme“ Prinzip entschieden.[643] Nach § 111 Abs. 1 GWB können die Beteiligten Akten bei der Vergabekammer einsehen und sich durch die Geschäftsstelle auf ihre Kosten Ausfertigungen, Auszüge oder Abschriften erteilen lassen. Liegen die Voraussetzungen des § 111 GWB vor, steht es nicht im Ermessen der Vergabekammer den Anspruch auf Akteneinsicht zu versagen.[644] Im Ausnahmefall, wenn wichtige Gründe vorliegen, insbesondere wenn es zur Wahrung von Betriebs- und Geschäftsgeheimnissen geboten ist, muss die Vergabekammer die Einsicht in die Unterlagen versagen (Abs. 2).

Insoweit muss das Spannungsverhältnis zwischen dem Antragssteller eines Nachprüfungsverfahrens, der regelmäßig an einer Einsicht in die vollständigen Vergabeunterlagen interessiert ist und damit seinen Anspruch auf rechtliches Gehör und effektiven Rechtsschutz geltend macht, und dem Geheimhaltungsinteresse der übrigen Beteiligten (der öffentliche Auftraggeber sowie weitere Bieter) angemessen gelöst werden.[645]

Die Regelung, die § 111 Abs. 2 GWB darüber trifft, wird als unvollkommen bewertet.[646] Demnach wird die Interessenlage zwischen Akteneinsicht und Geheimnisschutz unterschiedlich beurteilt.[647] Insbesondere da § 120 Abs. 2 a. F. eine „entsprechende Anwendung“ anordnete, ist es umstritten, inwieweit § 72 GWB als Prüfungsmaßstab anzuwenden ist.[648] Allerdings ist zu berücksichtigen, dass die Systematik des § 72 Abs. 2 der des § 111 GWB widerspricht, weshalb § 72 Abs. 2 nicht angewendet wird.[649]

Aus dem Wortlaut des § 111 lässt sich zumindest keine Einschränkung des Akteneinsichtsrechts entnehmen, was auf einen Vorrang des Akteneinsichtsrechts gegenüber dem Geheimnisschutz hindeuten könnte. Es wird weitgehend

---

643 *Düsterdiek*, NZBau 2004, 605 (606); *Kus*, in: Kulartz/ders./Portz (Hrsg.), Vergaberecht, § 111 Rn. 5; *Losch*, VergabeR 2008, 739 (744).

644 *Vavra*, in: Dreher/Motzke (Hrsg.), Beck'scher VergR, § 111 Rn. 11.

645 *Düsterdiek*, NZBau 2004, 605 (606); *Heuvels*, in: Loewenheim/Meessen/Riesenkampff (Hrsg.), Kartellrecht, § 111 Rn. 4.

646 *Heuvels*, in: Loewenheim/Meessen/Riesenkampff (Hrsg.), Kartellrecht, § 111 Rn. 4.

647 *Kus*, in: Kulartz/ders./Portz (Hrsg.), Vergaberecht, § 111 Rn. 24 ff. m.w.N.

648 Verneinend *Vavra*, in: Dreher/Motzke (Hrsg.), Beck'scher VergR, § 111 Rn. 21; *Kus*, in: Kulartz/ders./Portz (Hrsg.), Vergaberecht, § 111 Rn. 34; a.A. *Gröning*, NZBau 2000, 366 (368).

649 *Kus*, in: Kulartz/ders./Portz (Hrsg.), Vergaberecht, § 111 Rn. 34; *Vavra*, in: Dreher/Motzke (Hrsg.), Beck'scher VergR, § 111 Rn. 21.

angenommen, dass das Akteneinsichtsrecht von vornherein nur in dem Umfang besteht, der zur Durchsetzung der subjektiven Rechte der Beteiligten erforderlich ist.[650] Da allerdings dadurch die Möglichkeit einer Einschränkung des Akteneinsichtsrechts und damit zugleich des Rechtsschutzes verbunden ist, ist dieses „ungeschriebene Tatbestandselement" an sich nicht unproblematisch.[651] Bei einem unzulässigen Nachprüfungsantrag sollte unter Berücksichtigung des Normzwecks das Akteneinsichtsrecht beschränkt werden.[652] Es sollte insoweit gewährt werden, dass es den Geheimwettbewerb nicht vollständig aushöhlt.[653] Auch darf der Anspruch auf effektiven Rechtsschutz des Bieters nicht so weit reichen, dass er dem Bieter ermöglicht „unter dem Vorwand einer Nachprüfung", Betriebs- und Geschäftsgeheimnisse seiner Konkurrenten auszuspionieren.[654] So sollte entgegen des Normaufbaus kein genereller Vorrang des Akteneinsichtsrechts vor dem Geheimnisschutz angenommen werden, sondern einzelfallbezogen entschieden werden. Insbesondere ist bei der Abwägung der subjektiven Interessen des Geheimnisschutzes und der Akteneinsicht zugleich der Schutz des Wettbewerbs als Institution in objektiver Hinsicht zu berücksichtigen.[655]

Dem Bieter steht nach § 111 Abs. 3 GWB das Recht zu, auf seine Geheimnisse hinzuweisen und diese in den Unterlagen entsprechend kenntlich zu machen. Der Begriff des Betriebs- und Geschäftsgeheimnis im Vergabeverfahren orientiert sich an das UWG. Unter die Geschäftsgeheimnisse fallen grundsätzlich auch Angebote anderer Bieter. Demnach ist die Akteneinsicht in diese nicht gestattet.[656] Zu den Geschäftsgeheimnissen der Bieter gehören u. a. Bilanzen, Angaben über Umsätze sowie Referenzlisten und Kalkulationsgrundlagen.[657] Ebenfalls lassen sich aus „aktuellen Preisangaben" von Wettbewerbern, Rückschlüsse auf schützenswerte Informationen entnehmen. Diese fallen ebenfalls in den Schutzbereich eines Betriebs- und Geschäftsgeheimnisses.[658]

---

650 *Vavra*, in: Dreher/Motzke (Hrsg.), Beck'scher VergR, § 111 Rn. 26.

651 Vgl. *Dicks*, in: Ziekow/Völlink (Hrsg.), Vergaberecht, § 111 Rn. 4 f.

652 *Heuvels*, in: Loewenheim/Meessen/Riesenkampff (Hrsg.), Kartellrecht, § 111 Rn. 5.

653 *Düsterdiek*, NZBau 2004, 605 (608) m.w.N.

654 *Vavra*, in: Dreher/Motzke (Hrsg.), Beck'scher VergR, § 111 Rn. 23; *Dicks*, in: Ziekow/Völlink (Hrsg.), Vergaberecht, § 111 Rn. 10.

655 *Kus*, in: Kulartz/ders./Portz (Hrsg.), Vergaberecht, § 111 Rn. 23.

656 *Vavra*, in: Dreher/Motzke (Hrsg.), Beck'scher VergR, § 111 Rn. 19; OLG Düsseldorf NZBau 2002, 578; *Dicks*, in: Ziekow/Völlink (Hrsg.), Vergaberecht, § 111 Rn. 10.

657 *Vavra*, in: Dreher/Motzke (Hrsg.), Beck'scher VergR, § 111 Rn. 19.

658 *Düsterdiek*, NZBau 2004, 606 (608); vgl. *Polenz*, NVwZ 2009, 883 (886).

Der Geheimnisschutz wird insoweit begrenzt, dass die Geheimhaltungsbedürftigkeit konkret nachvollziehbar begründet werden muss.[659] Zudem wird die Geheimhaltung der Betriebs- und Geschäftsgeheimnisse nicht ausschließlich von dem Bieter abhängig gemacht. So ist die Vergabekammer nicht an der Kennzeichnung gebunden, sondern prüft in eigener Zuständigkeit, ob und inwieweit eine Akteneinsicht zu gewähren ist.[660] Dies ist erforderlich, da in der Praxis die Tendenz erkennbar ist, dass alle von den Bietern eingereichten Unterlagen als geheimhaltungsbedürftig gekennzeichnet werden. So obliegt letztendlich die Entscheidungsbefugnis über den Umfang der Akteneinsicht bzw. der Geheimhaltung bei der „gerichtsähnlich ausgestaltete[n] Vergabekammer".[661] Ferner sollte dem Bieter die Möglichkeit einer Anhörung gewährleistet werden. Der EuGH führt aus, dass „angesichts des außerordentlich schweren Schadens, der entstehen kann, wenn bestimmte Informationen zu Unrecht an einen Wettbewerber weitergeleitet werden, die Nachprüfungsinstanz dem betroffenen Wirtschaftsteilnehmer die Möglichkeit geben [muss], sich auf die Vertraulichkeit oder das Geschäftsgeheimnis zu berufen, bevor sie diese Informationen an einen am Rechtsstreit Beteiligten weitergibt".[662]

4) Zusätzliche Maßnahmen

Zur Wahrung der schutzwürdigen Belange wird in der Praxis ein Mittelweg eingeschlagen, indem sensible Stellen geschwärzt werden.[663] Zusätzlich wird zur Lösung von Ausnahmefällen[664] für ein „In-camera-Verfahren" plädiert, was jedoch aufgrund der fehlenden Rechtsgrundlage weitgehend abgelehnt wird.[665]

---

659 *Losch*, VergabeR 2008, 739 (745); *Kus*, in: Kulartz/ders./Portz (Hrsg.), Vergaberecht, § 111 Rn. 35; *Dicks*, in: Ziekow/Völlink (Hrsg.), Vergaberecht, § 111 Rn. 10.

660 *Vavra*, in: Dreher/Motzke (Hrsg.), Beck'scher VergR, § 111 Rn. 20.

661 *Vavra*, in: Dreher/Motzke (Hrsg.), Beck'scher VergR, § 111 Rn. 20.

662 EuGH, NZBau 2008, 403 (406).

663 *Dicks*, in: Ziekow/Völlink (Hrsg.), Vergaberecht, § 111 Rn. 10; *Ramm*, VergabeR 2007, 739 (741); *Dreher*, in: Immenga/Mestmäcker (Hrsg.), Wettbewerbsrecht, § 111, Rn. 32.

664 Nach *Gröning*, NZBau 2000, 366 (369), wären diese denkbar, wenn „zwar der Geheimnisschutz gewährt werden muss, dem Antragsteller dadurch aber ein vergaberechtliches Fehlverhalten verborgen bleibt und sein Antrag deshalb unbegründet erscheint".

665 *Dicks*, in: Ziekow/Völlink (Hrsg.), Vergaberecht, § 111 Rn. 10; *Losch*, VergabeR 2008, 739 (745); *Dreher*, in: Immenga/Mestmäcker (Hrsg.), Wettbewerbsrecht, § 111, Rn. 31; *Vavra*, in: Dreher/Motzke, Beck'scher VergR, § 111 Rn. 37; OLG Düsseldorf, Beschluss v. 28. 12. 2007 – Verg 40/07, BeckRS 2008, 00742.

dd) Zusammenfassung

Insoweit besteht im Bereich des GWB ein Ausgleichsbedarf zwischen dem Geheimnisschutz und dem Akteneinsichtsrecht. Ein genereller Vorrang des Akteneinsichtsrechts kann nicht angenommen werden, sondern es muss stets einzelfallbezogen abgewogen werden.

In Rechtsprechung und Literatur haben sich weitere „Schutzmechanismen" herausgebildet, die gleichsam die Reichweite des Geheimnisanspruchs und des Akteneinsichtsrechts einschränken, um eine Verkürzung beider Rechte zu vermeiden.

b) Regulierungsrecht

Im Folgenden wird auf die Verfassungsmäßigkeit der im Bereich des Regulierungsverwaltungsrechts bestehenden Zugriffe eingegangen. Ähnlich wie beim Wettbewerbsrecht bestehen in diesem Bereich umfangreiche Regelungen zu Informations- bzw. Auskunftspflichten gegenüber den Behörden. Zudem muss auch hier im Rahmen eines Verwaltungs- oder Gerichtsverfahren eine Abwägung der kollidierenden Grundrechte vorgenommen werden. Um verhältnismäßige Inhalts- und Schrankenbestimmung darzustellen, müssen die verschiedenen Formen von Zugriffen einen legitimen Zweck verfolgen, weiterhin geeignet, erforderlich und angemessen sein. Die folgende Darstellung bezieht sich hauptsächlich auf das Verfahren des Telekommunikationsgesetzes.

aa) Informationsweitergabe und Offenlegung gegenüber der Behörde

1) Legitimer Zweck

Durch die Regulierung wird die Förderung eines wirksamen und unverfälschten Wettbewerbs und die Gewährleistung einer flächendeckend angemessenen und ausreichenden Dienstleistung gesichert.[666] Demnach werden durch „gesetzliche Anforderungen an das Angebot gemeinwohlorientierter Dienstleistungen", die „Rahmenbedingungen des marktwirtschaftlichen Wettbewerbs" bestimmt.[667] Die Regulierungsbehörde ist auf hinreichende Informationen angewiesen, um das notwendige Wissen für ihre Aufgabenerfüllung zu generieren. Dieses Wissen ist nicht „stabil vorausgesetzt", sondern muss kontinuierlich „situativ" neu hergestellt werden. Die konkreten Informationspflichten in Form von „Auskunfts-, Berichts- und Vorlagepflichten" im Bereich des Regulierungsrechts, sind Ergebnis eines komplexen informellen Verwaltungshandelns, der gleichsam die

666 Vgl. § 1 TKG, § 1 EnWG, § 1 PostG.

667 *Badura*, Wirtschaftsverfassung und Wirtschaftsverwaltung, Rn. 150.

konkretisierungsbedürftigen gesetzlichen Vorgaben im Umgang mit mehreren Marktakteuren berücksichtigt und zugleich die dynamischen „Markt- und Wettbewerbsverhältnisse“ einkalkuliert.[668]

2) Geeignetheit und Erforderlichkeit

Diese Informationspflichten dienen der Gewährleistung eines umfassenden Basiswissens, die eine „fundierte behördliche Entscheidungspraxis“ ermöglichen. Die Aufgaben der Regulierungsbehörde wären ohne diesen ergänzenden Wissensbestand nicht zu bewältigen.[669] In diesem Sinne dient das Instrument des Monitorings hauptsächlich der „Selbstvergewisserung der Behörde über die Wirksamkeit der planerisch-politischen Prozesse und Entscheidungen“.[670]

Angesichts der umfassenden Auskunfts-, Einsichts- und Prüfungsrechten, die der Regulierungsbehörde im Rahmen ihrer Aufgabenerfüllung zustehen (vgl. § 127 TKG), muss in Hinsicht auf die Verhältnismäßigkeit der Gesichtspunkt der Erforderlichkeit gewahrt werden. Insoweit entspricht es auch der gesetzlichen Ausgestaltung, wenn die Regulierungsbehörde bestimmte Informationen verlangen kann, „soweit es zur Erfüllung der in diesem Gesetz der Regulierungsbehörde übertragenen Aufgaben erforderlich ist“ (vgl. § 69 EnWG). Zudem muss von vornherein bestimmt werden, „welche Informationen und welche Daten als Informationsgrundlage“ von staatlichen Stellen benötigt werden, um eine vollständige Aufgabenbewältigung in rechtmäßiger Weise zu ermöglichen.[671] Die Feststellung, ob eine Information erforderlich ist, „bestimmt sich ex ante anhand der Maßnahme, zu deren Durchführung die von der Regulierungsbehörde angeforderten Informationen dienen“. So muss die Regulierungsbehörde „bereits im Zeitpunkt der Informationserhebung“ jedenfalls über ein vorstrukturiertes Konzept der angestrebten Maßnahme verfügen. „Selbstinformation gleichsam auf Vorrat“ ist nicht mit dem Erforderlichkeitsgebot vereinbar.[672]

---

668 *Fehling*, Instrumente und Verfahren, in: ders./Ruffert (Hrsg.), Regulierungsrecht, § 20 Rn. 117 f.

669 *Gärditz*, DVBl. 2009, 69 (69 f.).

670 *John-Koch*, Informationstransfer in privat-staatlichen Kooperationen, in: Spiecker/Döhmann/Collin (Hrsg.), Generierung und Transfer staatlichen Wissens im System des Verwaltungsrechts, 2008, 93 (109 f.).

671 *Albers*, Umgang mit personenbezogenen Informationen und Daten, in: Hoffmann-Riem/Schmidt-Aßmann (Hrsg.), GVwR II, § 22 Rn. 132.

672 *Gärditz*, DVBl. 2009, 69 (75).

3) Angemessenheit

Im Rahmen der Prüfung der Angemessenheit ist festzustellen, ob dem Geheimnisschutz genügend Rechnung getragen wird. Dabei ist die Frage zu beantworten, ob an die Regulierungsbehörde weitergegebene Informationen als offenkundig gelten. Der Bundesgerichtshof hat dies in Hinsicht auf § 30 VwVfG verneint. Gegen das Akteneinsichtsrecht Dritter stehe grundsätzlich § 29 Abs. 2 VwVfG entgegen.[673] Zusätzlich würde die unbefugte Offenbarung und Verwertung von Betriebs- und Geschäftsgeheimnissen durch Amtsträger durch §§ 203 Abs. 2 Nr. 1, 204 StGB sanktioniert.[674]

Dennoch hat die Informationsweitergabe an die Behörde notwendig zur Konsequenz, dass „Einblicke in die Marktstrukturen des regulierten Unternehmens“ ermöglicht werden. Dies trägt zu einer „informalen Wissensherrschaft“ bei. Auch können „weder menschliche oder technische Fehler noch einen rechtswidrigen Drittzugriff“ ausgeschlossen werden.[675]

Gleichsam lässt sich bei den zahlreich normierten Möglichkeiten des intrabehördlichen Informationsaustauschs festhalten, dass ein an einer staatlichen Stelle bekannt gewordenes Geheimnis aufgrund Restriktionen des Geheimnisschutzrechts nur dann im Informationsverkehr zwischen den Behörden übermittelt oder anderweitig verwendet werden darf, wenn eine gesetzliche Erlaubnisnorm dies vorsieht oder alle Geheimnisherren ihre Einwilligung wirksam erteilt haben.

Der Geheimnisschutz bei internationalen Verwaltungsbeziehungen, bzw. die Voraussetzung für eine Weitergabe geheimer Informationen und der Verwertungsbefugnis an ihnen, ist noch weiter aufzubauen.[676]

bb) Spezifische Ausprägung des Geheimnisschutzes im Entgeltregulierungsverfahren

Die Rechtslage um den Geheimnisschutz im Entgeltregulierungsverfahren bildet den „zentralen Streitpunkt“ des Regulierungsrechts.[677] An dem Interessenkonflikt sind in der Regel beteiligt, die Genehmigungsbehörde, die Wettbewerber als „potentiell zur Entgeltzahlung Verpflichtete mit ihrem Interesse an effektivem Rechtsschutz bei der Überprüfung der Entgelthöhe“ und das regulierte

---

673 BGH, Urt. v. 23. 2. 2012 – I ZR 126/10, Rn. 30.

674 *Kalbfus*, WRP 2013, 584 (585).

675 *Gärditz*, DVBl. 2009, 69 (70).

676 *Schmidt-Aßmann*, Der Staat 2006, 315 (333).

677 *Attendorn/Geppert*, in: Geppert/Schütz (Hrsg.), Beck'scher TKG-Kommentar, § 136 Rn. 11; Gesetzesentwurf der Bundesregierung zum TKG, BT-Drs. 15/2316 S. 102.

Unternehmen als „Trägerin der grundrechtlich geschützten Betriebs- und Geschäftsgeheimnisse".[678]

1) Gegeninteressen

Die Unterlagen, die möglicherweise durch eine Akteneinsicht der Wettbewerber betroffen sind, spielen für die regulierten Unternehmen eine wesentliche Rolle für das „unternehmerische Agieren".[679] Nach der Aufzählung des Bundesverfassungsgerichts betrifft dies voraussichtlich „technische Angaben, Werte und Parameter zur Investitionsermittlung, Kalkulation der Kosten, Prozessbeschreibungen und -kosten, Gemeinkosten, Kalkulationsergebnisse sowie um Unterlagen der Buchhaltung aus dem Bereich der wirtschaftlichen Betätigung", sowie „Werte zu Umsätzen, Absatzmengen, Kosten und Deckungsbeiträge sowie Datenquellen" des regulierten Unternehmens.[680]

Umgekehrt liegt es im Interesse der am Verfahren beteiligten Wettbewerbern, die verfahrensrelevanten Informationen verwerten zu können, da dies einerseits eng mit einer sachgerechten Entscheidung und ihrem Rechtsschutz zusammenhängt, und sie andererseits aus ökonomischer und wirtschaftlicher Hinsicht daran interessiert sind, möglichst umfassende Informationen von ihren Konkurrenten einzuholen.[681]

Insoweit kollidiert die grundrechtliche Eigentumsgarantie mit dem Anspruch auf effektiven Rechtsschutz.

2) Abwägung durch die Beschlussbehörde

Nach § 136 TKG haben die Beteiligten[682] des Beschlusskammerverfahrens alle Teile zu kennzeichnen, die Betriebs- und Geschäftsgeheimnisse enthalten und müssen eine zusätzliche Fassung vorlegen, die aus ihrer Sicht ohne Preisgabe von Betriebs- oder Geschäftsgeheimnissen eingesehen werden kann. Der Begriff der

---

678 BVerfGE 115, 205, 232 f.

679 *Attendorn/Geppert*, in: Geppert/Schütz (Hrsg.), Beck'scher TKG-Kommentar, § 136 Rn. 11.

680 BVerfGE 115, 205, 231.

681 *Attendorn/Geppert*, in: Geppert/Schütz (Hrsg.), Beck'scher TKG-Kommentar, § 136 Rn. 11.

682 Diese sind nach § 134 Abs. 2 der Antragsteller, die Betreiber von öffentlichen Telekommunikationsnetzen und die Anbieter von Telekommunikationsdiensten für die Öffentlichkeit, gegen die sich das Verfahren richtet, sowie Personen und Personenvereinigungen, welche die Regulierungsbehörde zu dem Verfahren beigeladen hat.

Betriebs- und Geschäftsgeheimnisse im TKG ist dem UWG entlehnt.[683] Allerdings ist die Beschlusskammer nicht an der Kennzeichnung der Unternehmen gebunden.[684] In Fällen, in denen die Beschlusskammer die Kennzeichnung der Unterlagen als Betriebs- und Geschäftsgeheimnisse für unberechtigt hält, oder in denen sie deren Geheimhaltungsbedürftigkeit verneint, kann sie vollständige Akteneinsicht gewähren, soweit nicht tatsächliche Geheimnisse entgegenstehen. Kommt es zu einer Akteneinsicht, muss die Beschlusskammer vor der Entscheidung die vorlegenden Personen anhören.[685]

Nach § 30 VwVfG hat jeder Verfahrensbeteiligte Anspruch darauf, dass seine Betriebs- und Geschäftsgeheimnisse von der Behörde nicht unbefugt offenbart werden. § 30 VwVfG setzt Maßstäbe für eine Offenlegung: So entfällt die behördliche Geheimhaltungspflicht, wenn eine Befugnis zur Offenbarung besteht, wenn eine Zustimmung des berechtigten Geheimnisinhabers vorliegt oder das Offenbarungsinteresse das Geheimhaltungsinteresse überwiegt.[686] Für § 136 gilt daher, dass die BNetzA die Information eines Verfahrensbeteiligten mit Geheimnisrang offenbaren darf, wenn der Geheimnisinhaber zugestimmt hat oder anhand der fehlenden Kennzeichnung eine Zustimmung vermutet wird, die Zustimmungsvermutung nach S. 3 nicht widerlegt worden ist oder das Offenbarungsinteresse das Geheimhaltungsinteresse überwiegt.[687] Da sich bei der Interessenabwägung keine konkreten Maßstäbe gewinnen lassen, sind auf die im Bereich des § 138 TKG entwickelten Maßstäben einzugehen.[688]

cc) Die Gewährleistung des Geheimnisschutzes im gerichtlichen Verfahren

§ 138 TKG regelt den Geheimnisschutz bezüglich der Unterlagen, die die Verfahrensbeteiligten der BNetzA vorgelegt haben. Die Regelung zum Geheimnisschutz im telekommunikationsrechtlichen Gerichtsverfahren hat bis zu seiner

683 *Attendorn/Geppert,* in: Geppert/Schütz (Hrsg.), Beck'scher TKG-Kommentar, § 136 Rn. 12.

684 *Attendorn/Geppert,* in: Geppert/Schütz (Hrsg.), Beck'scher TKG-Kommentar, § 136 Rn. 31.

685 *Attendorn/Geppert,* in: Geppert/Schütz (Hrsg.), Beck'scher TKG-Kommentar, § 136 Rn. 33.

686 *Holznagel,* Informationsbeziehungen in und zwischen Behörden, in: Hoffmann-Riem/Schmidt-Aßmann, Voßkuhle (Hrsg.), GVwR II, § 24 Rn. 71.

687 *Attendorn/Geppert,* in: Geppert/Schütz (Hrsg.), Beck'scher TKG-Kommentar, § 136 Rn. 20.

688 *Attendorn/Geppert,* in: Geppert/Schütz (Hrsg.), Beck'scher TKG-Kommentar, § 136 Rn. 20.

heutigen Fassung[689] mehrfache Änderungen erfahren. Ursprünglich war bis zum Jahr 2004 § 99 VwGO auch im telekommunikationsrechtlichen Regulierungsverwaltungsprozess anwendbar. Allerdings führte das in § 99 VwGO vorgesehene verwaltungsgerichtliche Zwischenverfahren („In-camera-Verfahren"), das nicht von dem Hauptsachegericht, sondern vor den Fachsenaten abgehalten wurde, insbesondere bei telekommunikationsrechtlichen Streitigkeiten zu Verfahrensverzögerungen.[690] Zudem erwies sich der vorrangig auf zweipolige Verhältnisse ausgerichtete § 99 VwGO in den dreipoligen telekommunikationsrechtlichen Streitigkeiten als insuffizient.[691] Dementsprechend regelte § 138 TKG a. F. ein „In-camera-Verfahren", in dem beim Zwischenverfahren das Gericht der Hauptsache zuständig ist. Zudem konnte die Regulierungsbehörde als oberste Aufsichtsbehörde über die Verweigerung der Aktenvorlage entscheiden.[692]

§ 138 TKG n. F. wurde entsprechend der Auffassung des EuGH[693] dem Art. 4 RRL angepasst.[694] Dem zuständigen Gericht müssen sämtliche Informationen zu Verfügung gestellt werden. Demnach reduzierte sich das Verweigerungsrecht der BNetzA zu einem Kennzeichnungsrecht: Geheimbedürftige Unterlagen können lediglich gekennzeichnet werden (§ 138 Abs. 1 S. 1).[695]

1) Die Interessen der Wettbewerber

Der Interessenkonflikt gleicht dem des § 136 TKG. Der Geheimnisschutz in telekommunikationsrechtlichen Streitigkeiten ist von besonderer Bedeutung, der in so einem Maße mit anderen verwaltungsrechtlichen Verfahren nicht vergleichbar ist.[696] Da es sich bei den Prozessgegnern um Konkurrenten handelt, kann das Einsichtsrecht besonders folgenschwere Nachteile mit sich bringen, „die weit über das aktuelle Verfahren" hinauswirken.[697]

---

689 Fassung aufgrund des Gesetzes zur Änderung telekommunikationsrechtlicher Regelungen vom 3. 5. 2012 (BGBl. I S. 958).

690 Gesetzesbegründung zu § 136 TKG-E, BT-Drs. 15/2316 S. 102.

691 *Ohlenburg*, NVwZ 2005, 15 (17).

692 Dies erwies sich als Vorteil, da „das aufsichtsführende Bundesministerium für Wirtschaft und Arbeit von der Einarbeitung und der Entscheidung über die komplexen Akten befreit und so eine erhebliche Verfahrensbeschleunigung erreicht" wurde. *Ohlenburg*, NVwZ 2005, 15 (17).

693 EuGH, Urteil v. 13. 7. 2006, Az. Rs. C–438/04.

694 BT-Drs. 17/5707, S. 86.

695 BT-Drs. 17/5707, S. 86.

696 *Ohlenburg*, NVwZ 2005, 15 (17).

697 *Ohlenburg*, NVwZ 2005, 15 (17).

Gegen das grundrechtlich geschützte Interesse an Geheimhaltung kann sich die Konkurrenz auf das Recht auf wirksame gerichtliche Kontrolle nach Art. 19 Abs. 4 GG berufen. So müssen entscheidungserhebliche Verwaltungsvorgänge den Verwaltungsgerichten zugänglich gemacht werden. Da es sich um ein Gerichtsverfahren handelt, besteht zudem ein unmittelbarer Anspruch auf rechtliches Gehör nach Art. 103 Abs. 1 GG. Der Anspruch auf rechtliches Gehör gibt dem Einzelnen ein Recht darauf, sich zu dem einer gerichtlichen Entscheidung zugrunde gelegten Sachverhalt zu äußern, damit er Einfluss auf das Verfahren und dessen Ergebnis nehmen kann.[698] Einer gerichtlichen Entscheidung dürfen grundsätzlich nur solche Tatsachen zugrunde gelegt werden, zu denen die Beteiligten Stellung nehmen konnten.[699] Dadurch will Art. 103 Abs. 1 GG verhindern, dass das Gericht ihm bekannte, einem Prozessbeteiligten aber verschlossene Sachverhaltsinformationen zu dessen Nachteil verwertet.[700]

2) Maßstäbe

Die Gesetzesbegründung zu § 138 TKG a. F. sah vor, dass die für „das Gericht maßgeblichen Abwägungskriterien im Gesetz ausdrücklich genannt" werden.[701] Dementsprechend verpflichtete das Gericht die Behörde zur Vorlage „soweit es für die Entscheidung darauf ankommt, andere Möglichkeiten der Sachaufklärung nicht bestehen und nach Abwägung aller Umstände des Einzelfalls das Interesse an der Vorlage der Unterlagen das Interesse des Betroffenen an der Geheimhaltung überwiegt". Es kam daher auf die Entscheidungserheblichkeit der Unterlagen an, und zum anderen, ob die Möglichkeiten der Sachaufklärung ausgeschöpft sind. Schließlich kam es zu einer Interessenabwägung zwischen dem Recht auf effektiven Rechtsschutz und dem Geheimnisschutz.

Die Interessenabwägung des § 138 TKG wurde insbesondere durch umfangreiche Rechtsprechungen des Bundesverwaltungsgerichts, des Bundesverfassungsgerichts und des Europäischen Gerichtshof geprägt.[702] Ausgangspunkt war eine im Rahmen des TAL-Zugangsentgeltverfahrens von den Wettbewerbern des Geheimnisträgers erhobene Anfechtungsklage gegen eine von der BNetzA erteilte Entgeltgenehmigung des Geheimnisträgers. Der Anfechtungskläger begehrte Einsicht in die der Genehmigung zugrunde liegenden Unterlagen, während der

698 BVerfGE 101, 106, 129; 89, 28, 35.

699 BVerfGE 101, 106, 129; 89, 381, 392.

700 BVerfG 109, 279, 370; *Nolte*, in: v. Mangoldt/Klein/Starck (Hrsg.), GG, § 103 Rn. 31.

701 Gesetzesbegründung zu § 136 TKG-E, BT-Drs. 15/2316 S. 102.

702 *Attendorn/Geppert*, in: Geppert/Schütz (Hrsg.), Beck'scher TKG-Kommentar, § 138 Rn. 25.

Geheimnisträger dies aufgrund seiner Betriebs- und Geschäftsgeheimnisse verweigerte. Das Bundesverwaltungsgericht orientierte sich zunächst an die Kriterien des Kartellbeschwerdeverfahrens: „Im Kartellbeschwerdeverfahren kann das Gericht die Offenlegung von Tatsachen und Beweismitteln, deren Geheimhaltung zur Wahrung von Geschäftsgeheimnissen verlangt wird, durch Beschluss anordnen, wenn es für die Entscheidung auf diese Tatsachen und Beweismittel ankommt, andere Möglichkeiten der Sachaufklärung nicht bestehen und nach Abwägung aller Umstände die Bedeutung der Sache für die Sicherung des Wettbewerbs das Interesse des Betroffenen an der Geheimhaltung überwiegt (§ 72 Abs. 2 S. 4 GWB). Unter diesen Voraussetzungen ist die Einschränkung der Berufsausübungsfreiheit nicht unverhältnismäßig, wenn und soweit die Preisgabe der Betriebs- oder Geschäftsgeheimnisse keine nachhaltigen oder gar existentiellen Nachteile besorgen lässt". Dies müsse für den Telekommunikationsmarkt erst recht gelten.[703] Das Gericht sah die Deutsche Telekom AG (DTAG) wegen ihrer ausschließlich privatwirtschaftlichen Tätigkeit und Aufgabenstellung (Art. 87f Abs. 2 GG) zwar als grundrechtsfähig, obwohl sie aus dem öffentlich-rechtlichen Sondervermögen Deutsche Bundespost und dem öffentlich-rechtlichen Teilsondervermögen Deutsche Bundespost Telekom hervorgegangen war und bis heute trotz der Veräußerung von Aktien an private Investoren mehrheitlich im Eigentum der Bundesrepublik Deutschland steht. Da ihre Netzinfrastruktur jedoch unter dem Schutz eines staatlichen Monopols und unter Verwendung öffentlicher Mittel entstanden ist, nahm das Gericht einen intensiven sozialen Bezug an (Art. 14 Abs. 2 GG).[704] Um das von Verfassung und Gesetz vorgegebene Ziel zu erreichen, einen chancengleichen und funktionsfähigen Wettbewerb herzustellen, sollte die Deutsche Telekom AG daran gehindert werden, ihren Wettbewerbsvorsprung auf Dauer zu erhalten. Nachhaltige oder gar existenzbedrohende Nachteile für die Deutsche Telekom AG seien bei einer Offenlegung der Geschäfts- oder Betriebsgeheimnisse nicht zu besorgen.[705]

Gegen die Entscheidungen des Bundesverwaltungsgerichts, des Bundesministeriums für Wirtschaft und Technologie und der Regulierungsbehörde für Telekommunikation und Post erhob die Deutsche Telekom AG eine Verfassungsbeschwerde, wobei sie u. a. eine fehlerhafte Abwägung in Hinsicht ihrer grundrechtlichen geschützten Betriebs- und Geschäftsgeheimnisse rügte.

Das Bundesverfassungsgericht führte aus, dass der vom Bundesverwaltungsgericht angewandte Abwägungsmaßstab der existenzbedrohenden oder

---

703 BVerwG, NVwZ 2004, 745 (747).
704 BVerwG, NVwZ 2004, 745 (746).
705 BVerwG, NVwZ 2004, 745 (747).

nachhaltigen Nachteile den verfassungsrechtlichen Erfordernissen nicht genüge: „Nach dem vom Bundesverwaltungsgericht aufgestellten Maßstab entfällt Geheimnisschutz zum einen, wenn der Ausnahmefall durch existenzbedrohende Nachteile begründet ist. Es ist schwer vorstellbar, dass die Offenlegung eines Betriebs- oder Geschäftsgeheimnisses aus Anlass der Genehmigung eines Entgelts für den Netzzugang ein marktstarkes oder gar marktbeherrschendes Unternehmen in existentielle Gefahr bringen kann. Davon abgesehen erlaubt diese Grenze keine differenzierende Abwägung".[706] So sei „das durch diese Abwägungsregel bewirkte grundsätzliche Zurücktreten des Geheimnisschutzes nicht Ergebnis einer angemessenen Zuordnung der kollidierenden Rechtsgüter zueinander".[707] Insgesamt verstoße es gegen den Grundsatz der praktischen Konkordanz, wenn die Entscheidung immer nur entweder zu Lasten des effektiven Rechtsschutzes oder zu Lasten der Geheimhaltungsinteressen gehe.[708]

Schließlich setzte sich der Europäische Gerichtshof bei der *Mobistar*-Entscheidung vom. 13. 7. 2006 mit diesem Problem auseinander. Bei der Auslegung der TKG zugrunde liegenden Rahmenrichtlinie für elektronische Kommunikationsnetze und -dienste (RL 2002/21/EG v. 7. 3. 2002) stellte das Gericht klar, dass „die Stelle, die nach Artikel 4 der Rahmenrichtlinie über Rechtsbehelfe gegen Entscheidungen der nationalen Regulierungsbehörde befinden soll, über sämtliche Informationen verfügen [muss], die erforderlich sind, um über die Begründetheit dieser Rechtsbehelfe in voller Kenntnis der Umstände entscheiden zu können, also auch über vertrauliche Informationen. Der Schutz dieser Informationen und von Geschäftsgeheimnissen muss jedoch sichergestellt und so ausgestaltet sein, dass er mit den Erfordernissen eines effektiven Rechtsschutzes und der Wahrung der Verteidigungsrechte der am Rechtsstreit Beteiligten im Einklang steht".[709]

3) Bewertung der heutigen Fassung

Unter ausdrücklicher Bezugnahme auf die Entscheidung des Europäischen Gerichtshofs kam es zur Umsetzung durch den Gesetzgeber. Daraus folgte die Novelle des TKG durch das Gesetz v. 3. 5. 2012 (BGBl I 958).[710] Demnach sind die geheimhaltungsbedürftigen Sachverhalte uneingeschränkt in der Sachentscheidung zu verwerten. Ein Verwertungsverbot für Betriebs- und

---

706 BVerfGE 115, 205, 244.

707 BVerfGE 115, 205, 244.

708 BVerfGE 115, 205, 235.

709 EuGH, *Urteil* vom 13.7.2006 – Rs. C-438/04 Mobistar Rn. 40; vgl. auch BVerwG, Beschl. v. 22. 3. 2007 – 20 F 4/06, BeckRS 2007, 23812, Rn. 16, 20.

710 BT-Drs. 17/5707, S. 87.

Geschäftsgeheimnisse, wie sie in § 138 Abs. 4 S. 2 TKG a. F. vorgesehen war, ist daher ausgeschlossen. Zum Schutz von Geheimhaltungsinteressen wird jedoch die Akteneinsicht und der Entscheidungsbegründung eingeschränkt.[711] Um diese umfassende Offenlegungspflicht auszugleichen, ist in § 138 Abs. 2 und 3 TKG n. F. ein „In-camera-Verfahren" im Hauptsacheverfahren vorgesehen. Dies ermöglicht einen angemessenen Ausgleich zwischen dem effektiven Rechtsschutz und dem Geheimnisschutz, ohne dass ein Interesse vollständig aufgegeben werden muss.[712] Das Gericht der Hauptsache unterrichtet die Beteiligten, wenn deren Geheimhaltungsinteresse durch die Offenlegung der Unterlagen im Hauptsacheverfahren berührt werden könnte (§ 138 Abs. 1 S. 2 TKG). Betroffene Beteiligte erhalten dadurch Kenntnis zu setzen und können einen Antrag nach § 138 Abs. 2 TKG stellen. Im Vergleich zu § 99 VwGO und § 8 IFG besteht damit eine „deutlich höhere Unterrichtungsschwelle". Überwiegt der Geheimnisschutz, muss das Gericht die entgegenstehenden Beteiligungsrechte nach §§ 100 und 108 Abs. 1 und 2 VwGO ausschließen.[713] Insoweit kann der prozessuale Geheimnisschutz des § 138 TKG n. F. „als vorbildliche gesetzgeberische Umsetzung des Gebots der materiellrechtsfreundlichen Ausgestaltung des Verfahrensrechts" bewertet werden.[714]

c) *Informationsfreiheitsgesetze*

Es muss geklärt werden, ob die gesetzgeberischen Zugriffe auf die Betriebs- und Geschäftsgeheimnisse durch die Informationsfreiheitsgesetze verfassungsmäßige Inhalts- und Schrankenbestimmungen darstellen.

Das durch die Informationsfreiheitsgesetze gewährleistete Informationszugangsrecht hat eine restriktive Wirkung auf die Unternehmen, da es ihr Verfügungsrecht über die eigenen Unterlagen berührt. Da der Grundsatz der Amtsverschwiegenheit ggf. aufgegeben wird, besteht das Risiko, dass der Geheimnisschutz vollständig aufgehoben wird.[715]

Das Verhältnismäßigkeitsgebot setzt dem Gesetzgeber materielle Grenzen.[716] Die Auseinandersetzung des Geheimnisschutzes innerhalb der Informationsfreiheitsgesetze erfolgt im Rahmen der generellen Überlegungen

---

711 *Kopp/Schenke*, VwGO, § 99 Rn. 1.

712 *Götz*, N&R 2012, 215 (219).

713 *Attendorn/Geppert*, in: Geppert/Schütz (Hrsg.), Beck'scher TKG-Kommentar, § 138 Rn. 21.

714 *Götz*, N&R 2012, 215 (221).

715 *Beer/Wesseling*, DVBl. 2006, 133 (136).

716 BVerfGE 80, 367, 373 f.

des Informationsverwaltungsrechts, insbesondere des Umgangs mit den erhobenen Informationen.

Voraussetzung ist zunächst, dass mit dem Zugriff legitime öffentliche Zwecke verfolgt werden.

aa) Ziel und Zweckbestimmungen

Die Etablierung von Informationsfreiheitsgesetzen, oft als Paradigmenwechsel[717] bezeichnet, bildet eine Ausnahme in der Grundsystematik des Verwaltungsrechts, da das Prinzip der „beschränkten Aktenöffentlichkeit" durch einen voraussetzungslosen Informationsanspruch ersetzt wurde.[718] Diesem Gedanken eines voraussetzungslosen Informationsanspruchs liegt eine Vielzahl von Ziel- und Zweckbestimmungen zugrunde.

1) IFG

Das IFG intendiert ein transparenteres Verwaltungshandeln des Bundes durch einen erleichterten Informationszugang. Dies dient grundsätzlich der Stärkung des demokratischen Beteiligungsrechts der Bürger.[719] Der Transparenzgrundsatz[720] findet seine Grundlage im Demokratie- und Rechtsstaatsprinzip nach Art. 20 Abs. 1 GG.[721] Anhand diesem werden die Partizipation an behördlichen Entscheidungen sowie deren Kontrolle und Akzeptanz ermöglicht.

2) UIG

Das UIG dient der Anpassung des Bundesrechts an die Umweltinformationsrichtlinie (RL 2003/4/EG)[722] und damit auch den völkerrechtlichen Vorgaben der Aarhus-Konvention.[723]

---

717 *Schoch,* NJW 2009, 2987 (2988).

718 *Schoch,* IFG, Einl., Rn. 12.

719 BT-Drs. 15/4493, S. 1.

720 *Schoch,* DÖV 2006, 1 (7).

721 *Debus,* in: Gersdorf/Pall (Hrsg.), InfoMedienR, § 1 IFG Rn. 22.

722 Richtlinie 2003/4/EG des Europäischen Parlaments und des Rates über den Zugang der Öffentlichkeit zu Umweltinformationen und zur Aufhebung der Richtlinie 90/313/EWG des Rates vom 28. Januar 2003.

723 UN ECE-Übereinkommen über den Zugang zu Informationen, die Öffentlichkeitsbeteiligung an Entscheidungsverfahren und den Zugang zu Gerichten in Umweltangelegenheiten. BT-Drs. 15/3406, S. 1.

Indem das UIG einen systematischen Zugang der Allgemeinheit zu Umweltinformationen und dadurch eine Verbreitung dieser ermöglicht,[724] wird ein verbesserter Vollzug des Umweltrechts[725] und letztendlich ein verbesserter Umweltschutz i. S. d. Art. 20a GG erzielt.[726]

3) VIG

Ziel des VIG ist es, durch eine transparente Marktgestaltung, den Schutz der Verbraucher vor gesundheitsschädlichen oder sonst unsicheren Erzeugnissen und Verbraucherprodukten sowie vor Täuschung im Verkehr von Erzeugnissen und Verbraucherprodukten zu verbessern (§ 1 S. 1 Nr. 2 VIG). Dies ermöglicht eine eigenverantwortliche Entscheidung der Verbraucher und steht im engen Zusammenhang mit dem Recht auf Schutz von Leben und Gesundheit gem. Art. 2 Abs. 2 S. 1 GG. Ferner stellt die Transparenz staatlichen Handelns und der ungehinderte Zugang zu Informationen ein wesentliches Element des demokratischen Rechtsstaats dar.[727]

4) Ergebnis

Die durch die Informationsfreiheitsgesetze verfolgten Ziele, durch erhöhte Transparenz im öffentlichen Sektor, das Demokratie- und Rechtsstaatsprinzip, den Umweltschutz und den Schutz von Leben und Gesundheit zu stärken, sind verfassungsrechtlich legitim, sodass eine Grundrechtseinschränkung zulässig ist.[728]

bb) Informationsfreiheit versus Geheimnisschutz

Der uneingeschränkte Informationszugang durch die Informationsfreiheitsgesetze muss weiterhin geeignet sein, die oben aufgeführten Ziel- und Zweckbestimmungen zu fördern und ferner im Hinblick hierauf erforderlich und angemessen sein. Insbesondere muss der Schutz der Betriebs- und Geschäftsgeheimnisse und die Informationsfreiheit optimiert werden.

1) Geeignetheit

Der voraussetzungslose Informationszugang muss geeignet sein, die von den Informationsfreiheitsgesetzen verfolgten Ziele zumindest zu fördern. Durch Kenntnis bestimmter Sachverhalte kann das Bewusstsein der Bevölkerung

---

724 *Karg*, in: Gersdorf/Pall (Hrsg.), InfoMedienR, § 1 UIG Rn. 18.
725 *Debus*, in: Gersdorf/Pall (Hrsg.), InfoMedienR, § 1 IFG Rn. 39.
726 Vgl. *Beer/Wesseling*, DVBl. 2006, 133 (137).
727 BT-Drs. 17/7374, S. 2.
728 *Debus*, in: Gersdorf/Pall (Hrsg.) InfoMedienR, § 1 IFG Rn. 26.

geschärft werden und sich dementsprechend auf ihr Verhalten auswirken. Werden Informationen einer breiten Öffentlichkeit zugänglich gemacht, führt dies zu einer größeren Transparenz und ermöglicht eine autonome Meinungsbildung der Bevölkerung, ohne auf Sekundärquellen angewiesen zu sein. Bei dem erleichterten Informationszugang handelt es sich daher um ein geeignetes Mittel,[729] die oben dargestellten Ziele zu erreichen.

2) Erforderlichkeit

Die Gewährung von grundsätzlich unbegrenzten Informationszugangsansprüchen müsste darüber hinaus auch erforderlich sein, um die angestrebten Ziele zu erreichen. Es darf also kein milderes, ebenso effektives Mittel zur Verfügung stehen.

Als ein milderes Mittel könnte ein eingeschränktes Zugangsrecht auf bestimmte Informationen in Betracht kommen. Auch käme infrage, bestimmte Informationen von dem Informationszugang generell auszunehmen.[730]

Allerdings würde ein derart begrenztes Zugangsrecht nicht mit dem Zweck der Informationsfreiheitsgesetze vereinbar sein. Der durch den voraussetzungslosen Informationsanspruch generell weit gefasste Zugang zu den behördlichen Informationen entspricht dem gewandelten Verwaltungsverständnis: So tritt neben dem autoritativen Handeln des Staates zunehmend eine konsensorientierte Kooperation mit dem Bürger, die eine gleichgewichtige Informationsverteilung erfordert.[731] Durch ein eingeschränktes Zugangsrecht würde diese gleichgewichtige Informationsverteilung nur unzureichend gewährleistet werden.

3) Angemessenheit

Schließlich muss erörtert werden, ob diese Zugangsrechte mit dem Geheimhaltungsinteresse der Unternehmen vereinbar sind. Denn die Erfüllung des Kriteriums der Erforderlichkeit kann eine übermäßige Belastung des Betroffenen nicht rechtfertigen.[732] Neben den personenbezogenen Daten und dem geistigen Eigentum stellen die Betriebs- und Geschäftsgeheimnisse private Interessen dar, die den Informationszugang ganz oder teilweise beschränken können. Im Rahmen der Angemessenheit sind auf der einen Seite die grundrechtlich geschützten betrieblichen Interessen der Unternehmen und auf der anderen

---

729 *Beer/Wesseling,* DVBl. 2006, 133 (138).

730 Vgl. die Ausführungen zu personenbezogenen Daten. *Roßnagel,* MMR 2007, 16 (18).

731 BT-Drs. 15/4493, S. 6.

732 *Beer/Wesseling,* DVBl. 2006, 133 (138).

Seite „vorstaatlich[e] Rechtsgüter des Lebens, der Gesundheit und der körperlichen Unversehrtheit"[733] gegeneinander abzuwägen. Dabei darf keines der beiden Rechtsgüter vollständig unberücksichtigt bleiben.[734]

Aus dem IFG, UIG und VIG lassen sich indes zwei verschiedene Formen der Einschränkung des Informationszugangs hinsichtlich des Umgangs von Betriebs- oder Geschäftsgeheimnisse entnehmen. Diese können beim UIG und VIG als „relativen" Geheimnisschutz und beim IFG als „absoluter" Geheimnisschutz umschrieben werden. Ein relativer Schutz findet sich in den Bereichen des UIG und dem VIG, einerseits in der Form einer Abwägungsformel, andererseits in Form von Negativ- oder Positivkatalogen. Im IFG besteht dagegen ein absoluter Schutz der Betriebs- und Geschäftsgeheimnisse, da insoweit der Informationszugang von dem Geheimnisinhaber abhängig ist (vgl. § 6 S. 2 IFG).

Im Folgenden wird festgestellt, ob diese unterschiedlich restriktive Ausgestaltung des Informationszugangsanspruchs im Hinblick auf den Schutz der Betriebs- und Geschäftsgeheimnisse angemessen ist.

(1) Der relative Schutz im UIG und VIG

(a) UIG

Nach § 9 Abs. 1 Nr. 3 UIG ist bei dem Vorliegen eines Betriebs- oder Geschäftsgeheimnisses, der Antrag auf Informationszugang abzulehnen, es sei denn, der Betroffene hat zugestimmt oder das öffentliche Interesse an der Bekanntgabe überwiegt. Es handelt sich um die Umsetzung von Art. 4 Abs. 2 lit. D RL 2003/4/EG und dient der Gewährleistung des grundrechtlichen Schutzes der Betriebs- und Geschäftsgeheimnisse.[735] Zudem sind diverse Spezialvorschriften zu beachten, die bei bestimmten Informationen ein schutzwürdiges Geheimhaltungsinteresse nicht anerkennen.[736]

---

733 *Breuer*, in: Isensee/Kirchhof (Hrsg.), HStR VIII, § 171 Rn. 39.

734 *Beer/Wesseling*, DVBl. 2006, 133 (138).

735 *Karg*, in: Gersdorf/Pall (Hrsg.) InfoMedienR, § 9 UIG Rn. 22.

736 Durchführungsverordnung (EU) Nr. 908/2014 der Kommission vom 6. August 2014 mit Durchführungsbestimmungen zur Verordnung (EU) Nr. 1306/2013 des Europäischen Parlaments und des Rates hinsichtlich der Zahlstellen und anderen Einrichtungen, der Mittelverwaltung, des Rechnungsabschlusses und der Bestimmungen für Kontrollen, Sicherheiten und Transparenz.

In Hinsicht auf den Informationsanspruch ist die „Ablehnung eines Anspruchs auf Zugang zu Umweltinformationen wegen offensichtlicher Missbräuchlichkeit nur in engen Grenzen zulässig".[737] Zugleich ist im Bereich des UIG ist der Begriff der Umweltinformationen weit auszulegen.[738]

Zu dieser Ausgestaltung wird eingewandt, dass eine sinnvolle Abwägung zwischen Informationsinteresse und Geheimhaltungsinteresse schwer zu leisten wäre, da eine teilweise Einschränkung der ausschließlichen Verfügungsgewalt der Unternehmen das Geheimnis vollständig aufheben würde. Durch die Abwägungsentscheidungen bestehe die Gefahr, die Unternehmensinteressen vollständig zunichtezumachen.[739] Dies hätte zur Konsequenz, dass das „Eigentum von vornherein als benachteiligte Position" hinter den Umweltschutz treten würde.[740] Allerdings ist nach Auffassung des Bundesverwaltungsgerichts anhand dieser Regelung kein genereller Vorrang des einen oder anderen Interesses normiert. So brauche das Interesse an Umweltinformationen wegen der dargelegten Bedeutung des Zugangsanspruchs für die Allgemeinheit nicht von vornherein hinter dem grundrechtlich gebotenen Geheimnisschutz zurückzustehen. Andererseits müssten aber auch die privaten Geheimhaltungsinteressen nicht generell den Informationsinteressen weichen, weil dadurch der Schutz der Grundrechte im Zusammenhang mit der Offenbarung von Umweltinformationen vollständig entfiele.[741] Das Gericht geht vielmehr unter Erwägung der Verhältnismäßigkeit von einer Einzelabwägung aus, in der die privaten Geheimhaltungsinteressen mit den Informationsinteressen abgewogen werden. Nur soweit sich bei der Einzelabwägung ergibt, dass die Informationsinteressen ein größeres Gewicht als die privaten Geheimhaltungsinteressen haben, kann jenen Interessen der Vorzug gegeben werden.[742] Den Anknüpfungspunkt für die Verhältnismäßigkeitsprüfung bilde dabei die Frage, ob die Durchsetzung des Informationsanspruchs „unmittelbar bei der Realisierung einer wichtigen öffentlichen Aufgabe" sei.[743] Auch müsse das durch den Antrag verfolgte Interesse über das allgemeine Interesse hinausgehen, da ja dieses bereits jeden Antrag rechtfertige. Ein allgemeines Interesse der Öffentlichkeit, Zugang zu Informationen über die Umwelt zu

---

737 VG Mainz, Urt. v. 24. 4. 2013 - 3 K 859/12.MZ (Ls.)

738 *Schomerus/Scheel*, ZUR 2010, 188 (189 ff.) m.w.N. insbesondere über Agrarsubventionen als Gegenstand des Umweltinformationsrechts.

739 *Beer/Wesseling*, DVBl. 2006, 133 (139).

740 *Beer/Wesseling*, DVBl. 2006, 133 (139).

741 BVerwG, NVwZ 2008, 554 (557).

742 BVerwG, NVwZ 2008, 554 (557).

743 BVerwG, NVwZ 2008, 554 (557).

erhalten sei ungenügend. Anderenfalls überwöge das öffentliche Interesse stets; die Abwägung im Einzelfall wäre daher entbehrlich.[744]

Das UIG verfolgt ein grundgesetzlich geschütztes Ziel gem. Art. 20a GG. Es handelt sich um eine Staatszielbestimmung, dass dem Einzelnen kein subjektives Recht auf Umweltschutz gewährt.[745] Bei Veränderungen im Bereich von Umwelt und Technik besteht eine Nachbesserungspflicht des Gesetzgebers. Da Art. 20a GG kein Maßstab für das gebotene Niveau des Umweltschutzes zu entnehmen ist, wird dem Gesetzgeber ein weiter Gestaltungsspielraum eingeräumt, die von präventiven oder repressiven Verboten, bis Umweltabgaben oder Zertifikatslösungen sowie mit Instrumenten unternehmerischer Selbstregulierung reichen.[746]

Der Eigentumsschutz nach Art. 14 GG kann kein Hindernis für eine effektive staatliche Umweltpolitik darstellen. Dies ergibt sich bereits aus der Sozialbindung des Eigentums, andererseits aus den durch solche Nutzung gefährdeten Grundrechten anderer sowie auch Art. 20a GG.[747] Bei der Konfliktlösung zwischen den einzelnen Staatszielen ist der Gesetzgeber an das Untermaßverbot gebunden, besitzt darüber hinaus politische Gestaltungsfreiheit.[748] Innerhalb der gesetzlichen Vorgaben hat die Verwaltung ihrerseits zu entscheiden, wie die Konflikte zwischen Umweltschutz etc. zu lösen sind.[749]

(b) VIG

Das VIG regelt die Betriebs- und Geschäftsgeheimnisse als Ausschlusstatbestand des Informationsanspruchs. Wie beim UIG entfällt der Geheimnisschutz, wenn ein überwiegendes öffentliches Interesse vorliegt. Zudem wird die Berufung auf Betriebs- und Geschäftsgeheimnisse bereits durch Gesetzeskraft ausgeschlossen (vgl. § 3 S. 5, S. 6 VIG), was zu einem „erheblich relativierten" Geheimnisschutz im Bereich des VIG führt.[750] Auch die im VIG geregelten Informationsansprüche müssten im Hinblick auf die Einschränkung der Betriebs- und Geschäftsgeheimnisse als angemessen zu bewerten sein. Bei der Prüfung der Angemessenheit sind die Geheimhaltungsinteressen aus Art. 14 GG und die vom VIG verfolgten Zwecke, die im Schutz der Verbraucher vor gesundheitsschädlichen oder sonst unsicheren Produkten bestehen, zu berücksichtigen. Der Schutz der Verbraucher

744 BVerwGE 135, 34, 47.
745 *Zippelius/Würtenberger*, Deutsches Staatsrecht, § 13 Rn. 25.
746 *Zippelius/Würtenberger*, Deutsches Staatsrecht, § 13 Rn. 27.
747 *Bryde*, in: v. Münch/Kunig (Hrsg.), GG, Art. 14 Rn. 65.
748 *Zippelius/Würtenberger*, Deutsches Staatsrecht, § 13 Rn. 33.
749 *Zippelius/Würtenberger*, Deutsches Staatsrecht, § 13 Rn. 34.
750 *Rossi*, in: Gersdorf/Pall (Hrsg.) InfoMedienR, § 3 VIG Rn. 22.

ist grundrechtlich nach Art. 2 Abs. 2 GG gewährleistet. Es handelt sich hier insbesondere um ein „überragend wichtiges Gemeinschaftsgut". Für den Staat besteht eine positive Schutzpflicht vor Gesundheitsgefährdungen.[751] Wie auch beim UIG ist die Abwägungsklausel an sich verfassungsrechtlich nicht zu beanstanden.[752] Allerdings besteht weiterhin ein Konkretisierungsbedarf hinsichtlich der Abwägungen, das als ein „Grundproblem des gesamten Informationsfreiheitsrechts" einzustufen ist.[753]

(2) Der absolute Geheimnisschutz im IFG

Anders als im UIG und VIG ist der Geheimnisschutz im Informationsfreiheitsgesetz als absoluter Ausschlussgrund des Informationsanspruchs ausgestaltet, d. h., der Geheimnisschutz unterliegt keinem Abwägungsvorbehalt. Durch diese „rigide Vorrangentscheidung" obliegt die Entscheidung der Offenlegung oder Zurückhaltung von Betriebs- und Geschäftsgeheimnissen ausschließlich bei den Unternehmen.[754] Zwar könnte dies die Informationsbereitschaft der Unternehmen steigern, andererseits jedoch auch zu einer erheblichen Blockierung der Informationsansprüche führen.[755] Dieser absolute Vorrang der Betriebs- und Geschäftsgeheimnisse gegenüber dem Informationsinteresse wird aus verfassungsrechtlicher Hinsicht vermehrt infrage gestellt.[756]

Insbesondere im Vergleich mit dem Schutz personalbezogener Daten nach § 5 IFG wurde die Ausgestaltung des Schutzes an den Betriebs- und Geschäftsgeheimnissen mehrfach kritisiert.[757] So kann anders als bei § 6 S. 2 IFG der Zugang zu personenbezogenen Daten gewährt werden, soweit das Informationsinteresse des Antragstellers das schutzwürdige Interesse des Dritten am Ausschluss des Informationszugangs überwiegt oder der Dritte eingewilligt hat. Hierin wurde eine nach Art. 3 Abs. 2 GG unzulässige Ungleichbehandlung

751 *Zippelius/Würtenberger*, Deutsches Staatsrecht, § 24 Rn. 17.

752 Vgl. *Rossi*, in: Gersdorf/Pall (Hrsg.), InfoMedienR, § 3 VIG Rn. 27 m.w.N.

753 *Rossi*, in: Gersdorf/Pall (Hrsg.), InfoMedienR, § 3 VIG Rn. 28 m.w.N.

754 *Kloepfer*, Informationsfreiheitsgesetz und Schutz von Betriebs- und Geschäftsgeheimnissen, 2011, S. 34; *Kugelmann*, NJW 2005, 3609 (3612).

755 *Kloepfer*, Informationsfreiheitsgesetz und Schutz von Betriebs- und Geschäftsgeheimnissen, 2011, S. 34.

756 *Guckelberger*, in: Gersdorf/Pall (Hrsg.), InfoMedienR, § 6 IFG Rn. 15.

757 *Hoeren*, Der Schutz von Betriebs- und Geschäftsgeheimnissen und das IFG, in: Dix/Franßen u. a. (Hrsg.), Informationsfreiheit und Informationsrecht, Jahrbuch 2008, 105 (114 f.); *Kloepfer*, Informationsfreiheitsgesetz und Schutz von Betriebs- und Geschäftsgeheimnissen, 2011, S. 34.

erblickt. So sei es „ein schwerer Strukturfehler“ des Gesetzes, dass zwar für den personenbezogenen Datenschutz eine Abwägungsklausel besteht, diese Abwägung aber bei den Unternehmensgeheimnissen nicht zulässt und so – wie auch beim geistigen Eigentum – einen absoluten Vorrang gegenüber der Informationszugangsfreiheit gewährt. So würde – „in verfassungsrechtlich bedenklicher, weil u. U. gleichheitssatzwidriger Weise“ – ökonomische Interessen höher gewichtet als persönlichkeitsrechtliche Rechtsgüter. Eine hinreichend gewichtige sachliche Rechtfertigung für diese unterschiedliche Behandlung sei aber nicht erkennbar.[758]

Der Schutz von personenbezogenen Daten, dessen Grundlage das Recht auf informationelle Selbstbestimmung ist, müsse als „individuelles Grundrecht in Abwägung besondere Berücksichtigung finden“. Dass der Schutz der Betriebs- und Geschäftsgeheimnisse, die unter Art. 14 GG (bzw. Art. 12 GG) fallen, stärker als personenbezogene Daten geschützt werden, sei eine nicht zu rechtfertigende Schieflage.[759]

Andererseits wird die Diskrepanz zwischen § 5 und § 6 IFG zwar als „verfassungspolitisch inkonsequent und unter Anwendung eines allgemeinen Gerechtigkeitsgefühls mit der verfassungsrechtlichen Wertordnung nur schwer zu vereinbar“ gesehen, dennoch eine Verfassungswidrigkeit der Norm verneint.[760]

Es ist zu berücksichtigen, dass das durch die Informationsfreiheit nach Art. 5 Abs. 1 S. 1 Halbs. 2 GG gewährleistete Recht nur den Zugang zu den allgemein zugänglichen Quellen gewährleistet.[761] Es handelt sich hierbei um ein Abwehrrecht, aus diesem kein Grundrecht auf individuellen Zugang zu Behördenakten abgeleitet werden kann.[762] So stellt die Informationsfreiheit anders als das Recht auf informationelle Selbstbestimmung kein Grundrecht dar.[763] Daraus ist zu folgern, dass Informationsquellen in staatlicher Verfügungsgewalt grundsätzlich nicht allgemein zugänglich sind.[764] Es liegt in der Gestaltungsfreiheit des Gesetzgebers, den Umfang der zugangsberechtigten Informationen zu bestimmen.[765]

758 *Kloepfer/v. Lewinski*, DVBl. 2005, 1277 (1283 f.).
759 *Kugelmann*, NJW 2005, 3609 (3612).
760 *Schoch*, IFG, § 6 Rn. 77.
761 *Roßnagel*, MMR 2007, 16 (17).
762 *Berg*, Jus 1998, 997 (998); *Roßnagel*, MMR 2007, 16 (17); *Schoch*, IFG, Einl. Rn. 52.
763 *Roßnagel*, MMR 2007, 16 (17).
764 *Berg*, Jus 1998, S. 997 (998).
765 *Helbach*, Der gestufte Schutz von Betriebs- und Geschäftsgeheimnissen, 2012, S. 157 f. m.w.N.

Schließlich handelt es sich bei § 5 Abs. 1 S. 1 und § 6 S. 2 IFG um unterschiedliche Sachverhalte. Anders als personenbezogene Daten enthalten die Betriebs- und Geschäftsgeheimnisse an sich schon „stark wertende Elemente".[766] Da die verfassungsrechtlich geschützten Betriebs- und Geschäftsgeheimnisse einem „Regelungs- bzw. Schrankenvorbehalt" unterliegen, unterliegt die Ausgestaltung der gesetzgeberischen Gestaltungsfreiheit.[767] Darüber hinaus in § 6 S. 2 IFG eine zusätzliche Abwägung hinein zu interpretieren, würde gegen den Gesetzeswortlaut und der Rechtssystematik widersprechen.[768]

In Hinsicht auf die Einschränkungswirkung auf die bürgerlichen Informationsrechte[769] kann dieses unzufriedene Vorrangverhältnis der gegenwärtigen Lage, vorerst durch die Berücksichtigung des „immanenten Abwägungsgehalts" der Betriebs- und Geschäftsgeheimnisse, insbesondere durch das Kriterium des berechtigten Geheimhaltungsinteresses ausgeglichen werden.[770]

cc) Verfassungsrechtliche Anforderungen an Exekutive und Judikative

Aus dem Grundrechtsschutz der Betriebs- und Geschäftsgeheimnisse und der „verfahrensrechtlichen Dimension" der Grundrechte[771] folgt eine angemessene Ausgestaltung des Verfahrens zur Sicherstellung des Geheimnisschutzes.

Den Behörden und Gerichten bleibt die Möglichkeit der Gesetzesinterpretation, insbesondere der Möglichkeit der engen Auslegung der Ausnahmetatbestände und somit auch des Betriebs- und Geschäftsgeheimnisses.[772]

1) Im Verwaltungsverfahren

Die Entscheidung, ob im konkreten Fall ein schutzwürdiges Betriebs- oder Geschäftsgeheimnis vorliegt, obliegt allein der mit dem Antrag auf Informationszugang konfrontierten Behörde bzw. dem diese Behördenentscheidung überprüfenden Gericht. Die Behörde hat von Amts wegen das Vorliegen eines

---

766 *Schoch*, IFG, § 6 Rn. 77.

767 *Schoch*, IFG, § 6 Rn. 77.

768 *Helbach*, Der gestufte Schutz von Betriebs- und Geschäftsgeheimnissen, 2012, S. 157; *Kloepfer*, Informationsfreiheitsgesetz und Schutz von Betriebs- und Geschäftsgeheimnissen, 2011, S. 35.

769 *Partsch*, in: Berger/ders./Roth/Scheel (Hrsg.), IFG, § 6 Rn. 2 m.w.N.

770 *Kloepfer/v. Lewinski*, DVBl. 2005, 1278 (1283 f.)

771 BVerfGE 63, 131, 143; *Fischer/Fluck*, NVwZ 2013, 337 (338).

772 *Kloepfer*, Informationsfreiheitsgesetz und Schutz von Betriebs- und Geschäftsgeheimnissen, 2011, S. 34.

Betriebs- und Geschäftsgeheimnisses zu überprüfen.[773] Dabei sind die Besonderheiten des jeweils betroffenen Sach- oder Rechtsgebiets zu beachten.[774]

Es hat eine sorgfältige Prüfung durch die Behörde zu erfolgen, sie darf sich nicht auf die Behauptungen der Unternehmen verlassen. Bei der Prüfung, ob ein berechtigtes und schutzwürdiges Interesse an der Geheimhaltung besteht, hat die Behörde zu beurteilen, ob die Offenlegung des Geheimnisses sich nachteilig auf die Wettbewerbsfähigkeit des Unternehmens auswirkt. Dies hängt nicht nur davon ab, ob die Wettbewerbssituation des betroffenen Unternehmens geschwächt wird, sondern ebenso, ob gleichsam die Wettbewerbssituation einen Konkurrenten hierdurch gestärkt wird.[775]

Im Rahmen der Sachverhaltsaufklärung ist die Behörde auf die Mitwirkung des betroffenen Unternehmens angewiesen, da allein das betroffene Unternehmen als Geheimnisträger imstande ist, die nachteilige Auswirkung einer Offenlegung der Informationen konkret einzuschätzen.[776] So ist den betroffenen Unternehmen vorerst die Möglichkeit einer Kennzeichnungsmöglichkeit einzuräumen. Schließlich sind die betroffenen Unternehmen vor einer Behördenentscheidung über die Offenbarung der geschützten Informationen anzuhören.[777]

2) Im Gerichtsverfahren

Im Gegensatz zum IFG enthält das IFG kein spezielles gerichtliches Verfahren über die Rechtmäßigkeit der Ablehnung oder Genehmigung des Informationszugangsanspruchs, weshalb § 99 VwGO angewendet wird. Aus diesem Grund wird insbesondere bei multipolaren Verhältnissen auf Schutzdefizite hingewiesen.[778] Diese ergeben sich zum Teil dann, wenn „die Frage der Vorlage von bestimmten Unterlagen eine Vorfrage des Rechtsstreits darstellt".[779] Anhand dem in § 99 VwGO angelegten Zwischenverfahren vor den gesonderten Fachsenaten, kommt es im Fall einer rechtmäßigen Verweigerung der Aktenvorlage zu einer unzureichenden Verwertung der Unterlagen im Hauptsacheverfahren. Die gebotene Herstellung der praktischen Konkordanz zwischen der Gewährleistung des effektiven Rechtsschutzes und dem Geheimhaltungsinteresse kann nur

773 *Schoch*, IFG, § 6 Rn. 65.
774 BT-Drs. 15/4493 S. 14.
775 *Kloepfer*, Informationsfreiheitsgesetz und Schutz von Betriebs- und Geschäftsgeheimnissen, 2011, S. 36.
776 *Fischer/Fluck*, NVwZ 2013, 337 (338).
777 *Fischer/Fluck*, NVwZ 2013, 337 (338).
778 *Schroeter*, NVwZ 2011, 457 (458).
779 *Schroeter*, NVwZ 2011, 457 (459 f.).

unzureichend geleistet werden.[780] Entsprechend lautet die Ausführung des OVG Münster, dass „Rechtsstreitigkeiten, bei denen der Inhalt der geheim gehaltenen Akten für eine entscheidungserhebliche Vorfrage von Relevanz ist, letztlich nach Beweislastregeln entscheiden werden, obgleich Beweismittel und weiterer Tatsachenstoff vorhanden sind. Diese im Gesetz angelegte Alternativität zwischen dem Ausschluss von Tatsachenstoff bei Geheimhaltung und dessen Berücksichtigung nur bei fehlendem Geheimhaltungsbedarf hindert in multipolaren Konstellationen regelmäßig die notwendige Herstellung praktischer Konkordanz zwischen den kollidierenden Grundrechtspositionen".[781] Es wird hingewiesen, dass die Auflösung der Alternativität nur möglich ist, wenn das „In-camera-Verfahren" nicht auf den Zwischenstreit über die Aktenvorlage beschränkt bleibt, sondern auf den Rechtsstreit in der Hauptsache selbst erstreckt wird.[782] Die gebotene umfassende Prüfung des Rechtsschutzbegehrens durch das zuständige Gericht des Hauptsacherechtsstreits sei i. S. d. Art. 19 Abs. 4 S. 1 GG dadurch in rechtlicher sowie in tatsächlicher Hinsicht möglich, „weil der – nötigen und möglichen – *vollständigen Sachverhaltsaufklärung* gegenüber einer Beweislastentscheidung Vorrang eingeräumt" werde.[783] Es wird daher eine, sich nach dem § 138 TKG orientierende Regelung zum „In-camera-Verfahren" gefordert, um dadurch die Verwertung sämtlicher relevanten Informationen vor dem Hauptsachegericht zu ermöglichen.[784]

dd) Zusammenfassung

Aus den Informationsfreiheitsgesetzen lassen sich folgende Konturen für den Schutz der Betriebs- und Geschäftsgeheimnisse ableiten. Generell erfolgt der Informationszugang zu den Betriebs- und Geschäftsgeheimnissen nur mit Zustimmung der Betroffenen.

Zwischen den Interessen der Öffentlichkeit und den Betriebs- und Geschäftsgeheimnissen kann im Einzelfall abgewogen werden. In spezifischen Bereichen wie bspw. dem Umweltbereich hat der Gesetzgeber selbst die Abwägungsentscheidung getroffen und den öffentlichen Interessen an derartigen Informationen

---

780 *Schroeter,* NVwZ 2011, 457 (459); vgl. *Schoch,* NJW 2009, 2987 (2993).

781 OVG Münster, NVwZ 2009, 475 (476); vgl. die Ausführung zum Zwischenverfahren bei telekommunikationsrechtlichen Streitigkeiten, *Ohlenburg,* NVwZ 2005, 15 (17).

782 OVG Münster, NVwZ 2009, 475 (477); vgl. *Schoch,* NJW 2009, 2987 (2993); *Schroeter,* NVwZ 2011, 457 (459).

783 *Schoch,* NJW 2009, 2987 (2993) (Hervorhebung im Orginal).

784 *Schroeter,* NVwZ 2011, 457(460 f.); a.A. *Schmitz/Jastrow,*NVwZ 2005, 984 (991).

den Vorrang eingeräumt. Dies betrifft die Negativkataloge.[785] Bei der Interessenabwägung im gerichtlichen Verfahren ist ein „In-camera-Verfahren", das dem § 138 TKG entspricht, erforderlich.

d) *Arzneimittelgesetz*

Bei den Regelungen im Arzneimittelrecht unterliegen die pharmazeutischen Unternehmen weit gefassten Informations- und Auskunftspflichten sowohl gegenüber den Zulassungsbehörden wie auch der Öffentlichkeit. Dies ergibt sich anhand der starken staatlichen Regulation, die wiederum mit dem hohen öffentlichen Interesse der Gefahrenabwehr im Bereich der Volksgesundheit zusammenhängt.[786]

Im Bereich des Arzneimittelrechts ist insbesondere die behördliche „Weiterverwertung" der Unterlagen nach §§ 24a und 24b AMG zu erörtern. Die heutige Fassung ist insoweit als das Ergebnis einer ausgewogenen Berücksichtigung zweier widerstreitender Interessen anzusehen, die auf einen in den 80er Jahren weit ausgetragenen Streit über die Verwertung der Unterlagen des Vorantragstellers zugunsten des Nachanmelders (die sog. „Zweitanmelderproblematik") zurückgeht.

Die Verwertung zugunsten des Nachanmelders wurde aus finanziellen und auch ethischen Gründen legitim und geeignet gesehen. Ein erneuter klinischer Versuch hängt nicht nur mit Arbeits- und Kostenaufwand zusammen. Probanden müssten erneut ein Gesundheitsrisiko eingehen, obwohl die Zulassungsbehörde über genügend Informationen verfügt.[787] Allerdings war die frühere Fassung erheblicher Kritik ausgesetzt, da nicht klar war, ob und in welchem Umfang bei wesentlichen gleichen Arzneimitteln die Zulassungsunterlagen eines Vorantragstellers ohne dessen Zustimmung nach Bezugnahmen eines Zweitanmelders verwertet werden konnten.[788] Darauf erließ der Rat der Europäischen Gemeinschaften am 22. 12. 1986 die Rechtlinie 87/21/EWG. Danach sind erstens die Verwendung von Zulassungsunterlagen des Vorantragstellers mit dessen Zustimmung (konsensualer Zulassungsantrag) und weiterhin die Verwertung von

---

785 Näher dazu unter § 4 C. II. 3. e) bb).

786 *Beyerbach,* Die geheime Unterenehmensinformation, 2010, S. 11.

787 *Pfaff,* Exklusivität und Zugang arzneimittelrechtlicher Zulassungsinformationen, 2010, S. 27 m.w.N.

788 *Bullinger,* NJW 1978, S. 2121 ff.; *Denninger,* GRUR 1984, S. 627 ff.; Papier, NJW 1985, S. 12 ff.; Umfassend zum Zulassungs- und Anmeldeverfahren im Chemikalien-, Arznei- und Pflanzschutzmittelgesetz, *Scholz,* Konkurrenzprobleme bei behördlichen Produktkontrollen, 1983.

Zulassungsunterlagen des Erstantragstellers ohne dessen Zustimmung nach Ablauf einer bestimmten Schutzfrist (generischer Zulassungsantrag) vorgesehen.[789] Dies wurde in §§ 24a und 24b AMG entsprechend umgesetzt.[790]

Nach der Gesetzesänderung kann der Zweitanmelder zwar prinzipiell auf die Anmeldung des Erstanmelders verweisen. Es ist jedoch die Zustimmung des Erstanmelders erforderlich, sofern die Erstanmeldung weniger als 10 Jahre zurückliegt. Mit dieser Regelung wurde die vorherige Praxis der Zulassungsbehörden, die Betriebs- und Geschäftsgeheimnisse des Erstanmelders ohne Zustimmungsvorbehalt zu verwerten, grundsätzlich geändert. Hierdurch wurde ein Schutz des Erstanmelders erzielt, der ihm zuvor auch in vermögensrechtlicher Hinsicht nicht zustand, da vom BGH Ausgleichsansprüche zwischen Erst- und Zweitanmelder abgelehnt wurden.[791] Demnach lehnte der BGH einen Anspruch des Erstanmelders aus Eingriffskondiktion (§ 812 Abs. 1 Satz 1, 2. Alt. BGB) ab, da der Zweitanmelder durch die Nutzbarmachung von Verwaltungswissen nicht in eine geschützte Rechtsposition eingegriffen habe.[792]

e) *Umweltrecht*

aa) Bundesimmissionsschutzgesetz

Eingriffe durch Überwachungsmaßnahmen in die Eigentumsfreiheit sind in der Regel durch den Schutz von Leben und körperlicher Unversehrtheit der Bevölkerung und Nachbarschaft (Art. 2 Abs. 2 S. 1 GG), ebenso wie durch den Schutz der natürlichen Lebensgrundlagen (Art. 20a GG), der die Überwachung emittierender Anlagen gebietet, gerechtfertigt.[793] Diese Regeln aktualisieren grundsätzlich die Sozialbindung und stellen eine zulässige Inhalts- und Schrankenbestimmung

---

789 *Kortland*, in: Kügel/Müller/Hofmann (Hrsg.), AMG, § 24a Rn. 3.

790 Nach § 24a AMG kann der Antragsteller auf Unterlagen nach § 22 Abs. 2, 3, 3c und § 23 Abs. 1 einschließlich der Sachverständigengutachten nach § 24 Abs. 1 Satz 2 eines früheren Antragstellers (Vorantragsteller) Bezug nehmen, sofern er die schriftliche Zustimmung des Vorantragstellers einschließlich dessen Bestätigung vorlegt, dass die Unterlagen, auf die Bezug genommen wird, die Anforderungen der Arzneimittelprüfrichtlinien nach § 26 erfüllen. Der Vorantragsteller hat sich auf eine Anfrage auf Zustimmung innerhalb einer Frist von drei Monaten zu äußern. Eine teilweise Bezugnahme ist nicht zulässig.

791 BGH, GRUR 1990, 221 ff.

792 *Jänich*, Geistiges Eigentum, 2002, S. 153 f.

793 *Scheidler*, GewArch Beilage WiVerw Nr. 03/2010, 181 (183).

dar.[794] Auf Seiten der Allgemeinheit besteht ein besonderes Interesse an Transparenz und Offenlegung gefährlicher Tatsachen.[795]

Das schutzwürdige Interesse des Antragstellers ist gegen den dem § 10 BImSchG zugrunde liegenden Rechtsgedanken abzuwägen, dass „diejenigen Unterlagen im Interesse der Nachbarschaft und der Allgemeinheit möglichst vollständig auszulegen sind, die eine Beurteilung der Auswirkungen der Anlage auf die Umgebung ermöglichen".[796] Als Maßstab dient die „Relevanz", die das Betriebs- oder Geschäftsgeheimnis für den Betrieb der Anlage darstellt. Es muss ein „schutzwürdiges Interesse des Unternehmens" an der weiteren Geheimhaltung bestehen. Um dies festzustellen, müssen die Informationsbedürfnisse der Allgemeinheit bzw. der Nachbarschaft abgewogen werden.[797] Insoweit orientiert sich der Geheimnisbegriff des BImSchG an das UWG. Ansätze lassen sich auch aus § 27 Abs. 2 BImSchG und dem inzwischen aufgehobenen § 65 BImSchG gewinnen.[798]

Ob die Behörde auch entgegen dem Willen des Antragsstellers die Unterlagen auslegen kann, ist umstritten. So wird einerseits vertreten, dass im Fall, wenn die Behörde der Auffassung ist, dass es sich um keine (schutzwürdigen) Geschäfts- oder Betriebsgeheimnisse handelt, diese gem. § 10 Abs. 3 S. 2 der 9. BImSchV erst nach Anhörung des Antragstellers auslegen kann. Die Gegenmeinung ist der Auffassung, dass die Behörde die Unterlagen nicht gegen den Willen des Antragsstellers auslegen kann. Gegebenenfalls würde es dazu führen, dass der Antragsteller einer drohenden, von ihm aber als unrechtmäßig gehaltene Veröffentlichung ausschließlich durch die Rücknahme seines Antrags begegnen könnte.[799] Die behördliche Entscheidung über die Auslegungsfähigkeit ist anfechtbar.[800]

Ausgleichsbedarf zwischen den widerstreitenden Interessen zeigt sich zusätzlich im gerichtlichen Verfahren, das sich nach § 99 VwGO richtet. Werden die Unterlagen zu Recht im Gerichtsverfahren für geheimhaltungsbedürftig erklärt, kann das Gericht im Rahmen seiner Sachaufklärungspflicht die Unterlagen

794 *Nüßgens/Boujong,* Eigentum, Sozialbindung, Enteignung, 1987, Rn. 229.

795 *Schröder,* Der Geheimhaltungsschutz im Recht der Umweltchemikalien, 1980, S. 18.

796 *Dietlein*, in: Landmann/Rohmer (Hrsg.), Umweltrecht, § 10 BImSchG Rn. 62.

797 *Jarass*, BImSchG, § 10 Rn. 36; *Dietlein*, in: Landmann/Rohmer (Hrsg.), Umweltrecht, § 10 BImSchG Rn. 62.

798 *Dietlein*, in: Landmann/Rohmer (Hrsg.), Umweltrecht, § 10 BImSchG Rn. 60.

799 *Dietlein*, in: Landmann/Rohmer (Hrsg.), Umweltrecht, § 10 BImSchG Rn. 63.

800 *Jarass*, BImSchG § 10 Rn. 37a.

einem Sachverständigen zukommen lassen, der unter Wahrung der geheim zuhaltenden Tatsachen sein Gutachten erstellt.[801]

bb) Gentechnikgesetz

Die Regelung von Negativkatalogen im Gentechnikrecht bewirkt, dass bestimmte Informationen von vornherein nicht unter den Geheimnisschutz fallen. Eine Abwägung zwischen widerstreitenden Interessen ist von vornherein unmöglich. Das bewirkt, dass auch Informationen, die eventuell ein Betriebs- oder Geschäftsgeheimnis darstellen könnten, aus diesem Rechtsbereich ausgenommen werden.[802] Diese Gesetzgebungstechnik ist in Hinsicht des grundrechtlichen Eigentumsschutzes und dem verfassungsrechtlichen Bestimmtheitsgebot des Rechtsstaatsprinzips bedenklich.[803]

In der Rechtsprechung wird der Negativkatalog des § 17a GenTG als Präzisierung des Geheimnisschutzes für den Bereich des öffentlichen Rechts gesehen. So führte das OVG Münster folgend aus: „§ 17a GenTG konkretisiert die Reichweite des Geheimnisschutzes für den Bereich des öffentlichen Rechts, insbesondere des Informationsrechts nach § 4 I UIG, indem bestimmte, in § 17a II GenTG bezeichnete Angaben und Unterlagen, die den wettbewerbsrechtlich geprägten Begriff des Betriebs- oder Geschäftsgeheimnisses erfüllen mögen, für den hier betroffenen Rechtsbereich aus dem Schutzbereich ausgenommen werden".[804] Demnach fallen nicht unter das Betriebs- und Geschäftsgeheimnis i. S. v. § 17a GenTG Abs. 1 die „Beurteilung der vorhersehbaren Wirkungen, insbesondere schädliche Auswirkungen auf die menschliche Gesundheit und die Umwelt".[805]

Die Regelung von Negativkatalogen kann unter bestimmten Voraussetzungen als verfassungskonform angesehen werden.[806] Ein zu groß gefasster Negativkatalog würde zu einer Unterbilanz des Geheimnisschutzes führen.[807] Beim § 17a GenTG handelt es sich um einen „insgesamt zurückhaltenden Umfang". Zugleich dienen sie gewichtigen Zielen, wie die chemikalienrechtliche Gefahrenabwehr und Schutz schädlicher Auswirkung gentechnischer Verfahren und der

---

801 *Dietlein*, in: Landmann/Rohmer (Hrsg.), Umweltrecht, § 10 BImSchG Rn. 65.

802 *Breuer*, NVwZ 1986, 171 (173).

803 *Koebke*, Das Recht auf Umweltinformation, 1999, S. 169; *Breuer*, NVwZ 1986, 171 (173); *Schröder*, UPR 1985, 394 (398 f.); *ders.*, Der Geheimhaltungsschutz im Recht der Umweltchemikalien, 1980, S. 27; *Fluck*, NVwZ 1994, 1048 (1055).

804 OVG Münster, NVwZ-RR 2006, 248 (249).

805 OVG Münster, NVwZ-RR 2006, 248 (249).

806 *Schröder*, UPR 1985, 394 (398 f).

807 *Schröder*, Der Geheimhaltungsschutz im Recht der Umweltchemikalien, 1980, S. 18.

Risikovorsorge.[808] Auch handele es sich um die Umsetzung europarechtlichen Vorgaben.[809] Unter diesen Voraussetzungen könne diese Regelungstechnik, trotz bestehender verfassungsrechtlicher Bedenken im Ergebnis als verhältnismäßig klassifiziert werden.[810] Darüber hinaus sollte auch ein begrenzter Spielraum zur Abwägung zwischen Geheimhaltung und Publizität gewährleistet werden.[811]

D. Zusammenfassung der einzelnen Ergebnisse

Es zeigt sich, dass trotz der unterschiedlichen einfachgesetzlichen Rechtsgrundlagen anhand des Verhältnismäßigkeitsprinzip in Hinsicht auf den Schutz der Betriebs- und Geschäftsgeheimnisse weitgehend Maßstäbe entwickelt worden sind, die rechtsgebietsübergreifend eingesetzt werden können. Da der Geheimnisschutz meist in stark regulierten Bereichen angesetzt ist, ist aufgrund des hohen sozialen Bezugs der Unternehmen ein weitreichender Regelungsspielraum für den Gesetzgeber sowie geringeren Anforderungen beim Verhältnismäßigkeitsgrundsatz auszugehen.[812] So wird insbesondere beim Regulierungsrecht davon ausgegangen, dass es „an Grundrechten selten scheitern, weil zum einen bereits das Schutzniveau der betroffenen Grundrechte gering ist und weil zum anderen bei der entscheidender Verhältnismäßigkeitsprüfung durch die Vielzahl konfligierender, nicht eindeutig auf abwägungsfähige Rechtsgüter bezügliche und teilweise auch inkommensurablen Ziele eine Rechtsgüterabwägung nur in Grenzen möglich ist". So ist die Hürde, die der grundrechtliche Schutz im Bereich des Wettbewerbsrechts und dem Regulierungsrecht stellt, nicht besonders hoch.[813] So bestehe das Risiko, das dem Gericht im Nachhinein nur eine „undifferenzierte Gesamtabwägung" übrig bliebe, die einer politisch zu verantwortenden Kompromissbildung gleichkäme und deshalb klare verfassungsrechtliche Maßstäbe vermissen ließe.[814] Da in dieser Hinsicht allgemeine Informations- und Auskunftspflichten kaum an einer grundrechtlichen Kontrolle scheitern würden, wäre eine Rechtsgüterabwägung eher erfolgreich, „wenn nicht das

808 *Breuer*, NVwZ 1986, 171 (173).
809 *Koebke*, Das Recht auf Umweltinformation, 1999, S. 170.
810 A.A. *Fluck*, NVwZ 1994, 1048 (1055).
811 *Schröder*, UPR 1985, 394 (399).
812 *Lepsius*, GewArch Beil. WiVerw Nr. 04/2011, 206 (212).
813 *Lepsius*, Ziele der Regulierung, in: Fehling/Ruffert (Hrsg.), Regulierungsrecht, § 19 Rn. 50.
814 *Lepsius*, GewArch Beil. WiVerw Nr. 04/2011, 206 (214).

Gesetz, sondern eine darauf gestützte Einzelmaßnahme verfassungsrechtlich überprüft wird".[815]

An dieser Stelle ergibt sich auch die praktische Bedeutung der Betriebs- und Geschäftsgeheimnisse als eigentumsrechtliche Position. Ein Eingriff in sie ist mit einer verstärkten Rechtfertigungsanforderung verbunden. Indem sie als „tatsächlich betroffene Rechtsgüter" anderen Interessen einander gegenübergestellt werden können, ermöglicht dies eine handhabbare Prüfung anhand der Verhältnismäßigkeit.[816] Dies gilt insbesondere für den Bereich der jeweiligen Verwaltungs- und Gerichtsverfahren, in denen es zu einer weitgehenden Harmonisierung der Maßstäbe zur Abwägung des Geheimnisschutzes und den konfligierenden Interessen gekommen ist.[817]

815 *Lepsius*, GewArch Beil. WiVerw Nr. 04/2011, 206 (215).
816 *Lepsius*, GewArch Beil. WiVerw Nr. 04/2011, 206 (215).
817 *Lepsius*, GewArch Beil. WiVerw Nr. 04/2011, 206 (216).

§ 5 Schutz der Betriebs- und Geschäftsgeheimnisse nach Art. 12 GG

Nachdem in den vorigen Kapiteln die Schutzvoraussetzungen und der Schutzumfang der Betriebs- und Geschäftsgeheimnisse für Art. 14 GG erörtert worden sind, ist nachfolgend der Blick auf die „zweite Säule" des grundrechtlichen Geheimnisschutzes, nämlich der Berufsfreiheit nach Art. 12 GG zu richten.

Bei Art. 12 und Art. 14 GG handelt es sich um zwei wesentliche Grundrechte der Wirtschaftsfreiheit. Ihnen kommt jeweils eine selbstständige funktionale Bestimmung zu.[818] Allerdings ist die Unterscheidung zwischen beiden Schutzbereichen nicht leicht, insbesondere wenn es zu Überschneidungen der Schutzbereiche kommt. Zudem umfassen die Betriebs- und Geschäftsgeheimnisse als Oberbegriff verschiedentliche Informationen mit unterschiedlicher Schutzintensität, was die Einordnung in den einen oder anderen Schutzbereich zusätzlich erschwert. Demnach wird häufig von einer Idealkonkurrenz durch beide Grundrechte ausgegangen.

Es soll daher zunächst darauf eingegangen werden, inwiefern sich Art. 14 GG einerseits und Art. 12 GG andererseits von ihrer Schutzrichtung her unterscheiden (I.). Sodann wird der Schutzbereich der Berufsfreiheit im Hinblick auf die Betriebs- und Geschäftsgeheimnisse dargestellt (II.) und schließlich erörtert, wie Eingriffe (III.) in diese verfassungsrechtlich gerechtfertigt werden können (IV.). Schließlich wird das Verhältnis zu Art. 14 GG dargestellt (V.).

I. Schutzrichtung der Berufsfreiheit im Vergleich zur Eigentumsfreiheit

Die Berufsfreiheit und die Eigentumsgarantie finden gleichsam Anwendung auf die wirtschaftliche Freiheitssphäre.[819] Dadurch werden „grundsätzlich alle wirtschaftlichen Teilfreiheiten" gewährleistet.[820] Insoweit sind zwar beide Grundrechte „funktionell aufeinander bezogen", es kommt ihnen jedoch eine selbstständige Bedeutung zu.[821] Dabei entstehen erhebliche Abgrenzungsschwierigkeiten.[822]

818 *Scholz*, in: Maunz/Dürig (Hrsg.), GG, Art. 12 Rn. 130.

819 *Scholz*, in: Maunz/Dürig (Hrsg.), GG, Art. 12 Rn. 131.

820 *Scholz*, in: Maunz/Dürig (Hrsg.), GG, Art. 12 Rn. 132.

821 BVerfGE 50, 290, 361 f.

822 *Dörr*, NJW 1988, 1049 (1049 f.); *Breuer*, in: Isensee/Kirchhof (Hrsg.), HStR VIII, § 170 Rn. 130.

Das Bundesverfassungsgericht hat folgende Abgrenzungskriterien entwickelt: „Art. 14 Abs. 1 GG schützt das Erworbene, die Ergebnisse geleisteter Arbeit, Art. 12 Abs. 1 GG dagegen den Erwerb, die Betätigung selbst. Greift ein Akt der öffentlichen Gewalt eher in die Freiheit der individuellen Erwerbs- und Leistungsfähigkeit ein, so ist der Schutzbereich des Art. 12 Abs. 1 GG berührt; begrenzt er mehr die Innehabung und Verwendung vorhandener Vermögensgüter, so kommt der Schutz des Art. 14 GG in Betracht".[823] Das Grundrecht der Berufsfreiheit ist demnach in erster Linie persönlichkeitsbezogen[824] und konkretisiert das Grundrecht auf freie Entfaltung der Persönlichkeit im Bereich der individuellen Leistung und Existenzerhaltung. Es ist in hohem Maße „zukunftsgerichtet".[825] Demgegenüber ist die Gewährleistungsfunktion der Eigentumsgarantie „objektbezogen", da der Kern in der Anerkennung des durch eigene Arbeit und Leistung erworbenen Bestands des Einzelnen liegt.[826]

Beide Bereiche erweisen sich für den Geheimnisschutz der Unternehmen als relevant. Die Betriebs- und Geschäftsgeheimnisse bilden einerseits einen konkreten Vermögenswert, gleichsam definieren sie in einem erheblichen Maße die gegenwärtige sowie zukünftige wettbewerbliche Position des Unternehmens.[827] Während bei Art. 14 GG die Frage des „Zuweisungsgehalt" der Betriebs- und Geschäftsgeheimnisse im Mittelpunkt steht, ist bei Art. 12 GG diese qualitative Differenzierung des Schutzgegenstands nicht nötig.[828] Die Berufsfreiheit fungiert eher als eine Art Auffanggrundrecht, das die Betriebs- und Geschäftsgeheimnisse „unabhängig von ihrer Vergegenständlichung" erfasst.[829]

Die Mehrheit der Literatur geht daher von einem umfassenden grundrechtlichen Schutz der Betriebs- und Geschäftsgeheimnisse durch Art. 12 und 14 GG

823 BVerfGE 84, 133, 157; vgl. BVerfGE 30, 292, 334 f.; 31, 8, 32; 65, 237, 248; 81, 70, 96; 88, 366, 377, 102, 26, 40.

824 *Ossenbühl*, AöR 115 (1990), 1 (6).

825 BVerfGE 30, 292, 334; *Breuer*, in: Isensee/Kirchhof (Hrsg.), HStR VIII, § 170 Rn. 130.

826 BVerfGE 30, 292, 334.

827 *Kloepfer*, Informationsfreiheitsgesetz und Schutz von Betriebs- und Geschäftsgeheimnissen, 2011, S. 8.

828 *Frank*, Der Schutz von Unternehmensgeheimnissen im Öffentlichen Recht, 2008, S. 180.

829 *Frank*, Der Schutz von Unternehmensgeheimnissen im Öffentlichen Recht, 2008, S. 181.

aus.[830] Diese Auffassung wird auch in der Rechtsprechung vertreten.[831] Während der Eigentumsschutz nach Art. 14 Abs. 1 GG in der Literatur umstritten ist, wird die Anwendung des Art. 12 GG weniger infrage gestellt.[832] Auch die Rechtsprechung des Bundesverfassungsgerichts tendiert nach einem Schutz durch Art. 12 GG.[833]

II. Der Schutzbereich des Art. 12 Abs. 1 GG

1. Die Berufsfreiheit als einheitliches Grundrecht

Das Grundrecht der Berufsfreiheit erfasst „die Freiheit des Bürgers, jede Tätigkeit, für die er sich geeignet glaubt, als Beruf zu ergreifen, d. h. zur Grundlage seiner Lebensführung zu machen und damit seinen Beitrag zur gesellschaftlichen Gesamtleistung selbst zu bestimmen".[834] Der Schutz durch Art. 12 Abs. 1 umfasst die Freiheit der Wahl des Berufs, der Wahl des Arbeitsplatzes und der Wahl der Ausbildungsstätte (S. 1) sowie die Garantie der Berufsausübungsfreiheit (S. 2). Nach Auffassung des Bundesverfassungsgerichts lassen sich entgegen den Gesetzeswortlaut die Begriffe der „Berufswahl" und der „Berufsausübung" nicht so trennen, „daß jeder von ihnen nur eine bestimmte zeitliche Phase des Berufslebens bezeichnete, die sich mit der andern nicht überschnitte; namentlich stellt die Aufnahme der Berufstätigkeit sowohl den Anfang der Berufsaus*übung* dar wie die gerade hierin – und häufig *nur* hierin – sich äußernde Betätigung der Berufs*wahl*; ebenso sind der in der laufenden Berufsausübung sich ausdrückende Wille zur Beibehaltung des Berufs und schließlich die freiwillige Beendigung der Berufsausübung im Grunde zugleich Akte der Berufswahl".[835] Demnach handelt

---

830 Vgl. dazu nur *Denninger*, GRUR 1984, 627 (631); *Scholz/Pitschas*, Informationelle Selbstbestimmung und staatliche Informationsverantwortung, 1984, S. 98; *Spindler/Weber*, MMR 2006, S. 711 (712); *Schütze*, KSzW 2011, 72 (73); *Papier*, in: Maunz/Dürig (Hrsg.), Art. 14 Rn. 96; *ders.*, NJW 1985, 12 (17); *Axer*, Eigentumsschutz für wirtschaftliche Betätigung, in: FS Isensee, 121 (130); *v. Danwitz*, DVBl. 2005, 597 (600); *Depenheuer*, Der verfassungsrechtliche Schutz des Betriebsgeheimnisses, in: FS Schenke, S. 97 ff.; *Oster*, DÖV 2004, 916 (920).

831 BVerwG, NVwZ 2009, 1114 (1116); BGH, WRP 2010, 658 (659); OVG Schleswig, NVwZ 2007, 1448 (1449).

832 *Manssen*, in: v. Mangoldt/Klein/Starck (Hrsg.), GG, Art. 12 Rn. 291; a.A. *Berg*, GewArch 1996, 177 (178); *Schröder*, UPR 1985, 394 (397); *Köhler*, in: ders./Bornkamm, UWG, Vorb. §§ 17–19 Rn. 2. Offengelassen von *Breuer*, NVwZ 1986, 171 (174).

833 BVerfGE 115, 205, 248; vgl. BVerfG, NVwZ 2011, 94 (104).

834 BVerfGE 30, 292, 334.

835 BVerfGE 7, 377, 401 (Hervorhebung im Original).

es sich um kohärente Elemente des einheitlichen Grundrechtes der Berufsfreiheit: Die vorgegangene Berufswahl wird durch die fortlaufende Berufsausübung kontinuierlich bestätigt.[836] Allerdings wird im Bereich der Eingriffsrechtfertigung unterschieden. Bei der Einschränkung von Berufs- und Arbeitsplatzwahl werden höhere Anforderungen gestellt als bei der Einschränkung der Berufsausübung.[837]

Art. 12 Abs. 1 ist ein Abwehrrecht, das seinen Schutz gegen alle staatlichen Maßnahmen entfaltet.[838] Allerdings ist damit weder ein Anspruch auf Bereitstellung eines Arbeitsplatzes eigener Wahl noch eine Bestandsgarantie für den einmal gewählten Arbeitsplatz verbunden. Ebenso wenig verleiht das Grundrecht unmittelbaren Schutz gegen den Verlust eines Arbeitsplatzes.[839]

Indem die Berufsfreiheit dem Einzelnen die freie Entfaltung seiner Persönlichkeit zur materiellen Sicherung seiner individuellen Lebensgestaltung ermöglicht,[840] entsteht ein starker Bezug zu der in Art. 1 Abs. 1 GG garantierten Menschenwürde sowie zum allgemeinen Persönlichkeitsrecht.[841] So sieht das Bundesverfassungsgericht die Bedeutung des Grundrechts in der Beziehung der Arbeit zur Persönlichkeit des Menschen im Ganzen, der sich darin voll ausformt und vollendet, indem er sich einer Tätigkeit widmet, die für ihn Lebensaufgabe und Lebensgrundlage ist.[842]

2. Betriebs- und Geschäftsgeheimnisse als Schutzgüter der Berufsfreiheit

Nach der Auffassung des Bundesverfassungsgerichts ist der Begriff „Beruf" weit zu fassen.[843] Demnach werden nicht nur Berufe, „die sich in bestimmten, traditionell oder sogar rechtlich fixierten ‚Rechtsbildern' darstellen", sondern auch die vom Einzelnen frei gewählten untypischen Betätigungen erfasst, die wiederum Grundlage von neuen, festen Berufsbildern bilden.[844] In Literatur und Rechtsprechung wird er im Allgemeinen dahin gehend definiert, dass es sich um eine auf Dauer angelegte Tätigkeit zur Schaffung und Erhaltung einer Lebensgrundlage

836 *Mann*, in: Sachs (Hrsg.), GG, Art. 12 Rn. 14; *Pieroth/Schlink/Kingreen/Poscher*, Grundrechte, § 21 Rn. 877; *Breuer*, in: Isensee/Kirchhof (Hrsg.), HStR VIII, § 170 Rn. 83.

837 BVerfGE 92, 140, 151; *Breuer*, in: Isensee/Kirchhof (Hrsg.), HStR VIII, § 170 Rn. 84.

838 BVerfGE 84, 133, 146; 92, 140, 150; *Mann*, in: Sachs (Hrsg.), GG, Art. 12 Rn. 16.

839 BVerfGE 92, 140, 150.

840 BVerfGE 63, 266, 286.

841 *Manssen*, in: v. Mangoldt/Klein/Starck (Hrsg.), GG, Art. 12 Rn. 4.

842 BVerfGE 7, 377, 397; 50, 290, 362.

843 BVerfGE 7, 377, 397.

844 BVerfGE 7, 377, 397.

handelt.[845] Hinzu kommt, dass es sich um eine auf Erwerb gerichtete Beschäftigung handeln muss, die sich nicht in einem einmaligen Erwerbsakt erschöpft.[846]

Jeder Beruf besteht aus „vielfältigen, einander ergänzenden und ineinander verschränkten" Tätigkeiten.[847] Die hiermit einbezogene Berufsausübungsfreiheit ist demnach entsprechend weit zu interpretieren. Sie umfasst alle realen Äußerungen,[848] in denen sich ein gewählter Beruf niederschlägt.[849] Darunter fallen auch die Unternehmerfreiheit und die Wettbewerbsfreiheit, die relevant für den Schutz der Betriebs- und Geschäftsgeheimnisse sind. Insoweit stellen Betriebs- und Geschäftsgeheimnisse ein unmittelbares Element der beruflichen Tätigkeit dar.[850]

a) Unternehmerfreiheit

Bei der Unternehmerfreiheit handelt es sich um eine besondere Ausprägung der Berufsausübungsfreiheit.[851] Das Bundesverfassungsgericht interpretiert sie als die freie Gründung und Führung von Unternehmen.[852] Da es sich hier lediglich um „eine deskriptive Konkretisierung" der Berufsausübungsfreiheit handelt, ergibt sich kein eigener materieller Gehalt.[853] Die Unternehmerfreiheit umfasst unter anderem die wirtschaftliche Verwertung der erbrachten beruflichen Leistungen,[854] die Dispositionsfreiheit,[855] die Produktionsfreiheit und die Investitionsfreiheit.[856]

Bei den Betriebs- und Geschäftsgeheimnissen handelt es sich um „geronnene Erkenntnisse des Unternehmens", die sich durch Ausübung der beruflichen Tätigkeit ergeben.[857] Sie sind Ausdruck der besonderen Leistungsfähigkeit der

845 BVerfGE 7, 377, 397; 54, 301, 313; *Manssen*, in: v. Mangoldt/Klein/Starck (Hrsg.), GG, Art. 12 Rn. 37.
846 BVerfGE 97, 228, 253.
847 *Breuer*, in: Isensee/Kirchhof (Hrsg.), HStR VIII, § 170 Rn. 86.
848 *Breuer*, in: Isensee/Kirchhof (Hrsg.), HStR VIII, § 170 Rn. 86.
849 *Manssen*, in: v. Mangoldt/Klein/Starck (Hrsg.), GG, Art. 12 Rn. 67.
850 *Beyerbach*, Die geheime Unternehmensinformation, 2012, S. 175.
851 BVerfGE 50, 290, 363.
852 BVerfGE 50, 290, 363.
853 *Manssen*, in: v. Mangoldt/Klein/Starck (Hrsg.), GG, Art. 12 Rn. 69.
854 BVerfGE 97, 228, 252 ff.
855 BVerfGE 50, 290, 363.
856 BVerfGE 9, 83, 87 f.; 41, 360, 370.
857 *Bullinger*, NJW 1978, 2173 (2175).

Unternehmen.[858] Die Entscheidung über Verfügung und Verwertung von Betriebs- und Geschäftsgeheimnissen ist daher von diesem Schutzbereich erfasst.

b) *Wettbewerbsfreiheit*

Eine besondere Bedeutung für den Geheimnisschutz enthält die Wettbewerbsfreiheit.[859] Betriebs- und Geschäftsgeheimnisse bilden eine wichtige Grundlage des funktionsfähigen Wettbewerbs.[860]

Die Freiheit im Wettbewerb gehört im Allgemeinen zur beruflichen Sphäre und fällt damit unter den Regelungsbereich des Art. 12 Abs. 1 GG.[861] Nach Auffassung des Bundesverfassungsgerichts gehört zu den Grundprinzipien der Wirtschaftsverfassung der grundsätzlich freie Wettbewerb. So sei das Verhalten der Unternehmer in diesem Wettbewerb Bestandteil ihrer Berufsausübung, die, soweit sie sich in erlaubten Formen bewegt, durch Art. 12 Abs. 1 GG geschützt ist.[862]

Werden Betriebs- und Geschäftsgeheimnisse durch staatlichen Akt an die Konkurrenz weitergeleitet, entsteht ein erheblicher Verlust, indem nicht nur der Geheimnisinhalt, sondern auch der zeitliche Vorsprung nivelliert wird. Insoweit wird die Berufsausübung erheblich beeinträchtigt.[863]

3. *Art. 12 Abs. 1 als objektive Wertentscheidung*

Ferner erhält Art. 12 Abs. 1 GG über seine Abwehrfunktion hinaus Bedeutung als „wertentscheidende Grundsatznorm".[864] Daraus können sich zusätzliche Rechtfertigungsanforderungen an den Gesetzgeber bei Regelungen der Betriebs- und Geschäftsgeheimnisse ergeben. Aufgrund ihrer erheblichen Rolle als Voraussetzung einer „funktionsfähigen Marktwirtschaft", muss ihr Schutz für den funktionsfähigen Wettbewerb genügend gewährleistet werden.[865]

---

858 *V. Danwitz*, DVBl. 2005, 597 (598).

859 *Kloepfer/Greve*, NVwZ 2011, 577 (578).

860 *Köhler*, in: ders./Bornkamm, UWG, Vorb. §§ 17–19 UWG Rn. 6; *Beyerbach*, Die geheime Unternehmensinformation, 2012, S. 178; *Frank*, Der Schutz von Unternehmensgeheimnissen im Öffentlichen Recht, 2008, S. 181 m.w.N.

861 *Di Fabio*, JZ 1993, 689 (694); *Breuer*, in: Isensee/Kirchhof (Hrsg.), HStR VIII, § 170 Rn. 89; *Scholz*, in: Maunz/Dürig (Hrsg.), Art. 12 Rn. 123.

862 BVerfGE 32, 311, 317.

863 *Kloepfer/Greve*, NVwZ 2011, 577 (578); *Papier*, NJW 1985, 12 (13).

864 BVerfGE 7, 377, 404; 92, 26, 46; 97, 169, 176.

865 *V. Danwitz*, DVBl. 2005, 597 (601).

4. *Juristische Personen als Grundrechtsträger*

Das Bundesverfassungsgericht hat in dem Apothekenurteil durch die Betonung des engen Zusammenhangs von Arbeit zur Persönlichkeit des Menschen,[866] den personalen Grundzug der Berufsfreiheit ausgedrückt.[867] Dennoch können sich auch inländische juristische Personen des Privatrechts durch Anwendung des Art. 19 Abs. 3 GG auf Art. 12 GG berufen.[868] Das Bundesverfassungsgericht führt in ständiger Rechtsprechung aus, dass das „Schutzgut des Art. 12 Abs. 1 GG bei juristischen Personen die Freiheit [ist], eine Erwerbszwecken dienende Tätigkeit, insbesondere ein Gewerbe, zu betreiben, soweit diese Tätigkeit ihrem Wesen und ihrer Art nach in gleicher Weise von einer juristischen wie von einer natürlichen Person ausgeübt werden kann […]".[869] Insoweit gehört Art. 12 GG zu eines der „bedeutsamsten Grundrechte", die anhand Art. 19 Abs. 3 GG auf juristische Personen anwendbar sind.[870] Die an ihren Betriebs- oder Geschäftsgeheimnissen betroffenen Unternehmen können sich demnach auf die Berufsfreiheit berufen.

III. Eingriffe

Eingriffe in die Berufsfreiheit erfolgen vorzugsweise durch Regelungen, die sich final auf die berufliche Betätigung beziehen und sie unmittelbar zum Gegenstand haben.[871] Darüber hinaus können aber auch „faktische Beeinträchtigungen", wie beispielsweise behördliche Informationstätigkeiten[872] infolge ihrer

866 BVerfGE 7, 377, 397: „Art. 12 Abs. 1 schützt die Freiheit des Bürgers in einem für die moderne arbeitsteilige Gesellschaft besonders wichtigen Bereich: er gewährleistet dem Einzelnen das Recht, jede Tätigkeit, für die er sich geeignet glaubt, als ‚Beruf' zu ergreifen, d. h. zur Grundlage seiner Lebensführung zu machen. […] Wohl zielt das Grundrecht auf den Schutz der – wirtschaftlich sinnvollen – Arbeit, aber es sieht sie als „Beruf", d. h. in ihrer Beziehung zur Persönlichkeit des Menschen im ganzen, die sich erst darin voll ausformt und vollendet, daß der Einzelne sich einer Tätigkeit widmet, die für ihn Lebensaufgabe und Lebensgrundlage ist und durch die er zugleich seinen Beitrag zur gesellschaftlichen Gesamtleistung erbringt".

867 *Bumke/Voßkuhle*, Casebook Verfassungsrecht, Rn. 995.

868 BVerfGE 21, 261, 266; 30, 292, 312; 50, 290, 363; 65, 196, 209 f.; 74, 129, 148 f.; *Mann*, in: Sachs (Hrsg.), GG, Art. 12 Rn. 37.

869 BVerfGE 50, 290, 363.

870 *Scholz*, in: Maunz/Dürig (Hrsg.), GG, Art. 12 Rn. 106.

871 *Mann*, in: Sachs (Hrsg.), GG, Art. 12 Rn. 93.

872 Vgl. BVerfGE 105, 252, 265; 105, 279, 302.

„spürbaren tatsächlichen Auswirkungen“ einen Eingriff in den Schutzbereich Berufsfreiheit darstellen.[873]

Bei Eingriffen in die Berufsausübungsfreiheit lässt sich bei den Entscheidungen des Bundesverfassungsgerichts eine restriktive Tendenz nachweisen.[874] So fällt nicht jedes Verhalten, das im weitesten Sinn die Berufsausübung betrifft, in den Schutzbereich der Berufsfreiheit.

Wie schon oben aufgeführt sind Betriebs- und Geschäftsgeheimnisse durch verschiedene Arten des staatlichen Informationshandelns betroffen. Die Offenlegung, Weitergabe und Verwertung von Unternehmensdaten wirkt sich unmittelbar auf die Wettbewerbssituation des betroffenen Unternehmens aus. Das Problem des „unbefangenen Umgangs mit Unternehmensdaten“[875] stellt sich im Rahmen von Art. 12 GG insbesondere im Bereich staatlichen Warnungen. In Hinblick auf die Betriebs- und Geschäftsgeheimnisse bedarf diese Art des staatlichen Informationshandelns einer gesonderte verfassungsrechtliche Betrachtung. Im Folgenden ist festzustellen, welche Ansätze für den Schutz der Betriebs- und Geschäftsgeheimnisse gewonnen werden können.[876]

1. *Eingriff durch staatliches Informationshandeln*

Das staatliche Informationshandeln und dessen grundrechtliche Bewertung waren bereits mehrmals Gegenstand von Entscheidungen des Bundesverwaltungsgerichts.[877]

Insgesamt wird die Eingriffsqualität staatlicher Maßnahmen wie Warnungen oder Empfehlungen bejaht, wenn durch „Inanspruchnahme staatlicher Amtsautorität“, entweder auf die Verhaltenslenkung in dem geschützten Freiheitsbereich abgezielt wird („Finalität“), oder durch die gezielte Lenkung des Verhaltens Dritter, Nachteile im grundrechtlich geschützten Freiheitsbereich auftauchen („Finalitätaquivalent“), oder vom Staat vorhergesehen bzw. akzeptierte erhebliche Nachteile im geschützten Freiheitsbereich entstehen. [878]

In der Entscheidung zur Veröffentlichung von Arzneimittel-Transparenzlisten bejahte das Bundesverwaltungsgericht einen Eingriff in die Berufsfreiheit

---

873 *Mann*, in: Sachs (Hrsg.), GG, Art. 12 Rn. 94; *Manssen*, in: v. Mangoldt/Klein/Starck (Hrsg.), GG, Art. 12 Rn. 73.

874 *Manssen*, in: v. Mangoldt/Klein/Starck (Hrsg.), GG, Art. 12 Rn. 74.

875 *Becker*, Der Grundrechtliche Schutz von Geschäftsgeheimnissen, in: FS Stern, 1233 (1234).

876 Vgl. *Wolff*, NJW 1997, 98 (101).

877 *Murswiek*, NVwZ 2003, 1 ff. m.w.N.

878 *Murswiek*, NVwZ 2003, 1 (2).

aufgrund wirtschaftslenkender Maßnahmen, mit denen der Staat zielgerichtet gewisse Rahmenbedingungen veränderte.[879]

In der Veröffentlichung einer Liste durch den Bundesgesundheitsminister, die diethylenglykolhaltige Weine aufführte, sah das Bundesverwaltungsgericht den Schutzbereich des Grundrechts auf Berufsfreiheit berührt.[880] Der Senat sah den Schutzbereich des Art. 12 Abs. 1 GG grundsätzlich auch dann berührt, „wenn die beruflichen Entfaltungsmöglichkeiten eines Grundrechtsträgers durch öffentliche negative Äußerungen staatlicher Stellen über seine konkret angesprochene berufliche Betätigung nachhaltig eingeschränkt werden". Insbesondere durch die Aufführung der Namen der Abfüller würde eine erhebliche Geschäftsschädigung ausgelöst.[881]

Demgegenüber verneinte das BVerfG im gleichen Fall[882] einen Eingriff in die Berufsfreiheit. Diese Diskrepanz begründete das Gericht folgend, dass das Freiheitsrecht des Art. 12 Abs. 1 GG „nicht vor der Verbreitung zutreffender und sachlich gehaltener Informationen am Markt" schütze, die für das Verhalten der Marktteilnehmer von Bedeutung sein könnten, selbst wenn die Inhalte sich auf einzelne Wettbewerbspositionen nachteilig auswirken würden.[883] Könnten Aufgaben der Regierung oder der Verwaltung mittels öffentlicher Informationen wahrgenommen werden, liege in der Aufgabenzuweisung grundsätzlich auch eine Ermächtigung zum Informationshandeln.

Zudem seien die Vorgaben zu dieser Kompetenz, Sachlichkeit, Richtigkeit und Zurückhaltung eingehalten worden.[884] So führte das Gericht aus, dass marktbezogene Informationen des Staates den grundrechtlichen Gewährleistungsbereich der betroffenen Wettbewerber nicht beeinträchtigen, sofern der Einfluss auf wettbewerbserhebliche Faktoren ohne Verzerrung der Marktverhältnisse nach Maßgabe der rechtlichen Vorgaben für staatliches Informationshandeln erfolgt.[885]

Dieses Urteil, insbesondere die Begründung wurde weitgehend abgelehnt.[886] So sei das Vorliegen eines Grundrechtseingriffs nicht davon abhängig, ob „ein

---

879 BVerwGE 71, 183, 192 ff.; *Murswiek*, NVwZ 2003, 1 (2).

880 OVG Münster, NJW 1986, 2783; BVerwGE 87, 37 ff.

881 BVerwGE 87, 37, 50.

882 BVerfGE 105, 252 ff.

883 BVerfGE 105, 252, 265.

884 *Bumke/Voßkuhle*, Casebook Verfassungsrecht, Rn. 1019.

885 BVerfGE 105, 252, 268.

886 *Breuer*, in: Isensee/Kirchhof (Hrsg.), HStR VIII, § 170 Rn. 85; *Manssen*, in: v. Mangoldt/Klein/Starck (Hrsg.), GG, Art. 12 Rn. 88; *Murswiek*, NVwZ 2003, S. 1 ff.; *Huber*, JZ 2003, 290 (292).

guter Grund verfolgt" worden oder „die Information richtig oder falsch" sei. So entfiele die Eingriffsqualität von staatlichen Informationen nicht dadurch, dass es sich um „zutreffende, neutrale oder sachkundige" Informationen handele.[887] Dieses Problem müsse auf der Eingriffsrechtfertigungsebene gelöst werden. Diese Vermischung der Schutzbereichs-, der Eingriffs- und der Rechtfertigungsebene ließen sich mit den grundrechtsdogmatischen Vorgaben schwer vereinbaren.[888]

2. *Eingriffe in die Betriebs- und Geschäftsgeheimnisse*

Wie bereits dargestellt, ergeben sich durch das informative Handeln des Staates auf materieller sowie auf verfahrensrechtlicher Ebene verschiedene Eingriffe in die Betriebs- und Geschäftsgeheimnisse.

Der Eingriff auf die Betriebs- und Geschäftsgeheimnisse steigert sich zusätzlich, da nicht nur die Weitergabe und Weiterverwertung, sondern auch die Offenlegung meist direkt mit der Besserstellung der in einem unmittelbaren Wettbewerbsverhältnis stehenden Konkurrenten verbunden ist.[889] Durch die staatliche Einwirkung kommt es zu einer Verzerrung der „leistungsorientierten und leistungsbedingten Wettbewerbsverhältnisse".[890]

Dies gilt auch bei einer Offenlegung oder Verwertung von Betriebs- und Geschäftsgeheimnissen durch ein Verwaltungs- oder Gerichtsverfahren. Zu der Offenlegung von Betriebs- und Geschäftsgeheimnissen im Rahmen der Entgeltkontrolle führte das Bundesverfassungsgericht folgend aus: „Werden im Rahmen der Entgeltkontrolle Betriebs- und Geschäftsgeheimnisse durch den Staat offen gelegt oder verlangt er deren Offenlegung, ist Art. 12 Abs. 1 GG in seinem Schutzbereich berührt. Denn dadurch kann die Ausschließlichkeit der Nutzung des betroffenen Wissens für den eigenen Erwerb im Rahmen beruflicher Betätigung am Telekommunikationsmarkt beeinträchtigt werden. Behindert eine den Wettbewerb beeinflussende staatliche Maßnahme die Beschwerdeführerin in ihrer beruflichen Tätigkeit, so stellt dies eine Beschränkung ihres Freiheitsrechts aus Art. 12 Abs. 1 GG dar (vgl. BVerfGE 86, 28, 37). Wird exklusives wettbewerbserhebliches Wissen den Konkurrenten zugänglich, mindert dies die Möglichkeit, die Berufsausübung unter Rückgriff auf dieses Wissen erfolgreich zu gestalten. So

---

887 *Die Fabio,* JZ 1993, 689 (696).

888 *Manssen*, in: v. Mangoldt/Klein/Starck (Hrsg.), GG, Art. 12 Rn. 88; *Breuer*, in: Isensee/Kirchhof (Hrsg.), HStR VIII, § 170 Rn. 85.

889 *Frank*, Der Schutz von Unternehmensgeheimnissen im Öffentlichen Recht, 2008, S. 183.

890 *Papier,* NJW 1985, 12 (13).

können unternehmerische Strategien durchkreuzt werden. Auch kann ein Anreiz zu innovativem unternehmerischen Handeln entfallen, weil die Investitionskosten nicht eingebracht werden können, während gleichzeitig Dritte unter Einsparung solcher Kosten das innovativ erzeugte Wissen zur Grundlage ihres eigenen beruflichen Erfolgs in Konkurrenz mit dem Geheimnisträger nutzen".[891]

IV. Verfassungsrechtliche Rechtfertigung

1. Einheitliche Schrankenregelung

Mit dem einheitlichen Schutzbereich der Berufsfreiheit geht auch der Regelungsvorbehalt des Art. 12 Abs. 1 S. 2 GG einher. Nach dem Bundesverfassungsgericht werden daher auch die Berufs- und Arbeitsplatzwahl von der Regelungsbefugnis erfasst. Allerdings werden sie mit einer unterschiedlichen Intensität erfasst.[892] Nach Art. 12 Abs. 1 S. 2 GG ergibt sich eine zulässige Einschränkung nur durch Gesetz oder aufgrund eines Gesetzes.[893]

2. Verhältnismäßigkeit

Die Regelung muss dem Grundsatz der Verhältnismäßigkeit folgen. Diesbezüglich hat das Bundesverfassungsgericht im Apothekenurteil[894] die sog. „Drei-Stufen-Theorie" entwickelt. Demnach richtet sich die verfassungsrechtliche Rechtfertigung der gesetzlichen Regelung des Gesetzgebers bei steigender Intensität der Grundrechtsbeeinträchtigung an entsprechend höherwertigen Gemeinwohlbelangen aus.[895]

Die Stufenlehre unterscheidet die drei Stufen der Regelung der Berufsausübung, der subjektiven Zulassungsvoraussetzungen und der objektiven Zulassungsschranken mit zunehmender Eingriffsintensität. Die Eingriffsintensität steht im Wechselverhältnis mit Gestaltungsfreiheit des Gesetzgebers. Die Rechtfertigungsanforderungen werden verstärkt, je intensiver der Gesetzgeber eingreift oder zum Eingreifen ermächtigt ist. [896] Bei der Stufentheorie handelt es sich um die strikte Anwendung des Prinzips der Verhältnismäßigkeit im Bereich der Berufsfreiheit.[897]

---

891 BVerfGE 115, 205, 230.

892 BVerfGE 7, 377, 402 f.; 33, 303, 336; 54, 237, 245 f.

893 BVerfGE 33, 303, 337.

894 BVerfGE 7, 377 ff.

895 *Mann*, in: Sachs (Hrsg.), GG, Art. 12 Rn. 125.

896 *Pieroth/Schlink/Kingreen/Poscher*, Grundrechte, § 21 Rn. 916.

897 BVerfGE 13, 97, 104.

Der Eingriff in die Berufsfreiheit muss einen legitimen Zweck verfolgen und zur Erreichung des Zwecks geeignet sein. Weiterhin muss der Eingriff zur Erreichung des Zwecks notwendig sein und zur Bedeutung des Zwecks in angemessenem Verhältnis stehen (Verhältnismäßigkeit i.e.S).[898]

Berufsausübungsregelungen werden, sofern sie im Übrigen verhältnismäßig sind, bereits durch vernünftige Erwägungen des Gemeinwohls legitimiert.[899] Dem Gesetzgeber steht ein weiter Einschätzungs- sowie Gestaltungsspielraum zu.[900]Hier können „in weitem Maße Gesichtspunkte der Zweckmäßigkeit zur Geltung kommen; nach ihnen ist zu bemessen, welche Auflagen den Berufsangehörigen gemacht werden müssen, um Nachteile und Gefahren für die Allgemeinheit abzuwehren".[901]

Subjektive Zulassungsvoraussetzungen beziehen sich auf solche, die eine Berufsaufnahme an das Vorliegen persönlicher Eigenschaften, Fähigkeiten oder Leistungsnachweise knüpfen".[902] Sie sind nur gerechtfertigt, wenn die Ausübung des Berufs ohne Erfüllung der Voraussetzungen, unmöglich oder unsachgemäß wäre, und auch wenn sie Gefahren oder Schäden für die Allgemeinheit mit sich brächten.[903]

Objektive Zulassungsschranken sind nur gerechtfertigt, wenn sie zur Abwehr nachweisbarer oder höchstwahrscheinlicher Gefahren für ein überragend wichtiges Gemeinschaftsgut notwendig sind.[904]

Hinzu kam die Forderung des Gerichts, dass Eingriffe jeweils auf der Stufe vorzunehmen sind, die den geringsten Eingriff in die Freiheit der Berufswahl mit sich bringt. Wird der erstrebte Schutz durch die Mittel der jeweiligen Stufe nicht erzielt, kann die nächste Stufe betreten werden.[905]

Die Drei-Stufen-Theorie, wie sie in ihrer ursprünglichen Fassung im Apotheken-Urteil zugrunde gelegt wurde, wurde jedoch aus dogmatischen Gründen kritisiert, da die Erfordernisse einer legitimen Zwecksetzung, der Erforderlichkeit

---

898 *Pieroth/Schlink/Kingreen/Poscher,* Grundrechte, § 21 Rn. 917, 919.

899 BVerfGE 7, 377, 406; *Mann*, in: Sachs (Hrsg.), GG, Art. 12 Rn. 126.

900 BVerfGE 39, 210, 225 f.; 46, 246, 257; 51, 193, 208; 53, 135, 145; 77, 84, 106; 77, 308, 332; 88, 203, 262; 109, 64, 85; 110, 141, 157; 111, 10, 38; *Mann*, in: Sachs (Hrsg.), GG, Art. 12 Rn. 127.

901 BVerfGE 7, 377, 406; 23, 50, 56; 28, 21, 31; 77, 308, 332.

902 *Mann*, in: Sachs (Hrsg.), GG, Art. 12 Rn. 130.

903 BVerfGE 7, 377, 407.

904 BVerfGE 7, 377, 408.

905 BVerfGE 7, 377, 408.

einer Regelung und ihrer Verhältnismäßigkeit vermischt würden.[906] Die Rechtfertigung der Eingriffe auf zweiter und dritter Stufe müsse aufgrund des verschiedenen Gewichts der Schutzgüter anders ausfallen. Während subjektive Wahlregelungen durch wichtige Gemeinschaftsgüter unter strikter Beachtung des Übermaßverbotes zu rechtfertigen sind, ist die Rechtfertigung bei objektiven Wahlregelungen nur aufgrund überragend wichtigen, „verfassungsrechtlich geschützten Rechtsgütern" zu begründen.[907] Auch sei die Unterscheidung zwischen der Berufswahl- und Berufsausübungsregelung in vielen Fällen nicht klar anwendbar, was in Hinsicht auf die „gravierenden Folgen" eine unsichere Grundlage darstellen würde.[908] Insgesamt müsse von einer mechanischen Schlussziehung, die Rechtfertigungsgründe je nach Berufsausübungs- oder Berufswahlregelung zu entscheiden versucht, zurückgetreten werden. Die Unterscheidung zwischen Berufsausübung und Berufswahl kann zwar als erstes Indiz der Intensität des Eingriffs dienen. Weiter sei jedoch auf eine genaue Betrachtung der Eingriffswirkungen abzustellen.[909]

Zudem sind die legitimierenden Gemeinschaftsgüter, die einen Eingriff in die freie Berufswahl rechtfertigen, nicht dem Grundgesetz entlehnt,[910] was dazu führt, dass das Gericht die gesetzgeberischen Motive lediglich anhand ihrer Plausibilität prüft.[911]

Trotz Schwächen hat sich die Drei-Stufen-Theorie als grundlegendes „Grobraster" der Verhältnismäßigkeitsprüfung des Art. 12 Abs. 1 GG bewährt.[912]

3. *Zuordnung der einzelnen Regelungen zu den Stufen*

Bei Regelungen, die die Betriebs- und Geschäftsgeheimnisse betreffen, handelt es sich nicht um subjektive oder objektive Berufszulassungsvoraussetzungen, sondern um Berufsausübungsregelungen.[913] Es ist daher von einem weiten Gestaltungsspielraum des Gesetzgebers auszugehen. Die Zulässigkeit ergibt sich durch

---

906 *Manssen*, in: v. Mangoldt/Klein/Starck (Hrsg.), GG, Art. 12 Rn. 141.
907 *Manssen*, in: v. Mangoldt/Klein/Starck (Hrsg.), GG, Art. 12 Rn. 141.
908 *Manssen*, in: v. Mangoldt/Klein/Starck (Hrsg.), GG, Art. 12 Rn. 142.
909 *Manssen*, in: v. Mangoldt/Klein/Starck (Hrsg.), GG, Art. 12 Rn. 143.
910 *Ossenbühl*, DVBl. 1995, 904 (907).
911 *Ossenbühl*, AöR 115 (1990), 1 (11); vgl. *Herzog*, Das Bundesverfassungsgericht im Prozeß der deutschen Einigung, in: Germania restituta, 161 (167).
912 *Höfling*, JZ 2009, 339 (342).
913 *Beyerbach*, Die geheime Unternehmensinformation, 2012, S. 176; *Becker*, Der grundrechtliche Schutz von Geschäftsgeheimnissen, in: FS Stern, 1233 (1241); BVerwGE 8, 78 ff.; 71, 183, 197; *Scholz*, in: Mauz/Dürig, GG, Art. 12 Rn. 326.

sachgerechte und vernünftige Erwägungen des Gemeinwohls.[914] Der Gesetzgeber hat das Recht, in weitem Umfang Zweckmäßigkeitserwägungen zugrunde zu legen.[915] Hiermit sind objektive Gesichtspunkte wie Gemeinwohlgründe des Gesundheitsschutzes, Tierschutz, Kostendämpfung im Gesundheitsvermögen[916] und der Umweltschutz[917] angesprochen. Diese können verfassungslegitime Eingriffserwägungen begründen.

Als weiterer Gesichtspunkt ist zu beachten, dass bei der Berufsfreiheit „der individuelle Grundzug als der eigentliche Kern der Grundrechtsgewährleistung" überwiegt. Die Berufsfreiheit kann bei „verobjektivierbare aggregierte Effekte" des wirtschaftlichen Verhaltens vorerst nur einen reduzierten Schutz leisten.[918]

Wenn es sich jedoch um Eingriffe handelt, die eine wettbewerbsverzerrende Wirkung haben, könnten diese nur durch Gemeinwohlbelange und grundrechtlich geschütztes Interesse Dritter gerechtfertigt werden, die sich auf gleicher Augenhöhe mit dem verfassungsrechtlich gewährleisteten Schutz der Betriebs- und Geschäftsgeheimnisse befinden. So könnten einfachgesetzlich gewährte Ansprüche auf Wettbewerbsteilhabe diese Kriterien grundsätzlich nicht erfüllen.[919] Gleichsam wäre eine unentgeltliche, kompensationslose Bezugnahme und Verwertung durch die Nachantragersteller nicht mit dem Verhältnismäßigkeitsprinzip vereinbar.[920]

V. Verhältnis zu Art. 14 GG

Wie bereits dargestellt, stehen die Berufsfreiheit und Eigentumsgarantie in einem engen funktionellen Zusammenhang. Trotz der Abgrenzungsformel, dass Art. 14 Abs. 1 das Erworbene, Art. 12 Abs. 1 hingegen den Erwerb schützt, kommt es zu Überschneidungen beider Schutzbereiche.[921] In diesen Fällen kann eine Idealkonkurrenz in Frage kommen. Dies ist der Fall, wenn ein „die freie Nutzung eines Eigentumsrechts beruflichen Zwecken dient und in dieses Eigentumsrecht eingegriffen wird oder umgekehrt, wenn in eine berufliche Tätigkeit

914 BVerfGE 81, 156, 188 f.; 88, 156, 188 f.; 109, 64, 85.
915 BVerfGE 7, 377, 406.
916 *Denninger*, GRUR 1984, 627 (636).
917 *Papier*, NJW 1985, 12 (17).
918 *Lepsius*, GewArch Beilage WiVerw Nr. 04/2011, 206 (211).
919 *V. Danwitz*, DVBl. 2005, 597 (601).
920 *Papier*, NJW 1985, 12 (17).
921 *Ossenbühl*, AöR 115 (1990), 1 (25).

eingegriffen wird, die funktionsnotwendig mit der Nutzung eines bestimmten Eigentumsrechts verbunden ist".[922]

Bei den Betriebs- und Geschäftsgeheimnissen hat es das Bundesverfassungsgericht bei der Telekomentscheidung dahinstehen lassen, ob die Beschwerdeführerin neben der Verletzung ihrer Rechte aus Art. 12 Abs. 1 GG auch in ihren Rechten aus Art. 14 Abs. 1 GG betroffen ist. So gehe der Schutz von Betriebs- und Geschäftsgeheimnissen durch Art. 14 Abs. 1 GG jedenfalls nicht weiter als der durch Art. 12 Abs. 1 GG.[923] Allerdings hat es in einer späteren Entscheidung neben der Berufsfreiheit auch Art. 14 Abs.1 GG geprüft.[924]

Eingriffe in die Betriebs- und Geschäftsgeheimnisse stellen zum einen Berufsausübungsregelungen dar, zum anderen sind sie gleichsam als Inhalts- und Schrankenbestimmungen zu qualifizieren.[925] Das Bundesverfassungsgericht geht davon aus, das eine zulässige Berufsausübungsregelung stets eine zulässige Sozialbindung des Eigentums darstellt,[926] was jedoch nicht als automatische Gleichstellung zu interpretieren ist.[927] Zusammenfassend ist davon auszugehen, dass beide Grundrechte beachtet werden müssen. Eingriff in die „gewerbliche Tätigkeit" müssen gleichsam den Rechtfertigungsgründen des Art. 12 und des Art. 14 genügen, damit insgesamt von einer Verfassungsmäßigkeit ausgegangen werden kann.[928] Abschließend muss geklärt werden, welche Schranken in Grenzfällen zur Anwendung kommen und inwieweit sich die Schranken beider Grundrechte differenzieren.[929] Bei den Betriebs- und Geschäftsgeheimnissen muss diese Frage anhand ihrer Vergegenständlichung beantwortet werden. Geheimnisse, die in die Schnittstelle des Immaterialgüterrechts fallen, sind auf jeden Fall unter Art. 14 Abs. 1 GG zu konzipieren, während nicht ablösbare, insbesondere vereinzelte Daten und die Geheimnissphäre als Ganzes durch Art. 12 Abs. 1 GG geschützt werden.

---

922 *Scholz*, in: Maunz/Dürig (Hrsg.), GG, Art. 12 Rn. 146; vgl. *Dörr*, NJW 1988, 1049 (1050).

923 BVerfGE 115, 205, 248.

924 BVerfG, NVwZ 2011, 94 (104).

925 *Becker*, Der grundrechtliche Schutz von Geschäftsgeheimnissen, in: FS Stern, 1233 (1241).

926 BVerfGE 17, 232, 248 f.; 50, 290, 364.

927 *Scholz*, in: Maunz/Dürig (Hrsg.), Art. 12 Rn. 150.

928 *Scholz*, in: Maunz/Dürig (Hrsg.), Art. 12 Rn. 149.

929 *Dörr*, NJW 1988, 1049 (1050).

§ 6 Schutz der Betriebs- und Geschäftsgeheimnisse durch Art. 2 Abs. 1 GG

Während auf der einen Seite die Bedeutung der Betriebs- und Geschäftsgeheimnisse als Eigentum i. S. v. Art. 14 GG nicht zu unterschätzen ist, verstärkt sich auf der anderen Seite ihre Bedeutung innerhalb des Persönlichkeitsrechts immer weiter. Insbesondere in Bezug auf das Recht auf informationelle Selbstbestimmung werden die Betriebs- und Geschäftsgeheimnisse auch als „Paradefall“ für die informationelle Selbstbestimmung des Unternehmers bezeichnet.[930]

Klärungsbedürftig ist erstens, ob Unternehmen Träger dieses Grundrechts sein können und zweitens, ob es nach Anwendung der Grundrechte der Art. 12 und Art. 14 GG einen Anwendungsbereich gibt in dem Art. 2 Abs. 1 „selbst als Spezialgrundrecht“ eine Bedeutung zukommt.[931]

A. Umfang

Art. 2 Abs. 1 GG schützt neben der Integrität der Persönlichkeit auch ihre Selbstverwirklichung in der sozialen Umwelt.[932] Demnach beinhaltet der Grundrechtstatbestand des Art. 2 Abs. 1 neben der freien Entfaltung der Persönlichkeit die allgemeine Handlungsfreiheit.[933] Die allgemeine Handlungsfreiheit erfasst alles menschliche Handeln und Verhalten.[934] Zu den einzelnen Ausprägungen des allgemeinen Persönlichkeitsrechts gehört insbesondere auch das Recht auf informationelle Selbstbestimmung.

B. Grundrecht auf informationelle Selbstbestimmung

Im Volkszählungsurteil[935] hat das BVerfG das Recht auf informationelle Selbstbestimmung aus Art. 2 Abs. 1 i. V. m. Art. 1 Abs. 1 GG abgleitet. Das informationelle Selbstbestimmungsrecht ist eine Konkretisierung des allgemeinen

930 *Breuer*, NVwZ 1986, 171 (172).

931 *Starck*, in: v. Mangoldt/Klein/Starck (Hrsg.), GG, Art. 2 Abs. 1 Rn. 7.

932 *Murswiek*, in: Sachs (Hrsg.), GG, Art. 2 Abs. 10.

933 *Starck*, in: v. Mangoldt/Klein/Starck (Hrsg.), GG, Art. 2 Rn. 8; *Murswiek*, in: Sachs (Hrsg.), GG, Art. 2 Abs. 10.

934 *Starck*, in: v. Mangoldt/Klein/Starck (Hrsg.), GG Art. 2 Rn. 13; *Di Fabio*, in: Maunz/Dürig (Hrsg.), GG, Art. 2 Rn. 12; vgl. BVerfGE 54, 145, 146; BVerfGE 55, 159, 165 ff.; BVerfGE 59, 275, 278; BVerfGE 80, 137, 152.

935 BVerfGE 65, 1.

Persönlichkeitsrechts aus Art. 2 Abs. 1 i.V.m. Art. 1 Abs. 1 GG. Es dient dem Schutz von Wert und Würde der Person, die in freier Selbstbestimmung als Glied einer freien Gesellschaft wirkt. Der Inhalt des Persönlichkeitsrechts umfasst auch die aus dem Gedanken der Selbstbestimmung folgende Befugnis des Einzelnen, grundsätzlich selbst zu entscheiden, wann und innerhalb welcher Grenzen persönliche Lebenssachverhalte offenbart werden.[936] Ebenso erfasst das Recht auf informationelle Selbstbestimmung das Recht, selbst über die Preisgabe und Verwendung persönlicher Daten zu bestimmen.[937]

Grundsätzlich schützt das Recht auf informationelle Selbstbestimmung vor staatlicher Erhebung und Verarbeitung personenbezogener Daten.[938] Dabei beschränkt es sich nicht nur auf „sensible" Daten, sondern umfasst auch Daten mit geringem Informationsgehalt, wenn ihre Datenverarbeitung Auswirkung auf die Privatheit und Verhaltensfreiheit haben können.[939]

Dies hat zur Konsequenz, dass „bei allen unterschiedlichen Arten von Informationseingriffen im Prinzip einheitliche Grundsätze für die Prüfung von Grundrechtsbeschränkungen zur Anwendung kommt".[940] Insoweit ist das Recht auf informationelle Selbstbestimmung insbesondere für die Systematisierung des Informationsverwaltungsrechts grundlegend. Als Abwehrrecht stellt es verschiedene Anforderungen, die von einer klaren gesetzlichen Grundlage für die Informationserhebung, -verarbeitung und -verwendung bis zu der Etablierung von unabhängigen Kontrollinstanzen reichen.[941]

Die Betriebs- und Geschäftsgeheimnisse sind demnach von dem Schutzbereich des Grundrechts auf informationelle Selbstbestimmung erfasst.[942]

C. Übertragbarkeit auf juristische Personen

Aufgrund der Verbindung des Art. 2 Abs. 1 mit Art. 1 Abs. 1 GG wird die Anwendung auf juristische Personen als nicht geeignet gesehen, was gegen eine Anwendung auf die Betriebs- und Geschäftsgeheimnisse sprechen würde.[943] Eine

---

936 BVerfGE 65, 1, 41 f.

937 *Zippelius/Würtenberger*, Deutsches Staatsrecht, § 21 Rn. 35; *Murswiek*, in: Sachs (Hrsg.), GG, Art. 2 Rn. 72.

938 *Murswiek*, in: Sachs (Hrsg.), GG, Art. 2 Abs. 73.

939 *Zippelius/Würtenberger*, Deutsches Staatsrecht, 32. Aufl., § 21 Rn. 35.

940 *Murswiek*, in: Sachs (Hrsg.), GG, Art. 2 Abs. 73.

941 *Gurlit*, DVBl. 2003, 1119 (1122).

942 *Breuer*, NVwZ 1986, 171 (172).

943 *Taeger*, Die Offenbarung von Betriebs- und Geschäftsgeheimnissen, S. 56; vgl. *Jarass*, NJW 1989, 857 (860).

Anwendung ist in Hinsicht auf Art. 19 Abs. 3 GG zweifelhaft, wenn man das allgemeine Persönlichkeitsrecht als „verselbstständigtes Grundrecht mit besonderer Nähe zum Schutz der Menschenwürde" versteht.[944] Unter dieser Voraussetzung könnten sich die Unternehmen allenfalls nur „mittelbar" auf das Grundrecht auf informationelle Selbstbestimmung berufen, bspw. wenn ein Zusammenhang mit den Unternehmensdaten zu den Mitarbeitern festgestellt werden kann.[945]

Allerdings ist die Verbindung mit Art. 1 Abs. 1 GG zum allgemeinen Persönlichkeitsrecht nicht dahin zu deuten, dass die Menschenwürdegarantie kumulativ angewendet wird.[946] Vielmehr wird das hinter der Menschenwürdegarantie stehende Menschenbild zur Auslegung und Interpretation des Art. 2 Abs. 1 GG herangezogen und Art. 2 Abs. 1 GG damit im Hinblick auf die Bestimmung von Inhalt und Gewährleistungsumfang materiell verstärkt.[947] Somit gewinnt Art. 2 Abs. 1 GG durch die materiell dichtere Funktion als Grundrechtstatbestand Relevanz bei Fällen, in denen ein Verstoß gegen die Menschenwürde bzw. Art. 1 Abs. 1 GG nicht festgestellt werden können.[948]

Das Bundesverfassungsgericht hatte es insoweit offengelassen, ob und inwieweit juristische Personen sich auf das Grundrecht auf informationelle Selbstbestimmung, berufen können.[949] In einer späteren Entscheidung führte es jedoch aus, dass es sich für das allgemeine Persönlichkeitsrecht nicht allgemein angeben lässt, ob es seinem Wesen nach auf juristische Personen anwendbar sei. Dies müsste vielmehr für die verschiedenen Ausprägungen dieses Grundrechts differenziert beurteilt werden. So würden bspw. juristische Personen den Schutz des Rechts am gesprochenen Wort genießen, soweit es hierfür auf einen besonderen personalen Kommunikationsinhalt nicht ankommt.[950] Weiter führte das Gericht aus, dass der grundrechtliche Schutz des Rechts auf informationelle Selbstbestimmung juristischer Personen seine verfassungsrechtliche Grundlage in Art. 2

944 *Di Fabio*, in: Maunz/Dürig (Hrsg.), GG, Art. 2 Rn. 224.

945 *Becker*, Der grundrechtliche Schutz von Geschäftsgeheimnissen, in: FS Stern, 1233 (1238).

946 *Dreier*, in: ders., GG I, Art. 2 I Rn. 68; *Kunig*, in: v. Münch/Kunig (Hrsg.), Art. 2 Rn. 30; *Murswiek*, in: Sachs (Hrsg.), GG, Art. 2 Rn. 63; *Die Fabio*, in: Maunz/Dürig, GG, Art. 2 Rn. 128.

947 *Starck*, in: v. Mangoldt/Klein/Starck (Hrsg.), GG, Art. 2 Rn. 15; *Murswiek*, in: Sachs (Hrsg.), GG, Art. 2 Rn. 62 f.

948 *Starck*, in: v. Mangoldt/Klein/Starck (Hrsg.), GG, Art. 2 Rn. 15; *Murswiek*, in: Sachs (Hrsg.), GG, Art. 2 Rn. 62.

949 BVerfG, NJW 2001, 811(812); vgl. dazu *Becker*, Der grundrechtliche Schutz von Geschäftsgeheimnissen, in: FS Stern, 1233 (1237) m.w.N.

950 BVerfGE 118, 168, 203.

Abs. 1 GG findet.[951] Da staatliche informationelle Maßnahmen Gefährdungen oder Verletzungen der grundrechtlich geschützten Freiheit juristischer Personen herbeiführen und einschüchternd auf die Ausübung von Grundrechten wirken können, bestehe in dieser Hinsicht ein Schutzbedürfnis, das den natürlichen Personen im Ansatz entspricht.[952] Dabei seien die Unterschiede, die zwischen den Schutzbedürfnissen natürlicher und juristischer Personen im Hinblick auf das Recht auf informationelle Selbstbestimmung bestehen, der Bestimmung der grundrechtlichen Gewährleistung zu beachten.[953] Das Recht auf informationelle Selbstbestimmung gewährleiste der einen Grundrechtsschutz vor Gefährdungen, die von staatlichen informationellen Maßnahmen ausgehen können. Dabei ist entsprechend dem Tätigkeitskreis, in erster Linie auf die wirtschaftliche Tätigkeit der juristischen Person abzustellen.[954]

Demnach kann der Persönlichkeitsschutz von juristischen Personen ohne die Verstärkung des Art. 1 Abs. 1 GG allein auf Art. 2 Abs. 1 GG gestützt werden.[955] Dadurch besteht für juristische Personen im Vergleich zu den natürlichen Personen ein abgesenktes Schutzniveau.[956]

D. Konkurrenzverhältnisse

Obwohl gegen eine Anwendung des Art. 2 Abs. 1 GG auf juristische Personen nichts einzuwenden ist, ist es fraglich, inwieweit der Schutzbereich aus Art. 2 Abs. 1 GG für den Schutz der Betriebs- und Geschäftsgeheimnisse relevant ist. Das Verhältnis des Art. 2 Abs. 1 GG zu den anderen Grundrechten ist nicht einheitlich.[957] Im Regelfall tritt Art. 2 Abs. 1 GG als sogenanntes Auffanggrundrecht hinter die anderen Grundrechte zurück.[958] Ausnahmen gelten nur dann, wenn „es um einen weiteren zusätzlichen Gesichtspunkt geht, der nicht schon vom Schutzzweck des an sich spezielleren Grundrechts abgedeckt ist".[959]

Im Verhältnis zu Art. 12 GG ergeben sich im Einzelnen Schwierigkeiten und Divergenzen, da der Grundrechtstatbestand des Art. 12 GG nicht klar genug

951 BVerfGE 118, 168, 203.
952 BVerfGE 118, 168, 203 f.
953 BVerfGE 118, 168, 204.
954 Vgl. BVerfGE 118, 168, 204.
955 *Murswiek*, in: Sachs (Hrsg.), GG, Art. 2 Rn. 77.
956 *Di Fabio*, in: Maunz/Dürig (Hrsg.), GG, Art. 2 Rn. 224.
957 *Starck*, in: v. Mangoldt/Klein/Starck (Hrsg.), GG, Art. 2 Rn. 7.
958 *Di Fabio*, in: Maunz/Dürig (Hrsg.), GG, Art. 2 Rn. 21; vgl. Wilms/Roth, JuS 2004, 577 (579).
959 *Di Fabio*, in: Maunz/Dürig (Hrsg.), GG, Art. 2 Rn. 24.

herausgearbeitet ist bzw. die unmittelbare Berufsbezogenheit einer Tätigkeit übersehen wird. In den Entscheidungen des BVerfG finden sich nicht selten Entscheidungen, die den Vorrang des Art. 12 Abs.1 vor Art. 2 Abs. 1 GG nicht beachten. Auch in Bezug auf Art. 14 GG gibt es zahlreiche Entscheidungen, bei denen die Dispositionsbefugnis des Eigentümers inkonsequenterweise nicht auf Art. 14, sondern auf Art. 2 Abs. 1 GG gestützt wird.[960]

Obwohl es zu einer Überschneidung von den Schutzbereichen kommt, gelten aufgrund des Spezialitätsgrundsatzes im Fall der Betriebs- und Geschäftsgeheimnisse Art. 14 und Art. 12 GG vorrangig gegenüber Art. 2 Abs. 1 GG.[961]

E. Fazit

Betriebs- und Geschäftsgeheimnisse fallen zwar vom Schutzbereich des Grundrechts auf informationelle Selbstbestimmung. Im Ergebnis tritt Art. 2 Abs. 1 GG jedoch hinter Art. 12 und Art. 14 GG zurück, da Informationen, die einen wirtschaftlichen Wert verkörpern, von diesen speziellen Freiheitsgrundrechten erfasst werden. Denn bei Betriebsgeheimnissen besteht stets ein wirtschaftlicher Bezug. Dennoch wirkt Art. 2 Abs. 1 GG in Hinsicht seiner grundlegenden Bedeutung der Informationsverwaltung, prägend auf den Schutz der Betriebs- und Geschäftsgeheimnisse.

---

960 *Starck*, in: v. Mangoldt/Klein/Starck, GG, Art. 2 Abs. 1, Rn. 75 m.w.N.

961 *Scholz*, in: Maunz/Dürig (Hrsg.), GG, Art. 12 Rn. 131; *Jarass*, NJW 1989, 857 (860); *Frank*, Der Schutz der Unternehmensgeheimnisse im Öffentlichen Recht, 2008, S. 190; *Taeger*, Die Offenbarung von Betriebs- und Geschäftsgeheimnissen, 1988, S. 55; vgl. *Becker*, Der grundrechtliche Schutz von Geschäftsgeheimnissen, in: FS Stern, 1233 (1243).

§ 7 Zusammenfassung in Thesen

1. Der Geheimnisschutz der Unternehmen spielt neben dem gewerblichen Rechtsschutz eine besondere Rolle, da er imstande ist, verschiedene immaterielle Vermögenswerte, die sich außerhalb des Immaterialgüterrechts befinden, zu schützen. Anhand der Kommerzialisierungstendenz von Informationen und der einhergehenden Ausweitung des geistigen Eigentums steigt ihre Bedeutung als hochwertiges Informationsgut.
2. Dem Schutz von Betriebs- und Geschäftsgeheimnissen steht ein erhöhter Informationsbedarf von privater wie auch staatlicher Seite entgegen. Es besteht ein Ausgleichsbedarf innerhalb eines mehrpoligen Interessenkonflikts, der auf verfassungsrechtlicher Ebene einer Lösung zuzuführen ist.
3. Die grundrechtliche Verankerung der Betriebs- und Geschäftsgeheimnisse in der Eigentumsgarantie nach Art. 14 Abs. 1 S. 1 GG trägt dazu bei, einen genauen Schutzbereich der durch umfangreiche Informationsanforderungen betroffenen Unternehmensinformationen zu erfassen.
4. Betriebs- und Geschäftsgeheimnisse stellen selbstständige Vermögensrechte dar, die dem Inhaber – anders als das Immaterialgüterrecht – begrenzte Verfügungs- und Nutzungsbefugnisse einräumen. Das hat jedoch keine Auswirkung auf den Bestand der Eigentumsgarantie.
5. Die Eigentumsausübung der Betriebs- und Geschäftsgeheimnisse unterliegt der Sozialbindung des verfassungsrechtlichen Eigentums. Zugriffe äußern sich in einer Vielfalt von Informations- und Auskunftspflichten in verschiedenen Rechtsbereichen, bei denen es sich überwiegend um Inhalts- und Schrankenbestimmungen handelt.
6. Die spezielle Ausprägung des Verhältnismäßigkeitsgrundsatzes des Art. 14 Abs. 1 S. 2 GG ist in Hinsicht auf die Betriebs- und Geschäftsgeheimnisse zu präzisieren. Anhand der Eigenart und Funktion ergibt sich die konkrete Reichweite des Geheimnisschutzes durch die Eigentumsgarantie. Dies führt zu einer differenzierten Schutzstufung. Für den Gesetzgeber ergibt sich die Aufgabe zur Lösung dieser Interessenkonflikte, durch Entwicklung von Abwägungskriterien, vollziehbaren Rechtsnormen und entsprechender Verfahrensvorschriften.
7. Der Gesetzgeber hat in bestimmten Rechtsbereichen wie im Umweltrecht selbst Abwägungsentscheidungen in Form von Negativkatalogen geschaffen. Allgemein jedoch wird der Ausgleich im Verwaltungsverfahren hergestellt, das sich auf die allgemeinen Grundsätze des § 30 VwVfG stützt und durch

Spezialregelungen auf die jeweiligen Rechtsbereiche entsprechend konkretisiert wurde.

8. Zusätzlich gewährleistet Art. 12 Abs. 1 GG als Auffanggrundrecht den Schutz der Betriebs- und Geschäftsgeheimnisse durch die Wettbewerbsfreiheit.
9. Das informationelle Selbstbestimmungsrecht der Unternehmen nach Art. 2 Abs. 1 GG findet neben Art. 12 und Art. 14 GG keine Anwendung.

Literaturverzeichnis

Ahrens, Hans-Jürgen, Brauchen wir einen Allgemeinen Teil der Rechte des Geistigen Eigentums?, GRUR 2006, S. 617 ff.

Ahrens, Hans-Jürgen/McGuire, Mary-Rose, Modellgesetz für Geistiges Eigentum: Normtext und Begründung, München 2012.

Albers, Marion, Umgang mit personenbezogenen Informationen und Daten, in: Hoffmann-Riem, Wolfgang/Schmidt-Aßmann, Eberhard/Voßkuhle, Andreas (Hrsg.), Grundlagen des Verwaltungsrechts, Bd. II, Informationsordnung – Verwaltungsverfahren – Handlungsformen, München 2007, § 22.

Ann, Christoph, Know-how – Stiefkind des geistigen Eigentums?, GRUR 2007, S. 39 ff.

Ann, Christoph/Loschelder, Michael/Grosch, Marcus (Hrsg.), Praxishandbuch Know-how-Schutz, Köln 2010.

Appel, Markus, Entstehungsschwäche und Bestandsstärke des verfassungsrechtlichen Eigentums: Eine Untersuchung des Spannungsverhältnisses zwischen Art. 14 Abs. 1 Satz 1 GG und Art. 14 Abs. 1 Satz 2 GG auf der Basis der Eigentumsrechtsprechung des Bundesverfassungsgerichts, Berlin 2004.

Appel, Markus, Eigentumsgrundrechtlicher Bestands- oder rechtsstaatlicher Vertrauensschutz – was schützt den Eigentümer, DVBl. 2005, S. 340 ff.

Augsberg, Ino, Informationsverwaltungsrecht: Zur kognitiven Dimension der rechtlichen Steuerung von Verwaltungsentscheidungen, Tübingen 2014.

Axer, Peter, Eigentumsschutz für wirtschaftliche Betätigung, Zum Grundrechtsschutz von Unternehmen gegen staatliche Wirtschaftsregulierung, in: Depenheuer, Otto et al. (Hrsg.): Nomos und Ethos. Hommage an Josef Isensee zum 65. Geburtstag von seinen Schülern, Berlin 2002, S. 121 ff.

Badura, Peter, Der Eigentumsschutz des eingerichteten und ausgeübten Gewerbebetriebes, AöR 98 (1973), S. 153 ff.

Badura, Peter, Wirtschaftsverfassung und Wirtschaftsverwaltung, 2. Aufl. Tübingen 2005.

Baumbach, Adolf/Hefermehl, Wolfgang (Hrsg.), Wettbewerbsrecht, 22. Aufl., München 2001.

Baur, Fritz, Die „Naßauskiesung" – oder wohin treibt der Eigentumsschutz?, NJW 1982, S. 1735 ff.

Becker, Florian, Der grundrechtliche Schutz von Geschäftsgeheimnissen, in: Sachs, Michael et al. (Hrsg.), Der grundrechtsgeprägte Verfassungsstaat, Festschrift für Klaus Stern zum 80. Geburtstag, Berlin 2012, S. 1233 ff.

Beckmann, Martin/Durner, Wolfgang/Mann, Thomas/Röckinghausen, Marc (Hrsg.), Landmann/Rohmer, Umweltrecht, 69. Ergänzungslieferung, München 2013.

Beck'scher Vergaberechtskommentar (Hrsg.) v. *Dreher, Meinrad/Motzke, Gerd*, 2. Aufl., München 2013.

Beck'scher TKG-Kommentar (Hrsg.) v. *Geppert, Martin/ Schütz, Raimund*, 4. Aufl. München, 2013.

Beer, Julia/Wesseling, Anke, Die neue Umweltinformationsrichtlinie im Spannungsfeld von europäischer Eigentumsgewährleistung und privatem Informationsinteresse, DVBl. 2006, S. 133 ff.

Berg, Wilfried, Entwicklungen und Strukturen der Eigentumsgarantie, JuS 2005, S. 961 ff.

Berg, Wilfried, Zum presserechtlichen Informationsanspruch – OVG Münster, NVwZ-RR 1998, 311, Jus 1998, S. 997 ff.

Berger, Sven/Partsch, Christoph/Roth, Jürgen/Scheel, Christopher (Hrsg.), Informationsfreiheitsgesetz, 2. Aufl., Köln 2013.

Beyerbach, Hannes, Die geheime Unternehmensinformation: Grundrechtlich geschützte Betriebs- und Geschäftsgeheimnisse als Schranke einfachrechtlicher Informationsansprüche, Tübingen 2012.

Blasberg, Daniela, Inhalts- und Schrankenbestimmungen des Grundeigentums zum Schutz der natürlichen Lebensgrundlagen: Das Verhältnis von Art. 14 Abs. 1 und 2 GG zu Art. 20a GG, Berlin, Heidelberg 2008.

Brammsen, Jörg, Wirtschaftsgeheimnisse als Verfassungseigentum – Der Schutz der Betriebs- und Geschäftsgeheimnisse gem. Art. 14 GG, DÖV 2007, S. 10 ff.

Breuer, Rüdiger, Schutz von Betriebs- und Geschäftsgeheimnisse im Umweltrecht, NVwZ 1986, S. 171 ff.

Breuer, Rüdiger, Freiheit des Berufs, in: Isensee, Josef/Kirchhof, Paul (Hrsg.), Handbuch des Staatsrechts der Bundesrepublik Deutschland, Bd. VIII: Grundrechte: Wirtschaft, Verfahren, Gleichheit, Heidelberg 2010, § 170.

Brünneck, Alexander von, Die Eigentumsgarantie des Grundgesetzes, 1. Aufl., Baden-Baden 1984.

Bullinger, Martin, Wettbewerbsgefährdung durch präventive Wettbewerbsaufsicht – Gefährdung des Entwicklungsvorsprungs zulassungspflichtiger neuer Industrieprodukte, NJW 1978, S. 2121 ff.

Callies, Christian, Die Leistungsfähigkeit des Untermaßverbots als Kontrollmaßstab grundrechtlicher Schutzpflichten, in: Grote, Rainer/Härtel, Ines/Hain, Karl-E. u. a. (Hrsg.), Die Ordnung der Freiheit, Festschrift für Christian Starck zum 70. Geburtstag, Tübingen 2007, S. 201 ff.

Danner, Wolfgang/Theobald, Christian (Hrsg.), Energierecht, 81. Ergänzlieferung, München 2014.

Danwitz, Thomas von, Der Schutz von Betriebs- und Geschäftsgeheimnissen im Recht der Regulierungsverwaltung, DVBl. 2005, S. 597 ff.

Danwitz, Thomas von, Ende des Schutzes der geographischen Herkunftsangabe? – Verfassungsrechtliche Perspektiven –, GRUR 1997, 81 ff.

Denninger, Erhard, Die Zweitanmelderproblematik im Arzneimittelrecht, GRUR 1984, S. 627 ff.

Depenheuer, Otto, Der verfassungsrechtliche Schutz des Betriebsgeheimnisses, in: Staat, Verwaltung und Rechtsschutz, Festschrift für Wolf-Rüdiger Schenke zum 70. Geburtstag, Berlin 2011, S. 97 ff.

Depenheuer, Otto, Zwischen Verfassung und Gesetz, Die rechtsstaatliche Struktur der grundgesetzlichen Eigentumsgarantie, in: Freiheit und Eigentum, Festschrift für Walter Leisner zum 70. Geburtstag, Berlin 1999, S. 277 ff.

Di Fabio, Udo, Grundrechte im präzeptoralen Staat – am Beispiel hoheitlicher Informationstätigkeit, JZ 1993, S. 689 ff.

Dörr, Dieter, Die neuere Rechtsprechung des BVerfG zur Eigentumsgarantie des Art. 14 GG, NJW 1988, S. 1049 ff.

Druey, Jean Nicolas, Information als Gegenstand des Rechts – Entwurf einer Grundlegung, Zürich 1995.

Druey, Jean Nicolas, Das Fabrikationsgeheimnis – faktisches Gut oder Rechtsgut?, ZSR 92, 1973, S. 451 ff.

Düsterdiek, Bernd, Das Akteneinsichtsrecht (§ 111 GWB), NZBau 2004, S. 605 ff.

Edvinsson, Leif/Brünig, Gisela, Aktivposten Wissenskapital – Unsichtbare Werte bilanzierbar machen, Wiesbaden 2000.

Ehlers, Dirk, Eigentumsschutz, Sozialbindung und Enteignung bei der Nutzung von Boden und Umwelt, in: Veröffentlichungen der Vereinigung der Deutschen Staatsrechtslehrer(VVDStRL), Bd. 51, Berlin, New York, 1992, S. 212 ff.

Eilers, Stephan/Schröer, Thomas, Der Schutz der betrieblichen Informationssphäre im Umweltinformationsgesetz, BB 1993, S. 1025 ff.

Ellger, Reinhard, Bereicherung durch Eingriff: das Konzept des Zuweisungsgehalts im Spannungsfeld von Ausschließlichkeitsrecht und Wettbewerbsfreiheit, Tübingen 2002.

Engel, Christoph, Eigentumsschutz für Unternehmen, AöR 118 (1993), S. 169 ff.

Fassbender, Bardo, Wissen als Grundlage staatlichen Handelns, in: Isensee, Josef/Kirchhof, Paul (Hrsg.), Handbuch des Staatsrechts der Bundesrepublik Deutschland, Bd. IV: Aufgaben des Staates, Heidelberg 2006, § 76.

Fechner, Frank, Geistiges Eigentum und Verfassung – schöpferische Leistungen unter dem Schutz des Grundgesetzes, Tübingen 1999.

Fehling, Michael/Ruffert, Matthias (Hrsg.), Regulierungsrecht, Tübingen 2010.

Fezer, Karl-Heinz (Hrsg.), Lauterkeitsrecht, 2. Aufl. Bd. I, München 2010.

Fezer, Karl-Heinz (Hrsg.), Markenrecht, 4. Aufl., München 2009.

Fezer, Karl-Heinz, Immaterialgüterrechtlicher und lauterkeitsrechtlicher Veranstaltungsschutz (Teil 2), WRP 2012, S. 1321 ff.

Fischer, Kristian/Fluck, Jürgen, Informationsfreiheit versus Betriebs- und Geschäftsgeheimnisse, NVwZ 2013, S. 337 ff.

Fluck, Jürgen, Verwaltungstransparenz durch Informationsfreiheit, DVBl. 2006, 1406 ff.

Frank, Torben, Der Schutz von Unternehmensgeheimnissen im Öffentlichen Recht, Frankfurt a. M. u. a. 2008.

Gärditz, Klaus, Ferdinand, Regulierungsrechtliche Auskunftsanordnungen als Instrument der Wissensgenerierung, DVBl. 2009, S. 69 ff.

Gärditz, Klaus, Ferdinand/Orth, Johannes, Geheimnisschutz im Verwaltungsprozess, JuS 2010, S. 317 ff.

Geller, Paul Edward, Die Auflösung des Geistigen Eigentums, GRUR Int. 2006, S. 273 ff.

Gersdorf, Hubertus/Paal, Boris (Hrsg.), Informations- und Medienrecht, München 2014.

Glöckner, Stefan, Eigentumsrechtlicher Schutz von Unternehmen : Eine rechtsvergleichende Studie zum deutschen Recht, zum Recht der EMRK und zum Europarecht, Hamburg 2005.

Goldhammer, Michael, Geistiges Eigentum und Eigentumstheorie: Rekonstruktion der Begründung von Eigentum an immateriellen Gütern anhand der US-amerikanischen Eigentumstheorie, Tübingen 2012.

Götting, Horst-Peter, Der Begriff des Geistigen Eigentums, GRUR 2006, S. 353 ff.

Götting, Horst-Peter, Gewerblicher Rechtsschutz (Patent-, Gebrauchsmuster-, Geschmacksmuster- und Markenrecht), 9. Aufl., München 2010.

Götz, Andreas, Die Evolution des Geheimnisschutzes im Regulierungsverwaltungsprozess – Ein Beitrag zu § 138 TKG in der Fassung der TKG-Novelle 2012, N&R 2012, S. 215 ff.

Grochtmann, Ansgar, Die Normgeprägtheit des Art. 14 GG – Konsequenzen für die Eigentumsdogmatik, 2. Aufl., Berlin 2010.

Gröning, Jochem, Das vergaberechtliche Akteneinsichtsrecht, NZBau 2000, S. 366 ff.

Gröschner, Rolf, Transparente Verwaltung: Konturen eines Informationsverwaltungsrechts, in: Veröffentlichung der Vereinigung der Deutschen Staatsrechtslehrer (VVDStRL) Bd. 63, Berlin, New York 2003, S. 344 ff.

Grzeszick, Bernd, Geistiges Eigentum und Wettbewerb aus verfassungsrechtlicher Perspektive, in: Lange, Knut Werner/Klippel, Diethelm/Ohly, Ansgar (Hrsg.), Geistiges Eigentum und Wettbewerb, 2009, S. 3 ff.

Grzeszick, Bernd, Geistiges Eigentum und Art. 14 GG, ZUM 2007, S. 344 ff.

Grzeszick, Bernd, Erfolg durch Offenheit – Geistiges Eigentum unter den Bedingungen der Kommunikationsgesellschaft. Ein Plädoyer für Vertrauen in und Erfolg durch zivile Öffentlichkeit; in: Depenheuer, Otto (Hrsg.), Öffentlichkeit und Vertraulichkeit. Theorie und Praxis der politischen Kommunikation, Wiesbaden 2001, S. 21 ff.

Gurlit, Elke, Konturen eines Informationsverwaltungsrechts, DVBl. 2003, S. 1119 ff.

Gusy, Christoph, Die Informationsbeziehungen zwischen Staat und Bürger, in: Hoffmann-Riem, Wolfgang/Schmidt-Aßmann, Eberhard/Voßkuhle, Andreas (Hrsg.), Grundlagen des Verwaltungsrechts, Bd. II, Informationsordnung – Verwaltungsverfahren – Handlungsformen, München 2007, § 23.

Häberle, Peter, Vielfalt der Property Rights und der verfassungsrechtliche Eigentumsbegriff, AöR 109, 1984, S. 36 ff.

Haedicke, Maximilian, Rechtskauf und Rechtsmängelhaftung: Forderungen, Immaterialgüterrechte und sonstige Gegenstände als Kaufobjekte und das reformierte Schuldrecht, Tübingen 2003.

Hahn, Werner, Offenbarungspflichten im Umweltschutzrecht, Köln u. a.1984.

Halligan, R. Mark, Protection of U.S. Trade Secret Assets: Critical Amendments to the Economic Espionage Act of 1996, John Marshall Review of Intellectual Property Law (Marshall Rev. Intell. Prop. L), Vol. 7, Issue 4 (Summer 2008), S. 656 ff.

Harte-Bavendamm, Henning/Henning-Bodewig, Frauke, Gesetz gegen den unlauteren Wettbewerb (UWG), 3. Aufl., München 2013.

Hauck, Ernst, Wirtschaftsgeheimnisse – Informationseigentum kraft richterliche Rechtsbildung? Zum Konflikt zwischen Freiheit, Eigentum und Öffentlichkeit, Berlin 1987.

Hauptmann, Christian, Die Vergesellschaftung des Urheberrechts : das ausschließliche Recht, Entindividualisierung und Vergesellschaftung bei Wahrnehmung durch Verwertungsgesellschaften am Beispiel der GEMA und der VG Wort, 1. Aufl., Baden-Baden 1994.

Helbach, Clemens, Der gestufte Schutz von Betriebs- und Geschäftsgeheimnissen vor Parlament, Presse und jedermann, Berlin 2012.

Herzog, Roman, Grundrechte aus der Hand des Gesetzgebers, in: Fürst, Walther/ Herzog, Roman/Umbach, Dieter Clemens (Hrsg.), Festschrift für Wolfgang Zeidler, Bd. II, Berlin, New York 1987, S. 1415 ff.

Herzog, Roman, Das Bundesverfassungsgericht im Prozess der deutschen Einigung, in: Joachim Burmeister u. a. (Hrsg.), Germania Restituta. Wissenschaftliches Symposion anläßlich des 60. Geburtstags von Klaus Stern, 1992, S. 161 ff.

Heusch, Andreas, Der Grundsatz der Verhältnismäßigkeit im Staatsorganisationsrecht, Berlin 2003.

Hoeren, Thomas, Internet und Recht – Neue Paradigmen des Informationsrechts, NJW 1989, S. 2849 ff.

Hoeren, Thomas, Der Schutz von Betriebs- und Geschäftsgeheimnissen und das IFG, in: Dix, Alexander/Franßen, Gregor/Michael Kloepfer/Schaar, Peter/ Schoch, Friedrich (Hrsg.), Informationsfreiheit und Informationsrecht 2008, Jahrbuch der Deutschen Gesellschaft für Informationsfreiheit e.V., Berlin 2008, S. 105 ff.

Höfling, Wolfram, Freiheit und Regulierung der Insolvenzverwaltertätigkeit aus verfassungsrechtlicher Perspektive, JZ 2009, S. 339 ff.

Holoubek, Michael/Kassai, Klaus, Verfassungsrechtliche und europarechtliche Grundlagen, in: Holoubek, Michael/Kassai, Klaus/Wiebe, Andreas (Hrsg.), Rechtliche Grundlagen der Informationswirtschaft, Wien 2004. S. 1 ff.

Holznagel, Bernd, Informationsbeziehungen in und zwischen Behörden, Hoffmann-Riem, Wolfgang/Schmidt-Aßmann, Eberhard/Voßkuhle, Andreas (Hrsg.), Grundlagen des Verwaltungsrechts, Bd. II, Informationsordnung – Verwaltungsverfahren – Handlungsformen, München 2007, § 24.

Huber, Peter M., Die Informationstätigkeit der öffentlichen Hand – ein grundrechtliches Sonderregime aus Karlsruhe?, JZ 2003, S. 290 ff.

Hufen, Friedhelm, Staatsrecht II : Grundrechte, 3. Aufl., München 2011.

Huhmann, Marcus, Die verfassungsrechtliche Dimension des Bankgeheimnisses, Frankfurt a. M. 2002.

Immenga, Ulrich/Mestmäcker, Ernst-Joachim (Hrsg.), Wettbewerbsrecht, Bd. 2. GWB Kommentar zum Deutschen Kartellrecht, 5. Aufl., München 2014.

Jänich, Volker, Geistiges Eigentum – eine komplementär Erscheinung zum Sacheigentum?, Tübingen 2002.

Jänich, Volker, Sonderrechtsschutz für geschäftlichen Methoden, GRUR 2003, 483 ff.

Jarass, Hans D., Bundesimmissionsschutzgesetz, 9. Aufl., München 2012.

Jarass, Hans D., Das allgemeine Persönlichkeitsrecht im Grundgesetz, NJW 1989, S. 857 ff.

John-Koch, Monika, Informationstransfer in privat-staatlichen Kooperationen, in: Spiecker gen. Döhmann, Indra/Collin, Peter (Hrsg.) Generierung und Transfer staatlichen Wissens im System des Verwaltungsrechts, Tübingen 2008, S. 93 ff.

Kahl, Wolfgang, Schutzergänzungsfunktion von Art. 2 Abs. 1 Grundgesetz, Tübingen 2000.

Kalfbus, Björn, Die neuere Rechtsprechung des BGH zum Schutz von Betriebs- und Geschäftsgeheimnissen, WRP 2013, S. 584 ff.

Kasperzak, Rainer/Nestler, Anke, Bewertung von immateriellen Vermögen: Anlässe, Methoden und Gestaltungsmöglichkeiten, 1. Aufl., Weinheim 2010.

Kirchhof, Paul, Der verfassungsrechtlicher Gehalt des geistigen Eigentums, in: Fürst, Walther/Herzog, Roman/Umbach, Dieter Clemens (Hrsg.), Festschrift für Wolfgang Zeidler, Bd. II, Berlin, New York 1987, S. 1639 ff.

Kloepfer, Michael, Informationsfreiheitsgesetz und Schutz von Betriebs- und Geschäftsgeheimnissen – Betriebs- und Geschäftsgeheimnisse in verschiedenen Rechtsgebieten und verschiedenen Kontexten, Rechtsgutachten im Auftrag des Bundesbeauftragen für den Datenschutz und die Informationsfreiheit, 2011.

Kloepfer, Michael/Lewinski, von Kai, Das Informationsfreiheitsgesetz des Bundes, DVBl. 2005, S. 1277 ff.

Kloepfer, Michael/Greve, Das Informationsfreiheitsgesetz und der Schutz von Betriebs- und Geschäftsgeheimnissen, NVwZ 2011, S. 577.

Kochmann, Kai, Schutz des „Know-how“ gegen ausspähende Produktanalysen („Reverse Engineering“), Berlin 2009.

Koebke, Max, Das Recht auf Umweltinformation unter besonderer Berücksichtigung des Schutzes von Betriebs- und Geschäftsgeheimnissen und der Paragraphen 207–227 UGB-KomE, Pfaffenweiler 1999.

Köhler, Helmut/Bornkamm, Joachim, Gesetz gegen den unlauteren Wettbewerb: Preisangabenverordnung, Unterlassungsklagengesetz, Dienstleistungs-Informationspflichten-Verordnung, 32. Aufl., München 2014.

Kopp, Ferdinand (Begr.)/*Schenke, Wolf-Rüdiger* (Hrsg.), Verwaltungsgerichtsordnung, Kommentar, 19. Aufl., München 2013.

Kopp, Ferdinand (Begr.)/*Ramsauer, Ulrich* (Hrsg.), Verwaltungsverfahrensgesetz, 13. Aufl., München 2012.

Koreng, Ansgar, Das „Unternehmenspersönlichkeitsrecht“ als Element des gewerblichen Reputationsschutz, GRUR 2010, S. 1065 ff.

Kraßer, Rudolf, Der Schutz des Know-how nach deutschem Recht, GRUR 1970, S. 587 ff.

Kraßer, Rudolf, Grundlagen des zivilrechtlichen Schutzes von Geschäfts- und Betriebsgeheimnissen sowie von Know-how, GRUR 1977, S. 177 ff.

Kube, Hanno, Eigentum an Naturgütern – Zuordnung und Unverfügbarkeit, Berlin 1999.

*Kügel, Wilfried/Müller, Rolf-Georg/Hofmann, Hans-Pete*r (Hrsg.), Arzneimittelgesetz: AMG, 1. Aufl., München 2012.

Kugelmann, Dieter, Die informatorische Rechtsstellung des Bürgers: Grundlagen und verwaltungsrechtliche Grundstrukturen individueller Rechte auf Zugang zu Informationen der Verwaltung, Tübingen, 2001.

Kugelmann, Dieter, Informationsfreiheit als Element moderner Staatlichkeit, DÖV 2005, S. 851 ff.

Kugelmann, Dieter, Das Informationsfreiheitsgesetz des Bundes, NJW 2005, S. 3609 ff.

Kulartz, Hans-Peter/Kus, Alexander/Portz (Hrsg.), Norbert, Kommentar zum GWB-Vergaberecht, 2. Aufl., Köln 2009.

Külpmann, Christoph, Enteignende Eingriffe? – Das Entschädigungsinstitut des enteignenden Eingriffs und die neuere verfassungsrechtliche Dogmatik der Eigentumsgarantie, Berlin 2000.

Ladeur, Karl-Heinz, Privatisierung öffentlicher Aufgaben und die Notwendigkeit der Entwicklung eines neuen Informationsverwaltungsrechts, in: Hoffman-Riem, Wolfgang/Schmidt-Aßmann, Eberhard (Hrsg.), Verwaltungsrecht in der Informationsgesellschaft, 1. Aufl., Baden-Baden 2000, S. 225 ff.

Ladeur, Karl-Heinz, Die Kommunikationsinfrastruktur der Verwaltung, in: Hoffmann-Riem, Wolfgang/Schmidt-Aßmann, Eberhard/Voßkuhle, Andreas (Hrsg.), Grundlagen des Verwaltungsrechts, Bd. II, Informationsordnung – Verwaltungsverfahren – Handlungsformen, München 2007, § 21.

Landmann, Robert von/Rohmer, Gustav (Hrsg.), Umweltrecht, Losebl., 69. Ergänzungslieferung, Bd. I, München 2013.

Leisner, Eigentum, in: Isensee, Josef/Kirchhof, Paul (Hrsg.), Handbuch des Staatsrechts der Bundesrepublik Deutschland, Bd. VIII: Grundrechte: Wirtschaft, Verfahren, Gleichheit, Heidelberg 2010, § 173.

Lepsius, Oliver, Besitz und Sachherrschaft im öffentlichen Recht, Tübingen, 2002.

Lepsius, Oliver, Grundrechtsschutz gegen Regulierungsgesetze, GewArch Beil. WiVerw Nr. 04/2011, S. 206 ff.

Loewenheim, Ulrich/Meessen, Karl. M./Riesenkampff Alexander (Hrsg.), Kartellrecht, 2. Aufl., München 2009.

Losch, Alexandra, Akteneinsicht im Vergabeverfahren – ein Widerstreit zwischen Tranparenzgebot und Geheimhaltungsschutz, Vergaberecht, 2008, S. 739 ff.

Mangoldt, Hermann von/Klein, Friedrich/Starck, Christian (Hrsg.), Kommentar zum Grundgesetz, 6. Aufl., München, 2010.

Masing, Johannes, Transparente Verwaltung: Konturen eines Informationsverwaltungsrechts, in: Veröffentlichung der Vereinigung der Deutschen Staatsrechtslehrer (VVDStRL), Bd. 63, Berlin, New York 2004, S. 377 ff.

Maume, Know-how Schutz – Abschied vom Geheimhaltungswillen?, WRP 2008, S. 1275 ff.

Maunz, Theodor/Dürig, Günter (Begr.)/*Herzog, Roman/Scholz, Rupert/Herdegen, Matthias/Klein, Hans. H.* (Hrsg.), Grundgesetz Kommentar, 71. Ergänzlieferung, München, 2014.

McGuire, Mary-Rose/Künzel, Jens/Weber, Nils, Der Schutz von Geschäftsgeheimnissen durch Rechte des Geistigen Eigentums und durch das Recht des unlauteren Wettbewerbs, GRUR Int. 2010, S. 829 ff.

Mes, Peter, Arbeitsplatzwechsel und Geheimnisschutz, GRUR 1979, S. 584 ff.

Möschel, Miriam, Gibt es einen optimalen Schutzumfang für ein Immaterialgüterrecht?, in: Lange, Knut Werner/Klippel, Diethelm/Ohly, Ansgar (Hrsg.), Geistiges Eigentum und Wettbewerb, Tübingen, 2009.

Münch, Ingo von/Kunig, Philip (Hrsg.), Grundgesetz, Kommentar, 6. Aufl. Bd. I, München, 2012.

Münchener Kommentar zum Lauterkeitsrecht, bearb. v. Ann, Christoph/Bähr, Peter/Brammsen, Jörg, 2. Aufl., Bd. II., München 2012.

Murswiek, Dietrich, Das Bundesverfassungsgericht und die Dogmatik mittelbarer Grundrechtseingriffe – Zu der Glykol- und der Osho-Entscheidung vom 26. 6. 2002, NVwZ 2003, S. 1 ff.

Nastelski, Karl, Der Schutz des Betriebsgeheimnisses, GRUR 1957, S. 1 ff.

Nüßgen, Karl/Boujong Karlheinz, Eigentum, Sozialbindung, Enteignung, 1. Aufl., München 1987.

Ohlenburg, Anna, Geheimnisschutz im Verwaltungsprozess – Die Modifikation des § 99 II VwGO in § 138 TKG, NVwZ 2005, S. 15 ff.

Ohly, Ansgar, Geistiges Eigentum?, JZ 2003, S. 545 ff.

Ohly, Ansgar, Nachahmungsschutz versus Wettbewerbsfreiheit, in: Lange, Knut Werner/Klippel, Diethelm/Ohly, Ansgar (Hrsg.), Geistiges Eigentum und Wettbewerb, Tübingen, 2009, S. 99 ff.

Ohly, Ansgar, Der Geheimnisschutz im deutschen Recht: heutiger Stand und Perspektiven, GRUR 2014, S. 1 ff.

Ohly, Ansgar/Sosnitza, Olaf, Gesetz gegen den unlauteren Wettbewerb, Kommentar, 6. Aufl., München 2014.

Ossenbühl, Fritz, Die Freiheiten des Unternehmers nach dem Grundgesetz, AöR 115 (1990), S. 1 ff.

Ossenbühl, Fritz, Abwägung im Verfassungsrecht, DVBl. 1995, S. 904 ff.

Oster, Jan, Die Verwertbarkeit „in camera" gewonnener Informationen, DÖV 2004, S. 916 ff.

Otto, Harro, Aktienstrafrecht: Erläuterungen zu den §§ 339–410 AktG, Berlin, New York, 1997.

Papier, Hans-Jürgen, Verfassungs- und verwaltungsrechtliche Probleme der Zweitanmeldung, NJW 1985, S. 12 ff.

Peifer, Karl-Nikolaus, Einführung und Bilanz, in: Depenheuer/ders. (Hrsg.), Geistiges Eigentum: Schutzrecht oder Ausbeutungstitel im Zeitalter von Digitalisierung und Globalisierung, Berlin u. a. 2008, S. 1 ff.

Peukert, Alexander, Güterzuordnung als Rechtsprinzip, Tübingen 2008.

Pfaff, Esther, Exklusivität und Zugang arzneimittelrechtlicher Zulassungsinformationen, Frankfurt a. M. 2010.

Pfister, Bernhard, Das technische Geheimnis »Know How« als Vermögensrecht, München 1974.

Pieroth, Bodo/Schlink, Bernhard/Kingreen, Thorsten/Poscher, Ralf, Grundrechte: Staatsrechte II, 29. Aufl., Heidelberg 2013.

Ploch-Kumpf, Ute, Der Schutz von Unternehmensgeheimnissen im Zivilprozess unter besonderer Berücksichtigung ihrer Bedeutung in der Gesamtrechtsordnung, Frankfurt a. M. u. a. 1996.

Polenz, Sven, Informationsfreiheit und Vergaberecht, NVwZ 2009, S. 883 ff.

Portmann, Wolfgang, Wesen und System der subjektiven Privatrechte, Zürich 1996.

Ramm, Martin, Akteneinsicht und Untersuchungsgrundsatz im Vergabeverfahren, Vergaberecht, 2007, S. 739 ff.

Reimann, Thomas, Einige Überlegungen zur Offenkundigkeit im Rahmen §§ 17 ff. UWG und von § 3 PatG, GRUR 1998, S. 298 ff.

Rossi, Matthias, Informationszugangsfreiheit und Verfassungsrecht – Zu den Wechselwirkungen zwischen Informationsfreiheitsgrenzen und der Verfassungsordnung in Deutschland, Berlin 2004.

Rossi, Matthias, Das Informationsfreiheitsrecht in der gerichtlichen Praxis, DVBl. 2010, S. 554 ff.

Roßnagel, Alexander, Konflikte zwischen Informationsfreiheit und Datenschutz?, MMR 2007, S. 16 ff.

Rozek, Jochen, Die Unterscheidung von Eigentumsbindung und Enteignung: Eine Bestandsaufnahme zur dogmatischen Struktur des Art. 14 GG nach 15 Jahren „Naßauskiesung“, Tübingen, 1998.

Ruffert, Matthias, Vorrang der Verfassung und Eigenständigkeit des Privatrechts: Eine verfassungsrechtliche Untersuchung zur Privatrechtsentwicklung des Grundgesetzes, Tübingen, 2001.

Rützel, Stefan, Illegale Unternehmensgeheimnisse?, GRUR 1995, S. 557 ff.

Sachs, Michael, Verfassungsrecht II – Grundrechte, 2. Aufl., Heidelberg, 2003.

Sachs, Michael (Hrsg.), Grundgesetz, Kommentar, 6. Aufl., München 2011.

Sack, Rolf, Das Recht am Gewerbebetrieb – Geschichte und Dogmatik, Tübingen 2007.

Scheidler, Alfred, Die Anlagenüberwachung im Immissionsschutzrecht, GewArch Beilage WiVerw Nr. 03/2010, S. 181 ff.

Schmidt-Aßmann, Eberhard, Die Herausforderung der Verwaltungswissenschaft durch die Internationalisierung der Verwaltungsbeziehungen, Der Staat 45 (2006), S. 315 ff.

Schmidtchen, Dieter, Zur Beziehung zwischen dem Recht geistigem Eigentums und dem Wettbewerbsrecht – eine ökonomische Analyse, in: Lange, Knut Werner/Klippel, Diethelm/Ohly, Ansgar (Hrsg.), Geistiges Eigentum und Wettbewerb, 2009, S. 27 ff.

Schmitz, Heribert/Jastrow, Serge-Daniel, Das Informationsfreiheitsgesetz des Bundes, NVwZ 2005, S. 984 ff.

Schoch, Friedrich, Das Recht auf Zugang zu staatlichen Informationen – Informationszugangsfreiheit in Deutschland und in der Schweiz, DÖV 2006, S. 1 ff.

Schoch, Friedrich, Der Entwurf eines Informationsweiterverwendungsgesetzes des Bundes, NVwZ 2006, S. 872 ff.

Schoch, Friedrich, Aktuelle Fragen des Informationsfreiheitsrechts, NJW 2009, S. 2987 ff.

Schoch, Friedrich, Informationsfreiheitsgesetz, 1. Aufl., München 2007.

Schoch, Friedrich, Öffentlich-rechtliche Rahmenbedingungen einer Informationsordnung, in: Veröffentlichung (VVDStRL), Bd. 57, Berlin, New York 1998, S. 158 ff.

Schoch, Friedrich, Das Gesetz zur Änderung des Rechts der Verbraucherinformation, NVwZ 2012, S. 1497 ff.

Schoch, Friedrich/Schneider, Jens-Peter/Bier, Wolfgang (Hrsg.), VwGO, 26. Ergänzlieferung, München 2014.

Scholz, Rupert, Parlamentarischer Untersuchungsausschuß und Steuergeheimnis, AöR 105(1980), S. 564 ff.

Scholz, Rupert/Pitschas, Rainer, Informationelle Selbstbestimmung und staatliche Informationsverantwortung, Berlin 1984.

Scholz, Rupert, Konkurrenzprobleme bei behördlichen Produktkontrollen: Verfassungsfragen zum Verhältnis von Erst- und Nachanmelder im Zulassungs- und Anmeldeverfahren von Chemikalien, Arznei- und Pflanzenschutzmitteln, Köln u. a. 1983.

Schomerus, Thomas/Scheel, Benedikt, Agrarsubventionen als Gegenstand des Umweltinformations- und Informationsfreiheitsrechts, ZUR 2010, S. 188 ff.

Schröder, Meinhard, Der Geheimhaltungsschutz im Recht der Umweltchemikalien – Eine Untersuchung nach deutschem Recht und europäischen Gemeinschaftsrecht, Umweltforschungsplan d. Bundesmin. d. Innern, Umweltchemikalien, Forschungsbericht 10601010, Bd. I, Berlin 1980.

Schröder, Meinhard, Der Schutz von Betriebs- und Geschäftsgeheimnisse im Umweltschutzrecht, UPR 1985, S. 394 ff.

Schröer, Benjamin, Der unmittelbare Leistungsschutz, Tübingen 2010.

Schütze, Joachim, Der Schutz von Geschäftsgeheimnisse in zivilprozessualen Preismissbrauchsverfahren – ein Dogma ohne Wert?, KSzW 2011, S. 72 ff.

Schwartmann, Rolf/Hentsch, Christian-Henner, Die verfassungsrechtlichen Grenzen der Urheberrechtsdebatte, ZUM 2012, S. 759 ff.

Sieber, Ulrich, Ermittlungen in Sachen Liechtenstein – Fragen und erste Antworten, NJW 2008, S. 881 ff.

Sieber, Ulrich, Informationsrecht und Recht der Informationstechnik – Die Konstituierung eines Rechtsgebietes in Gegenstand, Grundfragen und Zielen, NJW 1989, S. 2569 ff.

Sieckmann, Jan-Reinard, Modelle des Eigentumsschutzes – eine Untersuchung zur Eigentumsgarantie des Art. 14 GG, Baden-Baden 1998.

Spindler, Gerald/Weber, Marc Philipp, Der Geheimnisschutz nach Art. 7 der Enforcement-Richtlinie, MMR 2006, S. 711 ff.

Stancke, Fabian, Grundlagen des Unternehmensdatenschutzrechts – gesetzlicher und vertraglicher Schutz unternehmensbezogener Daten im privaten Wirtschaftsverkehr, BB 2013, S. 1418 ff.

Stettner, Rupert, Information – ihr Stellenwert in der Verfassung, in: Fiedler, Herbert/Ullrich, Hanns (Hrsg.), Information als Wirtschaftsgut, Köln 1997, S. 33 ff.

Stürner, Rolf, Die gewerbliche Geheimsphäre im Zivilprozess, JZ 1985, 453 ff.

Taeger, Jürgen, Die Offenbarung von Betriebs- und Geschäftsgeheimnissen, Baden-Baden 1988.

Thormann, Martin, Abstufungen in der Sozialbindung des Eigentums – Zur Bestimmung von Inhalt und Schranken des Eigentums nach Art. 14 Absatz 1 Satz 2 GG im Spannungsfeld von Eigentumsfreiheit und Gemeinwohl, Stuttgart u. a. 1996.

Timmann, Tobias, Das Patentrecht im Lichte von Art. 14 GG, Tübingen 2008.

Trips-Hebert, Roman, Informationsfreiheit und Arzneimittelrecht – mögliche Implikationen eines Informationsfreiheitsgesetzes für die pharmazeutische Industrie, PharmR 2005, S. 155 ff.

Troller, Alois, Immaterialgüterrecht: Patentrecht, Markenrecht, Muster- und Modellrecht, Urheberrecht, Wettbewerbsrecht, Bd. I, 3. Aufl., Basel, Frankfurt a. M. 1983.

Troller, Alois, Das technische Geheimnis im System des Immaterialgüterrechts, GRUR Ausl. 1958, S. 386 ff.

Ulmer, Eugen, Urheber- und Verlagsrecht, 3. Aufl., Berlin 1980.

Van Raden, Lutz, Die Informatische Taube – Überlegungen zur Patentfähigkeit informationsbezogener Erfindungen, GRUR 1995, S. 451 ff.

Vesting, Thomas, Zwischen Gewährleistungsstaat und Minimalstaat: Zu den veränderten Bedingungen der Bewältigung öffentlicher Aufgaben in der »Informations- oder Wissensgesellschaft«, in: Hoffman-Riem, Wolfgang/ Schmidt-Aßmann, Eberhard (Hrsg.), Verwaltungsrecht in der Informationsgesellschaft, 1. Aufl., Baden-Baden 2000, S. 101 ff.

Vesting, Thomas, Die Bedeutung von Information und Kommunikation für die verwaltungsrechtliche Systembildung, in: Hoffmann-Riem, Wolfgang/ Schmidt-Aßmann, Eberhard/Voßkuhle, Andreas (Hrsg.), Grundlagen des Verwaltungsrechts, Bd. II, Informationsordnung – Verwaltungsverfahren – Handlungsformen, München 2007, § 20.

Voßkuhle, Andreas, Der Wandel von Verwaltungsrecht und Verwaltungsprozeßrecht in der Informationsgesellschaft, in: Hoffman-Riem, Wolfgang/Schmidt-Aßmann, Eberhard (Hrsg.), Verwaltungsrecht in der Informationsgesellschaft, 1. Aufl., Baden-Baden 2000, S. 349 ff.

Westermann, Ingo, Der BGH baut den Know-how-Schutz aus – Anmerkung zu BGH, GRUR 2006, 1044 ff.

Westermann, Ingo, Handbuch Know-how-Schutz, München 2007.

Wiebe, Andreas, Information als Schutzgegenstand im System des geistigen Eigentums, in: Fiedler, Herbert/Ulrich, Hanns, Information als Wirtschaftsgut, Köln 1997, S. 93 ff.

Wilms, Jan/Roth, Jan, Die Anwendbarkeit des Rechts auf informationelle Selbstbestimmung auf juristische Personen i.S. von Art. 19 III GG, JuS 2004, S. 577 ff.

Windoffer, Alexander, Verfahren der Folgenabschätzung als Instrument zur rechtlichen Sicherung von Nachhaltigkeit, Tübingen 2011.

Wolff, Heinrich Amadeus, Der verfassungsrechtliche Schutz der Betriebs- und Geschäftsgeheimnisse, NJW 1997, S. 98 ff.

Wolfrum, Rüdiger, Verfassungsrechtliche Fragen der Zweitanmeldung von Arzneimitteln, Pflanzenbehandlungsmitteln und Chemikalien – Zugleich ein Beitrag zum Schutz technischer Innovationen, GRUR 1986, S. 512 ff.

Zech, Herbert, Information als Schutzgegenstand, Tübingen 2012.

Ziekow, Jan/Völlink, Uwe-Carsten, Vergaberecht, 2. Aufl., München 2012.

Zippelius, Reinhold/Würtenberger, Thomas, Deutsches Staatsrecht, 23. Aufl., München 2008.

www.ingramcontent.com/pod-product-compliance
Ingram Content Group UK Ltd.
Pitfield, Milton Keynes, MK11 3LW, UK
UKHW021904290926
8980IPUK00015B/1041

9 783631 655405